KB021833

조순 문집

이 時代의 希望과 現實(I)

조순 문집 (2002~2010년)

이 時代의 希望과 現實(I)

－ 固定觀念을 버리고 實事求是로 가자 －

趙 淳 著

比峰出版社

發 刊 辭

이 文集은 우리의 恩師이신 趙淳先生이 주로 2002년 정치활동을 청산하신 이후에 쓰신 글, 말씀하신 語錄 등을 모은 것이다. 「이 時代의 希望과 現實」이라는 제목으로 4권으로 이루어진 이 문집은 선생께서 정치활동을 그만두신 2002년 이후 지금까지 주로 다양한 매체에 기고하신 寄稿文, 연구모임 등에서 발표하신 論文, 祝辭, 追悼辭 및 書評, 錄取 등을 類別로 나눈 것이다. 대부분 우리가 사는 시대의 국내의 경제, 사회, 정치의 현실, 그리고 미래에 거는 期待 등이 그 내용이기 때문에 이 문집의 제목을 일괄하여 『이 時代의 希望과 現實』이라 하였다.

우리는 원래 이 문집을 선생께서 八旬이 된 작년에 奉呈하기로 하고 준비해 왔다. 그러나 원고 및 자료의 수집과 편집 작업이 지연되어 이제 겨우 작업이 완성되었다. 선생께는 매우 죄송하게 되었지만, 선생께서는 원래 回甲, 古稀, 喜壽, 八旬, 米壽 등에 거의 아무런 의미를 두지 않는 분이시기 때문에 이번 일의 지연에 대해서도 양해해 주실 것으로 믿는다.

돌이켜보면, 趙淳선생과 우리 제자들과의 因緣은 선생께서 1967년 9월 학기 초, 母校의 經濟學 교수로 부임해 오심으로써 시작되었다. 당시 선생께선 우리 나이로 40세, 이미 人生觀, 世界觀, 價値觀 등에 있어 不惑의 境地에 이르신 것으로 보이지만, 우리 제자들은 겨우 志學을 지나 成年에 이른 철부지들이었다.

先生께서는 부임 후 첫 강의 때부터 정해진 시간에서 단 1분도 일찍 끝내시는 일이 없었고, 제자들에게 조금이라도 더 가르쳐주기 위해 혼신의 힘을 다 쏟으셨다. 선생의 그 모습은 바라보는 것만으로도 제자들의 넋을 흔들기에 충분하였다. 강의의 내용은 물론 충실하였지만, 당시 우리로서는 그것은 부차적인 문제였다.

우리들은 先生으로부터 여러 가지 講義와 公私間의 對話를 통해 학문으로서의 經濟學의 意義를 절감하게 되었고, 경제학을 더욱 폭넓고 깊게 배워 보려는 뜻을 세우게 되었다. 졸업 후 많은 제자들이 미국 留學을 떠나게 된 것도 그 동기는 대부분 선생에 의해 觸發되었다. 미국 유학이 아니더라도 선생과 우리 사이의 돈독한 師弟關係는 졸업 후 社會에 나온 다음에도 계속되어 지금에 이르고 있다.

관악산, 북한산, 화악산, 설악산의 만개한 봄 꽃, 여름의 짙은 녹음, 가을의 화려한 단풍 밑에서 둘러앉아 소주를 마시면서 들었던 선생의 講論은 우리에게는 一種의 山上垂訓이었다. 때로는 선생의 自宅에서 벌어진 바둑 시합에서도 제자들은 둘러앉아 선생의 강의를 들었다. 때와 장소를 가리지 않고 우리는 수시로 배우고 수시로 익힐 수 있었으니, 말하자면 時學과 時習을 실천하는 幸運을 누리면서 40년을 살아온 셈이다.

趙淳선생이 우리에게 가르쳐 주신 것은 경제이론과 한국 및 세계 경제에 관한 것으로 국한되지 않았다. 수시로 베풀어진 선생의 講義 主題는 그 범위가 넓고 깊었다. 선생은 동서양의 歷史에 두루 밝고, 동서양의 학문과 사상, 특히 이채롭게도 東洋의 思想에 밝은 학자이시다. 다양한 분야에서의 높은 成就가 평소의 엄정한 修身, 치열한 內的 省察과 調和를 이룬 분이었다. 선생이 항상 강조하시는 知行合一의 생활신조는 부총리 겸 경제기획원장관, 한국은행총재, 서울市長 등의 관직과 변화무쌍한 정계에서의 활동에서도 그대로 실천되었다. 이런 활동이 거의 마감된 오늘에 있어서도 선생의 일상생활에는 이러한 다양한 素養이 적절히 渾融되어 있는 것을 엿볼 수 있다.

이 文集에 실린 선생의 말씀과 글들을 읽어보면 알 수 있듯이, 선생의 사상과 실천은 中庸, 나아가 時中을 얻은 경지에 이르러 있다. 선생은 맹자의 "깊이 道에 들어가서 스스로 얻는(深造之以道, 自得之)" 境地에 도달하신 것으로 우리는 본다. 선생의 時文과 言行은 "어떤 주제, 어떤 문제에 관해서건 그 本質과 根源에 닿고 있음(取之左右逢其源)"을 누구나 느낄 수 있다.

우리 제자들은 回甲의 나이가 지난 지금까지도 여전히 제자로서 선생의 말씀을 듣는 것을 큰 기쁨으로 여기고 있다. 선생의 글과 말씀은 우리뿐 아니라 사회에 대해서도 좋은 참고가 될 것으로 보고, 그 著述과 言行의 하나라도 散失되지 않고 사회의 많은 분들에게 전해질 수 있도록 하기 위하여 가능한 최대의 노력을 기울여 왔다. 그러나 선생은 八旬이 넘은 지금도 寸陰을 아끼면서 왕성하게 讀書와 思索, 강연과 집필활동을 계속하고 계시므로, 앞으로 나올 글들도 계속 책으로 發刊할 계획을 가지고 있다.

이 文集은 네 권과 別集으로 이루어져 있다. 제1권은 2003년 이후 최근에 이르는 기간 동안 다양한 매체에 기고하신 글과 여러 기관에서 초청되어 강연하신 말씀의 요지와 같은 短文들을 모은 것이다. 제2권은 책으로 출간되지 않은 선생의 研究論文들을 모은 것이고, 제3권은 선생께서 그동안 행하신 祝辭와 追悼辭, 碑文, 그리고 漢文 및 英文으로 쓰신 글들로 이루어져 있으며, 여기에는 2002년 이전에 쓰신 글들도 일부 수록되었다. 제4권은 2002~2009년 동안 인간개발경영자연구회에서 각 주제 발표자들의 발표에 대해 선생께서 즉석에서 綜合, 整理, 論評하신 것의 錄取 및 인터뷰의 抄錄을 모은 것이다. 마지막으로 別集에 수록된 것은 선생께서 1979년에 故 朴正熙 대통령에게 보고하기 위하여 작성하신 『中·長期 開發戰略에 관한 研究』라는 연구 보고서인데, 故박대통령의 逝去로 보고되지 아니한 귀중한 자료이다.

선생은 평소 "사람이 쓰는 글에 '雜文'이라는 것은 있을 수 없다. 옛날의 문집에는 '雜著' 부분이 가장 중요한 부분이었다"고 말씀하셨다. 글과 말은 곧 사람이라는 선생의 知性的, 人本的 태도가 이 문집에 나타나 있다고 생각된다.

이 문집 이외에도 선생이 지난 26년간 쓰신 漢詩集 『奉天昏曉三十年: 趙淳漢詩集』 두 권과 선생이 그 동안 쓰신 붓글씨를 모은 『奉天學人翰墨集』을 간행한다. 여기에도 선생의 면모와 뜻이 담겨 있다고 생각하기 때문이다. 앞에서도 말한 바와 같이, 이 文集은 주로 선생의 정치활동 마감 이후의 말씀과 글들을 모은 것이므로, 그 이전의 著述로서 이미 책으로 출간된 것, 그리고 外國機關에 제출되어 그 기관에서 책자로 만들어진 報告書 등은 補遺를 위한 경우를 제외하고는 모두 이 文集에서 제외되었다. 우리는 이 정도의 작은 成果나마 이루어냄으로써 그간 스승으로부터 받은 큰 恩惠에 작으나마 報答할 수 있게 된 것 같아 多幸으로 생각하고 있다.

우리는 우리의 모든 정성을 담아 선생의 康健과 長壽를 祈願해 마지않는다. 또 이 文集을 발간하는 데 財政的으로 후원해 주신 여러분, 그간 귀중한 資料를 제공해 주신 여러분, 出版을 맡아서 많은 어려움을 감수하신 여러분들에게 깊은 感謝를 드린다.

2010年 5月

趙淳先生 八旬紀念文集刊行委員會 委員長

韓國外國語大學校 敎授 金勝鎭

〈目 次〉

|제 1 부|

寄 稿 文

2003년

· · · ·

무엇을 해야 할 것인가

연세 건설경영포럼지 제3호 卷頭言

아시아에 의한 아시아를 위한 시대가 온다

무엇을 해야 할 것인가*

우리나라는 지금 내우외환의 비상시에 처해 있다. 경제는 IMF 때에 못지않은 어려움에 처해 있다. 사회의 갈등은 전례 없이 고조되고 있다. 무질서와 부패가 판을 치고 있다. 북핵 문제를 둘러싼 국제관계는 숨 가쁘게 돌아가고 있으나 당사자인 우리나라는 거의 주도적인 역할을 못하고 있다. 이 모든 문제를 해결할 책임이 있는 정치권은 서로의 싸움에 여념이 없다. 앞으로 나라가 어떻게 될까. 암담하다.

경제에 관해 몇 가지를 짚어 보자. 지금 우리 경제는 나침판 없이 바다를 헤매는 쪽배와 같다. 경제당국은 우선 우리 쪽배가 어디에 와 있고, 어떤 모양을 하고 있고, 어떤 문제를 가지고 있는지에 대해 면밀한 '진단'을 내려야 한다. 그것을 토대로 앞으로 우리가 갈 항구에 도달할 방향에 관해 큰 그림을 제시해야 한다.

우리가 갈 곳은 동북아 중심국가라는 항구, 또는 소득 2만불이라는 항구라고 한다. 그러나 타고 있는 쪽배가 어디 있는지 모른다면 바다 저쪽에 있는 생소한 항구 이름을 아무리 들어도 신이 나지 않는다. 그 항구에 도달할 수 있는 처방, 즉 정책이 제시돼야 한다. 처방이 있기 위해서는 진단이 확실해야 한다. 어떤 진단과 처방이 있는지 쪽배

---

* 2003년 8월 20일 『시사평론』에 기고한 글임.

에 타고 있는 선원에게 알려줘야 한다. 그래야 선원들이 힘을 낼 수 있다. 선장 혼자 알고 있어도 소용이 없다.

경제당국은 좀 더 성의있게 경제를 진단하고, 구체적인 진로를 제시하고, 그 진단과 처방이 옳다는 것을 성의있게 국민에게 설명하여 그들의 동의를 얻는 노력을 해야 한다. 언론이 마음에 들지 않을 경우도 많겠지만, 최대한 참을성을 가지고 설명하고 설득하고 동의를 구하는 노력을 하기 바란다. 이 노력이 없는 한, 경제정책은 절대로 성공할 수 없다.

5년 전 우리 경제는 IMF를 맞았다. IMF를 맞은 후로 우리는 재산을 팔고 공적자금을 투입함으로써 일단 발등의 불을 끄는 데 성공했다. 그것을 가지고 우리는 세계 어느 나라보다도 빨리 IMF를 졸업했다고 자랑했다. 그러나 빨리빨리 속성으로 졸업을 한 것이 문제였다. 그 졸업은 옳은 졸업이 아니었다. 임시적인 졸업에 불과했다.

속성으로 임시적인 졸업을 한 것을 진짜 졸업을 한 걸로 착각하고, '국민의 정부'의 후반기부터 경제정책이 방만하게 되기 시작했다. 한국 사람들의 '방만' 병(IMF를 불러온 병)이 도지기 시작했다. 모든 경제주체가 다시 절제를 잃기 시작한 것이다. 정부의 방만한 경기부양, 금융의 방만한 개인대출, 민간의 방만한 소비가 다시 살아났다. 이것이 다시 투기와 거품으로 이어졌다. 신용불량자가 300만이 넘으면서 소비가 줄고 거품이 꺼지고, 기업은 투자할만한 곳이 없어졌다. 내수에 의존하던 경기가 사라지면서 우리의 성장 여력은 급격히 소멸되었다.

　이제는 IMF의 도움도 없고, 문제의 소재조차 불분명해졌다. 개혁을 해야 한다고 한다. 그러나 무슨 개혁을 누가 한다는 말인가. 정치권을 보라. 개혁이란 공염불에 불과하다. 국민은 이제 성과없는 개혁의 외침에 피로를 느끼고 있다. IMF 때에 보였던 집단 희생정신은 간 곳이 없다. 집단이기주의 히스테리가 나라를 휩쓸고 있다.

　비상시에는 비상시다운 경제관리가 필요하다. 대통령이 한 공약이나 평소의 지론에도 현실에 맞지 않는 것이 있다면 과감히 떨쳐버리는 것이 좋을 것이다. 중국 사람들의 개혁구호에 '與時俱進', 즉 "시대와 같이 간다"는 말이 있다. "진리는 사실에 있다"는 것이 그들의 개혁정신인데, 우리에게 좋은 참고가 되지 않을까. 만사 實事求是의 방법을 써야 한다.

　지금의 경제상태를 재정금융상의 경기부양만으로 해결할 수는 없다. 收益의 기대가 없는 상태에서는 아무리 금리가 낮아도 기업이 투자를 하지 않을 것이다. 앞으로 재정금융상의 경기부양이 계속될 경우, 경기는 더욱 침체하여 일본처럼 될 것이다.

　우리 경제가 필요로 하는 것은 경기부양보다도 경쟁력의 강화이다. 경제의 경쟁력이 강화되기 위해서는 경제만을 나라의 다른 부분과는 별도로 강화하려고 해도 소용이 없다. 정치도 경쟁력을 강화해야 하고 행정도, 교육도, 문화도 그리고 외교능력도 경쟁력이 강화되어야 한다. 정부는 동북아 중심이나 소득 2만 달러 등의 구호보다 경쟁력 강화를 위한 구체적인 중·장기적인 방법을 강구하여야 한다.

노사문제에 관해 좀 더 빨리 그리고 좀 더 확실하게 방향설정을 해야 할 것이다. 지금 우리의 대기업의 임금수준은 너무 높다. 생산성이 임금의 상승을 따라잡지 못하고 있다. 이것을 勞組에게 알리고 현재와 같은 실력을 통한 임금인상 투쟁을 중지시키는 방법을 강구 하여야 한다.

정부는 한일간에 자유무역협정(FTA)을 서두르고 있는 것 같다. 나는 보다 신중한 검토를 할 것을 권고하고자 한다. 우리 국민이나 정부는 이 문제가 가지는 심각성을 잘 모르고 있다. 이 문제에 관해서도, 지난 정부나 참여 정부나, 국민을 설득하고 공감을 얻으려는 노력이 너무나 부족한 것 같다. 몇몇 이코노미스트들이 찬성한다고 해서 이 방향이 옳다고 속단하지 말기를 바란다.

일본은 한ㆍ일 FTA에 관해 확실한 전략이 있다. 일본은 한국, 한국 국민성, 한국경제의 현황을 잘 알고 있다. 그들 자신의 실력이 어떻다는 것도 잘 알고 있다. 이에 비해 우리나라는 일본에 대해, 그리고 우리 스스로에 대해서도, 잘 모르고 있다. 우리가 좋아하든 싫어하든, 우리의 장래는 중국의 활력을 어떻게 활용하느냐에 달려 있다. 따라서 한ㆍ중ㆍ일 FTA는 좋으나 한ㆍ일만의 FTA는 우리에게는 위험하다. 경제적으로 이득이 별로 없다. 우리 경제문제 해결에 도움이 되지도 못할 것이다. 그것은 우리를 일본의 주변국으로 만들 위험이 농후하며, 중국을 활용하는 데 지장을 가지고 올 것이다. 동북아시아 중심국이 되겠다는 정부의 목표와도 어긋나게 될 것이다. 너무 바쁜 마음을 갖지 말고 다시 한번 심사숙고하기를 바란다.

연세 건설경영 포럼지 제3호 卷頭言*

지금 전 세계경제가 격동하고 있습니다. 최근 들어 미국이나 일본의 경제가 다소 호전되고 있다고는 하나, 그리 확실한 것은 아닙니다. 우리나라의 경제는 지금도 많은 어려움을 겪고 있습니다. 경기도 좋지 않은데다가 금년 여름에는 유난히 비가 많이 내리고, 겸하여 추석명절을 지난 후 유례없이 강한 태풍이 남부지방을 강타하여 많은 이재민을 내고, 경제 전반에 큰 부담을 주고 있습니다.

이러한 때를 당하여, 건설경영에 종사하는 연세 경영대학원 건설경영자 과정의 동문 여러분의 역할이 더욱 중요하게 되었습니다. 많은 복구사업은 완벽하게 수행하여야 하며, 이 기회에 여러 시설물들을 기능적으로 더욱 효율적으로, 그리고 미관적으로 더욱 아름다운 것으로 만들어야 할 것입니다. 그 밖에 신도시의 건설, 새로운 교통수단의 도입 등 여러분이 담당해야 할 일들이 날이 갈수록 많아지고 있습니다. 근래에 와서는 정보산업의 발달에 따라 건설업도 획기적으로 달라지고 있습니다. 건설의 기술발전도 아주 용이해지고, 건설경영에 관해서도 새로운 정보가 속출하고 있습니다. 경영대학원 건설경영자 과정을 통하여 부디 여러분들이 우의를 다지고 서로 정진하시기를 빕니다.

---

* 2003년 9월 19일자 연세 건설경영 포럼지 제3호의 卷頭言으로 기고한 글임.

현대경제에 있어서는 건설업은 항상 경제발전의 선구적인 역할을 담당해 왔습니다. 여러분의 경영 여하에 따라 시설물들이 더욱 견고해지고 더욱 아름다워지기도 하고, 원래 아름답던 강산이 훼손되어 돌이킬 수 없는 추악한 모습으로 될 수도 있습니다. 여러분의 책임이 누구의 그것에 못지않게 무겁습니다.

원래 인류의 문명발전의 유산 중에 가장 아름답고 오래가는 것이 건축물입니다. 세계 7大 不可思議라고 하는 것은 모두가 다 건축물이라는 것이 이것을 말해줍니다. 만리장성은 영원한 중국문명의 상징이고, 타지마할은 인도의 美의 상징입니다. 나는 평소 우리나라의 전통건축물들의 걸작품은 매우 독특한, 세계 어느 곳에 내놔도 자랑할 수 있는 아름다움을 지니고 있다고 생각해 왔습니다. 옛날의 光化門은 지금의 광화문과는 달리 엄청나게 아름다운 건물로서, 일본인조차도 그 아름다움을 극구 찬양하였습니다. 한국의 건축물이 그처럼 아름다운데도 불구하고 시대의 대세에 밀려 그 아름다움이 점점 없어지고, 간혹 옛 건물이 다시 복원되는 경우에도 옛날의 優雅한 멋이 되살아나지 않는 경우가 많은 것은 무척 아쉬운 일입니다. 여러분 건설 경영인들이 건설업을 더욱 발전시켜서, 우리나라의 전통건축의 아름다움을 이 시대에 되살리는 일에 기여해 주시기를 바랍니다. 또, 이 바쁜 때에 무슨 한가한 소리냐고 나무라지 말기를 바랍니다.

나는 경북 안동에서 옛 韓屋古家에 살고 있는 좋은 친구를 가지고 있습니다. 그 집은 약 350년 전에 지어진 것으로서, 오래 된 건물이기는 하나 워낙 잘 지은 집인지라, 지금도 모양이 아주 좋습니다. 그 사람이 최근 그 집을 그냥 달랑 위로 들어 올려서 밑의 기초를 새로

간 후에, 집을 다시 원래의 위치로 내려 앉히는 수리 작업을 했습니다. 러시아의 모스크바 시청을 뒤쪽으로 몇 미터 옮긴 것은 알고 있었으나 한옥에다 그런 작업을 했다는 소리는 처음 들었습니다. 이런 엄청난 기술을 가진 건설업이 앞으로는 경제발전과 아울러 도시와 촌락의 환경 및 자연과의 調和에 대해 적극적인 배려를 해줄 것을 바라 마지 않습니다.

  건설업이나 건설경영에는 문외한이기 때문에 여러분의 일에 도움이 되는 말을 드리지 못해 죄송합니다. 그러나 여러분의 성공을 진심으로 기원합니다.

아시아에 의한, 아시아를 위한 시대가 온다*
― 중국의 浮上과 아시아적 발전 모델 ―

Ⅰ

소련이 붕괴한 지 이제 12년, 그 동안 세계는 유일의 초강대국으로 남은 미국이 모든 분쟁을 잠재워 평화롭고 살기 좋은 시대를 열어 줄 것을 기대했다. 그러나 그 기대는 거의 완전히 빗나가고 있다. 전쟁과 분란이 이어지는 혼탁한 시대가 펼쳐지고 있다. 이 어지러운 상태가 끝나자면 미국이 힘의 行使를 줄이고 좀 더 너그러워져야 할 것 같은데, 지금 미국의 心理는 그렇지 않은 것 같다.

그러나 이 와중에도 역사는 흐른다. 새로운 역사의 章이 열리고 있다. 이 章에는 지금까지의 역사책에서는 보지 못했던 이야기들이 담겨질 것 같다. 그 중에서 가장 중요한 것은 아시아 나라들의 새로운 모습의 이야기일 것이다. 지금까지의 세계 역사는 서양 중심의 역사였다. 앞으로도 서양의 우위는 상당 기간 동안 계속될 것이다. 그러나 이제부터의 역사책에는 그 상당 부분이 동양의 발전 이야기로 채워질 것이고, 서양 나라들도 동양의 발전 모형을 어느 정도 본받게 될 것이다.

---

* 2003년 12월 『신동아』에 기고한 글임.

　지난 1세기 반 동안 아시아는 서양의 침략에 시달리면서 근대화(즉, 서양 모방)를 위해 몸부림쳤다. 그 1세기 반 동안 아시아는 세 번의 근대화 성공을 이룩했다. 최초의 성공은 19세기 후반 일본에 의하여 이루어졌다. 서양의 시각으로 보면, 일본의 성공은 하나의 기적이었다.[1] 그러나 일본의 입장에서 보면, 그것은 오직 일본 국민의 필사적인 노력의 결과였다. 일본의 눈부신 근대화 성공은 다른 아시아 나라들에 큰 충격을 주었다. 우리나라를 포함하여 많은 나라들이 일본을 모방하고자 사절단과 학생을 보냈다. 그러나 일본은 서양을 본받아 이웃나라들에 대해 무자비한 무력침략을 감행함으로써 끝내 스스로 파멸의 길을 걸으면서, 아시아 전체를 쑥밭으로 만들었다.

　두 번째의 근대화 성공은 1970년대 1980년대에 이른바 '新興工業國'의 칭호를 받은 4龍(한국, 대만, 홍콩, 싱가포르)에 의해 이루어졌다. 세계은행은 이것을 "아시아의 기적"이라고 불렀다. 그러나 이것도 자세히 살펴보면 기적은 아니었다. 여러 가지 대내적 要因과 대외적 요인이 복합되어 이루어진 성과였다.

---

1) 역사학자 아놀드 토인비는 그의 저서 『歷史研究』에서 1895년경에 프랑스의 유명한 進化學者 구스따후 르봉과 1901년부터 1906년 사이에 일본의 駐프랑스 大使를 지낸 모도노 子爵과의 대화를 기술하고 있다. 르봉은 최근의 일본의 대두를 신기한 일이라고 하면서, 일본의 발전을 공중을 스쳐 지나가는 彗星에 비유했다. 르봉은 그 혜성은 어디로 날아갈지 매우 불확실하다고 했다. 그는 일본은 그 彗星과 같이 어느 날 갑자기 지평선 저쪽으로 졸지에 자취를 감춰버릴는지 모른다고 했다. 이에 대한 대답으로 모도노 대사는, 일본의 근대화는 오랜 준비를 거쳐 이루어진 것이며, 따라서 일본의 대두는 예기치 못한 현상이 아니라고 강조했다. 토인비, 『歷史研究』 제10권, 112면 참조.

　역사적인 관점에서 볼 때 모도노 대사의 말이 옳았다. 일본은 어느날 갑자기 혜성처럼 나타난 것이 아니다. 그러나 르봉의 말에도 一理가 있었다. 일본은 혜성과 같은 면이 없지 않았다. 근대화 이후의 일본은 위험스러웠고, 예측할 수 없는 일을 많이 저질렀다.

이글의 관점에서 볼 때, 4龍이 공업화를 달성할 수 있었던 데에는 당시의 冷戰秩序가 크게 기여했다는 점을 중요시해야 한다고 본다. 1950년의 한국전쟁 이후로 미국과 소련간의 냉전이 격화되면서 미국은 일본, 한국, 대만 등의 아시아의 반공국가들의 경제건설을 위해 전폭적인 지원을 아끼지 않았다. 이 나라들은 국방은 미국에 맡기고 모든 국력을 경제발전에 투입했다. 경제정책은 기본적으로 국가주의, 重商主義的인 성격을 가진 수출주도형의 것이었는데, 이것이 엄청난 성공을 거두었다.

아시아의 세 번째, 그리고 가장 극적인 경제발전 및 사회 근대화는 중국 및 동남아국가연합(ASEAN), 그리고 인도[2)]에 의해 추진되고 있다. 이 세 번째의 발전은 그 규모에 있어서나 여타의 세계에 대한 영향에 있어서나 일본과 4龍의 발전을 훨씬 능가한다.

일본 및 4龍의 발전과 중국 등의 발전의 차이는 무엇인가. 첫째, 일본, 한국, 대만 등은 아시아에 비해 나라의 크기가 작고, 세계관은 對內指向的이며, 정책 기조는 대체로 중상주의적이었기 때문에 이웃나라들의 발전에 대해 큰 기여를 하지 못했다. 이 나라들의 발전의 원동력은 미국과의 교역이었고, 따라서 그들의 발전은 이웃나라들과는 서로 격리 내지 독립된 상태에서 이루어졌다.

이와는 대조적으로 중국이나 ASEAN 및 인도는 그 지역이나 인구가 방대하고, 고대로부터 이어받은 이 나라들의 세계관은 전통적으로

---

2) 인도는 동아시아 나라는 아니지만, 이 글의 취지로 볼 때에는 동아시아 나라들과 큰 차이가 없다.

대외지향적이고3), 이들의 경제정책은 중상주의가 아니고 국제간의 교류를 전제로 한 것이었다. 이와 같은 특징은 이들의 발전이 지난 두 번의 발전에 비해 이웃나라들과의 연계관계를 가지기 쉽도록 만들고 있다.

일본, 한국 및 대만은 냉전체제의 受惠國이라 할 수 있다. 이들의 발전전략의 패러다임은 본질적으로 국가주의적, 중상주의적, 그리고 배타적인 면이 농후한데, 이것은 反共을 至上視하는 냉전시대의 패러다임에 비교적 잘 맞는 것이었다. 지금 일본이나 한국의 경제가 겪고 있는 어려움은 이 나라들의 사고와 체제가 그 본질상 세계화 추세에 적응하기가 어려운 면이 있다는 데에 그 원인의 일단이 있다.

이에 반하여, 중국 및 ASEAN은 글로벌化 시대의 受惠國이라 할 수 있다. 그들의 전통적인 국제적 시야와 비교적 개방적인 발전전략은 글로벌화 시대에 적응하기 쉬운 면이 있다.

Ⅱ

동아시아의 발전의 주역은 中國이다. 중국의 발전은 아시아 전체에 폭넓은 영향을 미치고 있고, 앞으로는 더욱 그럴 것이다. 이 나라의 발전은 1949년의 중화인민공화국 건국 이후 지금까지 몇 번의 혁명을 거치는 과정에서 이루어져 왔다.

---

3) 중국 국민당의 창시자이며 중화민국의 國父인 孫文은 신해혁명 당시, 중국이 경제를 건설하기 위하여 외국 자본을 도입해야 한다고 주장했다. 그는 또, 양자강에 댐을 건설할 것을 주장하면서, 이를 위해서도 외자를 도입할 것을 제창했다. 그의 비전은 공산당에 의하여 실현되고 있다고 할 수 있다.

중화인민공화국을 창업한 毛澤東의 死後, 중국은 세 번에 걸친 지도자의 교체가 있었다. 새 지도자가 등장할 때마다 일련의 자유화 조치가 취해지면서, 경제의 발전과 사회의 근대화는 탄력을 받았다. 방향전환이 이루어질 때마다 중국은 공산주의를 탈피하여 자본주의 方式의 경제운영이 깊이를 더하게 되었다. 중국이 갖는 잠재력을 살려서 부유한 나라로 만들고, 국제적으로 고립을 탈피하여 중국의 위상을 높이자는 것이 4代에 걸친 지도자들의 일관된 방향이었다. 소련의 고르바초프가 역사의식 없이 개혁을 추진함으로써 실패한 것과는 달리, 중국의 지도자들은 충분한 역사의식을 가지고 나라의 실정에 맞게 개혁정책을 추진함으로써 所期의 성과를 거두고 있다.

첫 번째의 방향전환은 1978년 말, 제2세대 지도자라 할 수 있는 鄧小平의 등장으로 이루어졌다. 이들이 추진한 "사회주의적 시장경제"는 엄청난 많은 우여곡절을 겪은 끝에 1992년에야 비로소 확고한 뿌리를 내릴 수 있었다. 그 후 2002년에 제3세대 지도자들에 의해 채택된 또 하나의 대담한 자유화 조치가 "3大 대표론"인데, 이것은 기업가, 전문가 및 중산층을 공산당으로 편입시킴으로써 당의 지지기반을 넓히면서 국민의 에너지를 격발시키자는 목적을 가진 것이다. 제4세대 지도자인 후진타오(胡錦濤)는 최근 공산당 중앙위원회에서 앞으로 정치국에 대해 비판할 것이 있으면 해도 좋다는 정치자유화 방향을 제창했다. 이와 같은 일련의 개혁을 통해 중국공산당은 이미 "共産" 黨이라고는 볼 수 없게 됐다. 그러나 당의 이름이야 어찌 됐든 성과만 좋으면 된다는 것이 중국의 사고방식이기 때문에, 공산당이 공산당의 이름으로 비공산당적인 방향을 거리낌 없이 추진하고 있는 것이다.

　지난 4반세기 동안 중국이 달성한 경제발전의 성공담은 이미 진부한 이야기가 되어가고 있다. 여기서 그 지루한 이야기를 반복할 필요는 없다. 다만, 1978년부터 2002년까지의 실질 GDP 성장률은 년 평균 9%를 능가한다는 것을 지적함으로써 숫자를 대는 일은 그만두고자 한다. 성장률이라는 숫자가 중요한 것이 아니라, 중국 국민이 나라의 앞날을 밝게 보고, 자신과 희망을 가지고, 사회 화합과 정치 안정을 이루면서 고도의 활력을 발휘하고 있다는 사실이 중요하다. 중국 역사상 국민의 에너지가 이렇게 발휘된 시대는 거의 없었던 것으로 보인다. 이러한 국민의 심리상태가 얼마나 오래 갈 것인가. 아무도 알 수는 없으나, 나는 상당기간 동안 지속될 것으로 본다. 단절될 만한 이유가 없는 것이다.

　서방나라에서는 "중국경제는 곧 붕괴한다", "금융은 밖으로 폭발하거나 속으로 터지거나 두 가지 중 한 가지를 당하고야 만다", "정치적 자유가 없기 때문에 발전은 곧 멈춰진다"는 등의 책이나 논문이 수 없이 많이 나왔다. 사실, 서양 사회과학의 좁은 시각에서 보면 중국은 곧 붕괴할 나라로 비춰진다고 하더라도 놀랄 것은 없다. 중국 같은 나라의 정치, 경제, 사회를 잘 설명해줄 과학적 방법은 서양에는 없기 때문이다.

　반면, 중국에 대한 낙관론도 대단히 많다. 장래의 GDP 추계나 예상이 나오는 것 중에는 중국의 GDP는 머지않아 세계 제일이 된다는 것도 있다. 2041년에는 중국의 GDP는 미국의 그것을 추월하게 된다는 설도 있다. 하기야 40년 후의 일을 누가 알겠는가. 다만 최근에 와서는 낙관론이 많아진 것만은 확실하다.

중국을 잘 알만한 학문적 소양이나 현지 경험이 많은 인사 가운데에는 중국의 장래를 낙관적으로 보는 사람이 많다. 중국문명을 잘 아는 철학자, 역사학자, 중국 사정을 잘 아는 기업가, 정치가, 그리고 중국의 심리를 잘 아는 소설가 등은 과학적 방법에 의존하는 경제학자나 정치학자들보다는 중국의 장래에 대해 낙관적인 경우가 많다. 최근 영국에서 중국을 배경으로 베스트셀러를 쓴 작가 Adam Williams는 중국의 장래에 관하여 "엄청나게 낙관적(enormously optimistic)"이라고 했다.[4] 역사학자 Arnold Toynbee는 중국이 文化大革命으로 시달리던 암울한 시기에도, 21세기에는 중국이 세계의 주도적인 역할을 할 것으로 내다봤다.[5] 미국의 닉슨 대통령은 그의 말년의 저서에서, 만일 중국 국민이 공산주의자이기에 앞서 중국인이라는 의식을 갖는다면, 중국은 자원도 많고 세계에서 가장 유능한 국민(world's ablest people)을 가지고 있기 때문에, 앞으로 세계에서 가장 강한 나라가 될 것이라고 내다봤다.[6]

나도 중국의 장래를 조심스럽게나마 낙관적으로 보고 있다. 경제 분석을 통해서나 나 자신의 역사관 그리고 세계관에 의해서나 어두운 것보다는 밝은 것이 많다고 본다. 낙관적인 이유를 몇 가지만 들어보자. 첫째, 중국의 지도층의 質이 좋다. 그들은 확실한 비전과 전략을 가지고 있다. 무리를 하지 않으면서도 설정된 목표를 일관성 있게 추진한다. 둘째, 중국이 시대의 흐름을 타고 있다. 글로벌化의 세계적 추세와 무한경쟁의 시대정신이 중국인의 기질에 잘 맞는다. 셋째, 중

---

4) *The Financial Times.*

5) 토인비와 일본의 池田大作과의 대담을 수록한 『21세기에의 대담(日文)』상·하. 文藝春秋社, 1975.

6) Richard M. Nixon, *Leaders*, New York, 1982, p.248.

국의 문화가 現世的이고 實事求是的이며, 개인주의와 집단주의의 양
면성을 가지고 있기 때문에 어려운 상황을 잘 극복한다. 넷째, 내가
관찰한 바, 중국 대학생은 엄청나게 열심히 공부를 하고 공무원도 대
체로 성실하다. 다섯째, 중국의 발전이 이어지면서 서서히 중국식
Institution들이 제도화되고 있다. 중국이라는 古木이 지난 150년 동안
온갖 시련을 겪는 동안에 그 몸통은 거의 죽었지만 그 뿌리는 튼튼해
서, 새 움이 나오자마자 엄청나게 많은 영양을 공급하고 있는 것이
다.

Ⅲ

중국의 발전은 아시아 전체에 대하여 일찍이 보지 못한 변화를 가
져 올 것이다. 그리하여 아시아를 세계의 3대 중심의 하나로 만들 것
이다. 지금까지의 발전에서와 같은 미국에 대한 일방적인 依存度는
줄어들 것이다. 미국이 기침을 하면 아시아가 독감에 걸리는 일은 점
점 줄 것이다. 앞으로의 아시아는 아시아 자체의 시장을 통해 富가
창출되고 雇用이 이루어지면서 아시아 내부의 分業이 발전할 것이다.
이 과정에서 아시아식 발전 모델이 자연발생적으로 나올 것이다.

지난 날 일본에 이어 한국과 대만이 일본 방식을 모방하여 공업화
에 성공을 거두고, 그 다음에 태국이나 말레이시아가 뒤따르고 있을
때, 일본에서는 이른바 "기러기 나는 모형(Flying Geese Model)"이라
는 발전이론이 나온 적이 있다. 이 이론은 정보화, 글로벌화의 시대
의 개막과 함께 이제는 별로 설득력이 없게 됐다. 중국인의 '一步到
位'라는 표현이 말하듯이, 이제부터의 발전은 과거와는 달리 여러 단

계의 발전과정을 한꺼번에 뛰어넘을 수 있는 경우가 많게 되었다.

중국과 아시아의 모든 나라들이 거의 동시에 발전하면서 서로의 교역은 빠른 속도로 늘어나고 있다. 이것은 아시아 나라들이 일방적으로 중국에 의존하고 있다는 것을 의미하는 것은 아니다. "Made in China"라는 딱지를 붙인 중국의 수출품은 그 원료, 원자재, 부품 및 중간재들의 많은 부분이 다른 나라에서 조달되는 것이기 때문에 그것은 "Made in Asia" 또는 많은 경우에 "Made in the World"라고 하는 것이 더 정확하게 되었다. 한마디로, 중국에 대한 아시아 나라들의 의존에 못지않게 아시아 나라들에 대한 중국의 의존도 심화될 것이다. 이것은 궁극적으로 중국과 아시아 나라들과의 '分業'의 증가를 가지고 오게 된다. 다만 이제부터의 분업은 어떤 제품간의 분업이 아니라 工程의 分業 형태를 보다 많이 취하게 될 것이다.

글로벌화의 시대에는 우선 地域經濟의 통합이 먼저 이루어지는 것이 세계적인 추세이다. 유럽에서는 EU가 이미 성립되어 있고, 남북미 대륙에서는 FTAA의 결성이 임박해오고 있다. 아시아에 있어서는 '아시아 FTA' 또는 '한중일 FTA' 같은 것이 결성될 수 있을 것인가. 한 마디로 어려울 것 같다. 서로의 교역은 크게 진전되고 있으나 '아시아 FTA'는 말할 것도 없고 '한중일 FTA'도 현재로서는 어려울 것으로 보인다. 일본은 중국과의 이와 같은 협정을 매우 꺼리고 있다.

일본의 유명한 경제학자 모리시마 미찌오(森嶋通夫) 교수는 그의 여러 저서[7]와 일본 각처에서의 강연을 통해 일본, 중국, 남북한, 대만

---

7) 「왜 일본은 몰락하는가(日文)」 岩波書店, 1999. 및 M. Morishima, *Collaborative*

등을 포괄하는 동아시아 FTA의 결성이 일본경제가 살 길이라는 이론
을 열심히 제창하였다. 그러나 일본 사람들의 반응은 극히 냉담했다.
모리시마씨가 지적하는 바와 같이, 일본인들은 스스로를 準白人
(honorary white men)으로 자부하고 명치유신 때부터의 「脫亞入歐」의
이념이 아직도 살아 있기 때문에, 중국과 같은 상대와 FTA를 한다는
것은 전혀 염두에 없는 것이다. 뿐만 아니라, 모리시마교수도 인정하
는 바와 같이, 일본은 중국과 이런 종류의 협정을 맺자면 미국의 승
낙을 받아야 할 것으로 알고 있을 것인데, 이것을 얻기도 거의 불가
능에 가깝다고 보아야 할 것이다.

　일본은 중국과의 FTA는 극도로 꺼리는 반면 한국과의 FTA 결성에
대해서는 최근 들어 매우 적극적으로 나오고 있다. 경제적으로는 한
국을 끌어들여 일본의 구조적 불균형을 해결하는 데 一助로 삼고, 정
치적으로는 한반도에서의 영향력을 확보하여 중국과의 사이에 선을
긋자는 전략이 아닌지 모르겠다. 한국에서는 정부나 정치권에서 쓰다
달다 소리가 없다. 식자들로부터도 FTA의 결성으로 단기적으로는 貿
易逆調가 심화될 것이지만 장기적으로는 이익이 된다는 희망사항만
나오고 있을 뿐이다. 여하튼, 만약 한일 FTA가 성립한다면, 일본은
이것을 2차대전 이후 최고의 외교적 승리로 치부할 것이다. 반면, 한
국은 경제적으로나 정치적으로 어떤 得을 기대할 수 있을는지 확실치
않다.[8] 한중일 FTA가 이루어진다면, 한국이 두 나라 사이에 서서 나

Development in Northeast Asia, Macmillan, 2000. 참조.

8) 나는 무조건 한일간의 FTA에 반대하고자 하는 것은 아니다. 정부나 국민이 이 중대
　한 문제를 처리하는 데 있어 내가 보기에는 너무나 생각이 소홀하다고 느낄 뿐이다.
　이 문제에 관한 나의 소감의 일단은 나의 글, "한일 FTA 有感", 『학술원회보』
　2003년 8월호 참조.

름대로의 외교력을 발휘할 것을 기대할 수도 있다. 그러나 한일만의
FTA의 경우는 다르다. 그것은 한국을 동북아 중심국가가 아니라, 국
제적 시각으로는, 일본의 주변국가로 만들 가능성이 있는 것으로 나
는 본다.

한일 두 나라는 원래 배타적인 성향이 있기 때문에 외교에는 능숙
치 못하다. 양국의 지난 180년의 교섭역사를 볼 때, 일본은 보통 타
산형(打算型: calculators)인 데 반해, 한국은 항상 돌진형(突進型:
plungers) 성향을 보여 왔다. 그러나 일본의 타산은 흔히 大局을 보지
못하여 장기적으로 아시아에 災殃을 가져 왔고, 한국의 돌진은 항상
눈앞의 利害도 분간하지 못하여 당장의 災殃을 자초했다. 이번의
FTA 사안에서 양국의 氣質을 또 한번 보게 됐다. 역사는 되풀이된다
는 말이 실감이 난다.

Ⅳ

긴 안목으로 볼 때, 중국은 어떤 나라가 될까. 나는 이 문제에 대한
해답은 중국의 강점과 약점을 비교하고 그 역사를 회고함으로써 짐작
할 수 있으리라 본다. 중국의 강점은 위에서 보았지만, 이 나라는 강
점 못지않게 약점도 많이 가지고 있다. 우선, 자연환경상의 약점이
대단히 많다. 첫째, 水資源이 부족하다. 특히 북부 지방이 그렇다. 남
쪽의 양자강 물을 北으로 조달할 계획을 하고 있으나, 엄청난 작업이
다. 둘째, 북부의 넓은 지역의 사막이 남쪽으로 번지고 있다. 인공으
로 이것을 막아야 한다. 셋째, 에너지 자원이 부족하다. 서쪽의 천연
가스를 東으로 운반하려는 계획을 추진하고 있으나, 이것 역시 보통

일이 아니다. 이러한 자연현상과 아울러, 人文的인 문제도 많다. 부정부패의 문제는 매우 심각하다. 자유화의 진전에 따른 공산당의 지도력 약화 가능성의 문제도 있다. 여기에다, 對外問題도 많다. 미국의 도전, 그 연장선상에서의 일본의 도전과 대만의 도전 등 모두 쉬운 문제가 아니다.

이러한 문제들은 그 하나하나가 지극히 어려운 문제이다. 그러나 이런 문제가 있기 때문에 중국은 역설적으로 보다 좋은 나라가 되고 문화적으로 국제사회에 더 많은 기여를 할 수 있는 가능성이 있다고 나는 본다. 구체적으로 중국은 앞으로 ㉠ 시장원리주의의 한계에 부딪치게 될 것이기 때문에, 경제정책에서 균형과 조화를 추구하며 상당한 수준의 복지정책을 고안하지 않을 수 없을 것이고, ㉡ 정치체제에 있어서는 서구식 민주주의가 아니라 전통적인 人本主義에 입각한 정치와 행정의 제도화를 이루어내지 않을 수 없을 것이며, ㉢ 교육과 문화정책에 있어서는 어느 나라에 못지않게 과학기술을 강조하면서도 전통적 가치관을 추구하게 될 것이며, ㉣ 국제관계에서는 거의 영구적으로 覇權主義를 포기하고 평화를 추구하게 될 것으로 나는 본다.

위의 몇 가지를 간단히 부연하면서 독자의 판단의 일조로 삼고자 한다. 첫째, 나는 중국이 현재로는 자유시장의 원리를 최대한 이용하여 앞으로도 고도성장을 이룩하겠지만, 미국식 시장원리주의는 머지않아 탈피할 것으로 본다. 경쟁 지상, 이윤 지상, 민영화 지상, 그리고 약육강식의 살벌한 세상은 중국의 전통이념과는 거리가 멀다. 뿐만 아니라 13억이라는 많은 인구를 가진 나라에서는 강자가 모든 것을 다 가지는 시장원리주의를 가지고는 사회의 평화를 달성할 수 없을 것이다.

　경제학자 J. M. Keynes가 1928년에 예언한 바 있다. 백년 이후면 인간은 衣食住의 경제문제는 거의 해결할 수 있을 것이기 때문에 경제학자는 경제문제를 필요 이상으로 중요시하지 말고 그것보다 훨씬 더 중요한 문제를 생각해야 한다는 말을 했다. 나는 지금부터 25년 후면, 중국도 ── 아직은 가난하지만 ── 지금의 소득의 몇 배를 달성하게 될 것이기 때문에, 중국은 무조건 富의 창출에만 全力을 다하지 말고 文化의 고도화에 응분의 힘을 기울이는 것이 바람직하다고 본다. 이것을 못하고 소득의 증대에만 국력을 기울인다면, 중국의 발전은 큰 의미가 없다고 본다. 토인비가 중국에 대해 큰 기대를 건 것도 중국이 富의 창출 능력이 탁월하다고 보았기 때문이 아니라, 중국의 합리성, 균형과 절제, 그리고 자연을 중요시하는 전통이 서양문명의 盲點을 보완할 수 있다고 보았기 때문이다.

　중국은 정치적으로 民主化로 갈 것인가. 나는 갈 것으로 보고 이미 그 제도화에 조심스러운 一步를 내딛었다고 본다. 다만, 서구식 제도는 채택하지 않을 것으로 본다. 13억의 인간이 TV를 통해 지도자를 뽑다가는 나라가 제대로 되지 못하리라는 것을 중국인들은 알고 있을 것이다. 중국 『禮記』에 나오는 「天下爲公」9)의 理想에 따른 일종의 인본주의적인 시스템을 만들어낼 수밖에 없을 것이다.

　18세기 영국의 최대의 지성인인 Samuel Johnson이 말한 바 있다. 그는, 한 사람의 통치는 작은 나라에서는 좋지 않으나 큰 나라에서는

───────────────

9) 『禮記』 禮運篇, 天下는 어진 사람으로 하여금 다스리도록 해야 한다.

이 길이 좋다는 취지의 말을 했다. 위에서 말한 Adam Williams는 중국은 civil society를 만드는 길목에 있지만, 그들의 모형은 구미식이 아닐 것이라고 했다. "They won't follow George Washington model. They will do their own thing." 이라는 것이 그의 판단이었다.

중국은 覇權主義로 갈 것인가. 나는 그런 일은 없을 것으로 믿는다. 이유는 간단하다. 그 방식으로 나아간다면 중국은 견디기 어려운 저항에 부딪치리라는 것을 그들도 잘 알고 있다고 보기 때문이다. 중국은 주변의 거의 모든 나라들과 국경분쟁을 해결했는데, 대부분의 경우 양보를 했다. 이라크 문제에 있어서도, 미국 정책에 반대하면서도 조용한 자세를 취했다. 중국의 비교우위는 군사에 있지 않다. 문화에 있다. 물론 국방을 소홀히 하지는 않을 것이다. 과학기술도 중요시할 것이다. 그러나 세계의 어느 나라에 못지않게 중국은 平和를 필요로 하는 나라이다.

중국의 발전은 세계의 平和와 共生의 경제정책을 국제적으로 정착시키는 데 기여하리라고 생각한다. 왜 그런가. 중국 사람들이 남보다 특별히 좋은 국민이기 때문이 아니라 이것이 아니고는 중국 스스로가 편할 날이 없을 것이기 때문이다. 물론 難關은 많을 것이다. 敵意를 가지고 도전하는 나라도 많을 것이다. 그러나 중국은 원하든 원하지 않든, 平和와 共生을 위한 長征에 올랐다고 나는 본다.

2004년

대통령 탄핵, 물은 엎질러졌다.
총선 이후의 정부의 과제
강원일보 – 지령 17,000호 기고
시대의 흐름은 女性의 편이다

대통령 탄핵, 물은 엎질러졌다*

드디어 대통령 탄핵 소추안이 가결되었다. 물은 엎질러졌다. 이 나라는 혼돈으로 치닫고 있다. 세계의 웃음거리가 되었다. 노무현대통령만 물러가면 좋은 세상이 오리라고 기대한다면, 천만의 말씀이다. 그것은 착각이고 환상이다. 이제 도덕이나 원칙을 따질 수 없는 사태가 되었다. 이 나라를 바로잡을 사람이나 정당이 어디에 있는가. 지금은 아무데도 없다. 반세기 이상 민주주의를 배운 나라가 이 모양이니, 이 나라를 어찌하면 좋단 말인가.

선거라는 것이 무엇인가. 그것은 국민에 의한 人事이다. 대통령에 대한 인사권은 국민이 가지고 있다. 노대통령은 국민이 5년 동안 이 나라를 통치하라는 위임을 받고 그렇게 하겠노라고 국민에게 선서를 한 사람이다. 지금 1년이 지났다. 불행하게도 노대통령은 많은 국민을 실망시킨 것이 사실이다. 그는 실수를 많이 했다. 그러나 그것은 큰 범죄라고 볼 수는 없다. 그의 업적이 좋지 않다고 해서 물러나라고 할 수는 없다. 마음에 들지 않는다고 멋대로 갈아치울 권한은 아무에게도 없다. 국민에게도 그럴 권한은 없다. 인사를 잘못한 것은

---

* 2004년 3월 『매일경제』에 기고한 글임.

국민이다. 일 년 전에 인사를 해놓고 이제 너는 마음에 들지 않으니 나가라고 한다면, 이 나라 국민은 그렇게도 신의가 없고 참을성이 없단 말인가. 노무현대통령의 임기는 앞으로 4년이나 남았다. 미국대통령의 임기만큼이나 긴 세월이 남아 있는 것이다. 그 4년 동안 좀 더 잘 할 수는 얼마든지 있다고 보아야 한다. 그 가능성을 무슨 이유로 없다고 단정할 수 있는가. 사람은 누구에게나 다소의 실수는 있다. 앞으로 고쳐나가면 된다. 설사 인사가 영영 잘못된 것이었다고 하자. 대한민국 국민은 그 잘못된 판단의 책임을 지고 5년을 기다려야 한다. 5년 동안 참으면서 다음 선거 때에는 그보다 좋은 인사를 하면 된다. 그것이 民主主義다. 그래서 민주주의가 자란다. 어느 정도의 참을성, 양보, 관용이 없이는 민주주의를 할 수 없다. 민주주의뿐 아니라 정치 자체를 할 수 없다.

오늘날, 이 나라의 정치가 이렇게 된 데 대해 누가 누구를 원망할 수 있는가. 전적으로 책임을 져야 할 사람이 어디에 있는가. 국회에는 책임이 없단 말인가. 룰(rule)로는 여당에 큰 책임이 있다. 거대 야당은 책임이 없다고 할 수 있는가. 정치권의 누가, 어떤 당이, 국민이 믿고 따를 수 있는 비전을 보인 적이 있는가. 누가 홀로 깨끗하다고 장담할 수 있는가. 국회는 무슨 염치로 대통령만 나가라고 하는가. 다 같이 물러난다고 해야 체면이 설 것이 아닌가. 그런 말이라도 해야 국민의 신뢰를 받을 수 있지 않겠는가.

모두 좀 더 냉정해지자. 노무현씨가 물러나면 제2의 노무현씨, 제3의 노무현씨가 나오지 않겠는가. 그 과정을 밟는 것이 한국의 민주주의인가. 도대체 한국의 문제는 어디에 있는가. 노무현대통령에게 있는가. 아니다. 문제는 한국의 모든 '틀'(법령 규정, 통념, 관행 등)이 무너져 내린 데 있다. 왜 이것을 모르는가. 나라를 지탱하는 모든 틀의 기능이 작동할 수 없을 정도로 고장나 있다. 경제의 틀도 무너졌다. 지금의 경제의 틀을 가지고 동북아 경제 중심이 된다? 어림도 없다. 사회의 틀, 도덕, 가치관, 모두 무너졌다. 폭력과 불신이 이 나라 정서가 되어 있다. 교육은 붕괴된 지 오래다. 이번의 대통령탄핵, 마침내 정치의 마지막 기둥이 쾅! 소리를 내면서 무너져 내렸다.

사실 노무현대통령이 등장하기 전에 이미 이 나라의 틀은 무너져 있었다. 노무현대통령은 이 모든 것이 무너진 결과일 수는 있어도 그 원인이라고 보기는 어렵다. 노대통령의 탄핵은 노대통령만의 탄핵이라고 볼 수는 없다. 그것은 국회 스스로의 탄핵이었다. 정치권 스스로가 파산한 것이다.

끝없는 갈등, 분열, 왕따, 폭력, 그리고 불신, 이 나라는 어디로 갈 것인가. 이제부터라도 정치권은 좀 냉정하게, 엎질러진 물병에 다시 물을 주어 담는 작업을 시작하기 바란다. 좀 더 큰 용기를 내서 타협을 해야 한다. 머지않은 장래에 각 당의 대표들이 모여 카오스를 막는 작업을 시작해야 한다. 각 당이 먼저 양보를 하라. 국민에게 겸허한 자세를 보이고 아직도 이 나라에 민주주의를 살릴 수 있는 기회가 있다는 것을 보여라. 다소의 용기, 다소의 양심이 필요하다. 이 나라에는 용기 있는 사람이 이다지도 없단 말인가. 이 나라가 당장 필요로 하는 것은 정치지도자의 일말의 양심과 아량뿐이다. 다른 것은? 百藥이 無效일 것이다.

총선 이후의 정부의 과제*

I

선거란 국민이 하는 人事이다. 이번 선거에서는 국민은 보수 세 야당보다는 진보를 표방하는 여당에게 많은 낙점을 했다. 이번 선거에서 가장 획기적인 것은 민노당이 無로부터 일약 기호 3번으로 약진했다는 점이다. 이 나라에서 左派 정당이 이렇게 등장한 것은 해방 이후 처음 있는 일이다.

이에 반해 보수를 표방한 한나라당은 기호 1번으로부터 2번으로 밀려났다. 이 당의 지지가 거의 영남에 국한되었다는 것은 이 당의 입지가 좁아졌다는 것을 말해 준다. 나머지 두 야당은 거의 괴멸에 가까운 참패를 당했다.

총선이 시작될 무렵, 야당은 여권의 '실정'을 심판하겠다고 했다. 그러나 심판을 받는 측은 여당이 아니라 야당이 되고 말았다. 국민은 왜 여당보다도 야당을 더 많이 심판했는가. 국민은 무엇보다도 부패와 도덕적 해이, 그리고 國益보다는 私利를 챙기는 것을 혐오한 까닭이다.

* 월간 『무역』 2004년 5월호 권두언으로 기고한 글임.

II

국민은 무엇을 원하는가. 국민은 무엇보다 청렴하고 정직한 정치지
도자를 원한다. 국민들은 우리 정치 리더들이 이른바 포퓰리스트가
되기를 원하는가. 나는 그렇지 않다고 본다. 국민은 우리 정계의 지
도층이 거짓말을 할 때, 그 말이 진실이 아니라는 것을 대충 알고 있
다. 신문이나 텔레비전에서 편파보도를 하고 있다는 것도 잘 알고 있
다고 나는 본다. 경제의 어려움의 원인에 대해서도 지도층이라 자처
하는 사람들보다는 더 잘 알고 있다. 무조건 장밋빛 그림을 그린다고
해서 감동할 국민이 있을까. 나는 거의 없다고 본다.

반면, 국민이 모르는 것도 많다. 모르기 때문에 처음에는 속는 일
도 많이 있다. 첫째, 나라가 가야 할 큰 방향이 무엇인지 아는 사람은
거의 없다고 보아도 좋다. 둘째, 자기들이 뽑은 정치 리더십의 質이
과연 정직하고 믿을 만한지도 모른다고 보아야 한다. 지금까지 지도
층이라고 하는 사람들이 겉치레만 하고, 거짓말하고, 나라 재산 도적
질하는 것을 보고, 워낙 진저리가 나서 옥석을 가리지도 못하고 도매
금으로 물갈이 인사를 한 것이다. 그러나 앞으로의 전망에 대해서는
반신반의, 두고 보자는 것이 국민의 심정일 것이다.

III

노대통령은 가급적 빨리 다시 대통령직으로 복귀해야 한다. 국민은
누구보다도 권위 있는 배심원이다. 민심이 그것을 원하기 때문에 어

차피 그렇게 될 것이다. 경제에 관한 몇 가지 사항을 지적하고자 한다. 일반적인 방향에 관해 몇 가지를 지적하자면, 첫째, 정부가 나서서 경제를 좌지우지할 생각을 하지 말고 민간을 도와주는 방향으로 정책을 펴기 바란다. 둘째, 平等을 너무 내세우지 말고 경쟁을 부추기도록 하기 바란다. 셋째, 일체의 겉치레를 버리고 투명하고 겸손한 자세로 국민에게 모든 것을 공개하기 바란다. 넷째, 바쁘다고 대충대충 모양을 갖추는 정도로 만족하면서 서두르지 말기를 바란다. 어정쩡한 民營化 추진은 위험하다. 다섯째, 한일 FTA 같은 것은 우리와 일본의 과거와 현재와 미래를 잘 검토하고 知彼知己의 기준을 확인한 다음에 추진하기를 바란다.

구체적으로 몇 가지 추가하고자 한다. 이상의 기본방향에서 心機一轉, 지금까지의 정책을 조속히 '리뷰' 하기 바란다. 소득 2만불, 동북아 중심경제, 물류허브, 금융허브, 차세대 성장동력 10대산업, 5년간 일자리 200만 개 창출, 그리고 대외적으로는 한일 FTA 등의 정책의 현실성이 과연 얼마나 있는 것인지 진지한 재검토를 거치는 것이 좋다.

기업활동의 활성화를 촉진할 수 있는 모든 실효성 있는 방안을 강구하고, 경제정책의 역점을 단순한 성장보다도 고용창출에 두기 바란다.

거시경제만이 아니라, 미시적으로 우리 경제의 균형을 항상 세심하게 살펴야 한다. 이것은 평등을 강조하는 것이 아니다. 평등과 균형은 비슷한 것 같으면서도 다르다. 현재 우리 경제는 날이 갈수록 심한 불균형으로 치닫고 있다. 종래의 거시지표 중심의 정책만이 아니라 미시적으로 이와 같은 지나친 불균형으로부터 나오는 폐해를 막는 방안을 강구하기를 바란다.

경제의 기초는 교육에 있으므로, 教育改革에 정책의 역점을 두어야 한다. 경쟁이 가장 절실하게 필요한 부문이 교육이다.

너무 많은 것을 빨리 다하려 하지 말고 전략개념을 가지고 중점적으로 나라의 기초를 다지기 바란다. 모처럼 크게 밀어준 국민의 기대에 부응하기 위하여, 2차대전 때의 처칠의 말처럼, 이 나라가 필요로 하는 피와 땀과 눈물을 정부가 앞장서서 흘리는 모습을 보여주기 바란다.

강원일보 – 지령 17,000호 기고*

경제의 패러다임을 고치자.

모두들 경제가 어렵다고 한다. 아침마다 어두운 소식이 신문을 메우고 있다. 사람들은 우리 경제가 IMF를 졸업했다고 믿고 있다. 그러나 졸업한 것은 外換危機이지 IMF위기 전체가 아니다. 경제의 어려움은 만성화된 채 오늘에 이르고 있다.

모든 경제주체들이 심기일전해서 마음을 고쳐먹어야 한다. 기업도, 금융도, 일반 국민도, 그리고 정부도 지금까지의 방식을 탈피하여 보다 생산적인 방법을 찾아내야 한다. 길게 보면, 우리 경제의 장래는 밝다.

정부는 금년의 성장률이 5% 이하가 된다고 하면서 한국판 '뉴딜'이라는 이름으로 연기금을 투입하여 사회간접자본을 확충하는 정책을 내년 하반기부터 실시하리라 한다. 그런가 하면, 한국은행은 느닷없이 금리를 3.25%로 내렸다.

---

* 2004년 11월 17일 『강원일보』에 기고한 글임.

정부의 경기부양 정책은 기대하는 큰 성공을 거두기는 쉽지 않을 것으로 본다. 지금의 불황은 경제구조의 兩極化에 기인하는 것이지 수요부족 때문이 아니기 때문이다. 양극화가 그대로 있는 이상, 설사 약간의 부양효과가 나온다고 하더라도 그것은 일시적인 반짝 효과로 끝날 공산이 크다.

지난 2년 동안 참여정부는 동북아 중심국가, 물류허브, 금융허브, 경제특구, 10대 성장동력산업 선정, 부동산 정책 등 있는 지혜를 다해 의욕적으로 정책을 추진했다. 그러나 경제는 오히려 더 어려워지고 있다.

정부 정책이 바라는 효과를 나타내지 못하는 이유는 간단하다. 첫째, 이 정책들이 舊시대적인 관념에 바탕을 둔 것이어서 글로벌화 시대의 흐름에 맞지 않기 때문이다. 둘째, 여러 가지 정책을 貫流하는 기본방향이 확실하게 제시되지 못하여 국민의 신뢰를 얻지 못하고 있기 때문이다.

참여정부의 정책의 기본관점은 개발년대(60년대 및 70년대)의 그것과 같은 패러다임에 속하는 것으로 나는 본다. 겉으로는 전혀 다른 것 같으나, 다 같은 족보 책에 있는 一家들이다. 두 가지가 다 정부주도의 경제운영을 통하여 인위적(반시장적)인 방법으로 경제를 좌지우지하려고 한다. 박정희 정권은 인위적인 방법을 통하여 공업화를 이룩했지만, 경제의 양극화의 씨를 뿌렸다. 참여정부는 인위적인 방법을 통하여 대기업을 억제하고 균형발전을 도모하고 있지만, 경제 침체의 씨를 뿌리고 있다. 양자가 다 인위적인 관치경제의 패러다임이며, 글로벌 시대에는 맞지 않는 것이다.

IMF 이후 당시의 정부가 인위적으로 단시일 내에 경제구조를 고치기 위해 대수술을 감행한 것도 개발년대의 방법이었다. 그러나 수술의 결과는 좋지 않았다. 이 나라의 금융기관, 기업, 건물 등의 주요 자산이 헐값으로 외국인의 수중에 팔려간 반면 경제의 성장동력은 살아나오지 못했고, 그 後遺는 앞으로 반영구적으로 이어질 것이다. 특수한 경우를 제외하고는 인위적인 방법은 이제는 써서는 안 된다.

지금, 나라는 백척간두에 서 있다. 정부는 이 나라 경제가 가야할 확고한 방향을 잡아야 한다. 30년에 걸쳐 痼疾이 된 지병이 한꺼번에 치유될 묘방은 없다는 것을 인식하고, 좀 인기가 없더라도 옳은 방향을 일관성 있게 추진해야 한다. 국민도 당장에 경제를 활성화하라고 안달을 내서는 안 되고, 정부에 무리한 요구를 하지 말아야 한다.

정부가 잡아야 할 옳은 방향은 어떤 방향인가. 가능한 한 국제경쟁력을 배양하는 방향으로 모든 정책을 구상하고 조정하여야 한다. 그러기 위해서 경제 전반에 걸쳐 경쟁이 활발히 이루어지도록 해야 한다. 우리 경제처럼 경직적이고 신축성이 적은 경제도 없다. 이 경제에는 창조와 파괴의 바람이 불지 않고 있다. 경기부양보다 훨씬 더 중요한 것은 관치경제의 청산이다.

지면이 제한돼 있어 많은 말을 할 겨를이 없다. 다만 끝으로 지적하고자 하는 것은, 경제에 못지않게 중요한 것이 정치의 정상화, 사회 질서의 확립, 부패의 일소, 교육의 경쟁화, 국민 가치관의 淨化 등

이라는 사실이다. 경제가 선진화하자면 이런 것들이 다 같이 선진화
해야 한다. 이런 것들이 낙후된 나라에서 경제만 잘 되기를 바랄 수
는 없다.

시대의 흐름은 女性의 편이다*

간디는 일찍이 남성보다는 여성이 도덕면에서 우월하다는 말을 했다. 술 담배를 덜 하고, 참을성이 더 많고 변덕이 적으며, 희생정신이 강한 여성의 德性을 평가한 것이다. 老子의 道德經도 한결같이 여성적인 것을 찬미하고, 인간사회를 경영하는 데 있어 부드러우면서도 강인하고 수동적이면서도 창조적인 여성적인 德目을 강조했다. 나도 간디와 노자의 여성관에 공감한다.

21세기는 여성의 세기라 한다. 세계적으로 여성이 각 방면에서 약진하고 있다. 내가 봉직하던 서울대학교 경제학과에는 15년 전까지만해도 한 학년에 여학생은 2, 3명에 불과했는데, 이제는 여학생이 전체 학생의 40%를 넘는다. 법대에서는 50%가 된다고 하며, 인문대에는 아예 여학생이 남학생보다 훨씬 많은 학과가 수두룩하다.

시대가 여성에게 유리하게 돼 있다. 지금 세계는 산업사회의 시대를 거쳐 포스트-산업사회의 시대로 진입하고 있다. 산업사회는 제조업 우위의 시대, 소품종 대량생산의 시대였다. 근로자들은 꼭 군대와 같았고, 공장의 분위기는 남성 아니면 견디기 어려웠다. 지금은 거의

* 2004년 12월 30일 *Woman Times*에 기고한 글임.

모든 산업이 여성적으로 되어가고 있다. 군대와 같은 획일적인 분위기는 사라지고 공장도 점차 공원처럼 아름다워지고 있다. 다품종 소량생산의 공정은 남자보다는 오히려 여성에게 더 적합하다. 아직 여성의 지위는 그 실력에 비해 낮은 것이 사실이나, 머지않아 이런 경향은 완전히 없어질 것이다.

여성들의 사회참여의 길이 남성의 그것에 못지않게 넓어질 것이다. 사실 좀 빨리 그렇게 됐으면 좋겠다. 나에게도 좋은 소질을 가진 손녀들이 있는데, 이들이 남성 못지않은 실력을 발휘해 줬으면 좋겠다. 여성의 활동이 많아지면서 전쟁의 위험도 적어지고, 組暴이 덜 난폭해지고, 國會에서도 치고받는 일이 줄어졌으면 한다. 여성의 약진이 남성에게 꼭 불리하지만은 않을 것이다. 남성도 이제까지의 스트레스에서 해방되어 수명도 좀 길어져서 여성과의 격차가 줄어졌으면 좋겠다.

그러나 한 가지 걱정이 있다. 여성이 사회경력을 추구하면서 남녀를 막론하고 결혼 연령이 급격하게 높아가고 있다. 요즘 결혼 주례를 서노라면 20대의 신랑 신부는 거의 없다. 게다가 모두들 아이 낳기를 피하기 때문에 우리나라는 출생률이 세계에서 가장 낮은 나라가 됐다. 결코 좋은 현상이라고 볼 수 없다. 여성의 사회 진출이 그 원인 중의 하나인 것 같으나, 그렇다면 이 나라는 여성의 사회진출을 위해 엄청난 대가를 치르고 있는 것이다.

너무 빨리 세상이 달라지면서 사람들은 恒心을 잃고 있다. 젊은이들이 좀 더 자연스럽게 사랑을 하고 결혼을 하고 아이를 낳고, 평범

하지만 아름답게 사는 것을 자랑스럽게 여기는 풍토가 아쉽다. 이런 사회가 건전한 사회이다. 시대의 물결은 여성의 편으로 도도히 흐르고 있다. 서두르지 않아도 여성이 시대를 주름잡게 될 것이다.

우리나라의 여성들은 남성보다 낫다는 것을 보여주기를 바란다. 그렇게 되기 위해서 무엇이 필요한가. 여성이 실력을 발휘하되 간디가 말한 여성의 덕목을 잃지 말아야 하며, 노자가 강조한 여성의 본질을 잘 지켜야 할 것으로 본다. 새해가 밝았다. 여성 여러분에게 좋은 한 해가 되기를 기원한다.

2005년

우리 모두 所任을 다 하자*

우리나라가 해방된 지 금년이 60년, 나라의 나이가 환갑이 되었다. 돌이켜 보면 참으로 아슬아슬한 파란만장의 세월이었다.

이 와중에서도 나라는 꾸준히 발전했다. 해방 당시의 나라는 국민의 80%가 농민인 가난한 전통 농업국이었다. 그런 나라가 공업화에 성공하여, OECD에 가입한 지 햇수로 10년이 됐다. 세계적인 자동차 강국이 됐고, IT산업에서도 세계 굴지의 나라가 됐다. 국민의 생활수준은 이제 선진국 수준에 육박하고 있다. 남들은 이 경이적인 발전을 한강의 기적이라고 부른다.

그러나 이런 밝은 모양의 이면에는 어두운 그림자가 드리워지고 있다, 70년대 말부터 생겨난 그림자는 80년대를 통하여 점점 커지면서 국제경쟁력의 약화로 연결되었다. 그 그림자는 경제의 몸집이 커지면서 점점 짙어졌다. 계속되는 무리한 투자 확장이 부실을 더욱 조장함으로써, 90년대에 접어들어서는 경제의 국제경쟁력은 약화일로에 있었다. 보유 외환이 고갈될 무렵, 1997년 7월, 동남아로부터 외환위기

---

* 2005년 3월 21일 서울시 시정개발연구원 월간지에 기고한 글임.

의 바람이 밀어닥쳤다. 외환 부족에 견디지 못한 이 나라는 끝내 IMF 의 구제차관을 받지 않을 수 없었다. 한강의 기적은 한강의 위기로 돌변했다.

IMF를 맞은 정부는 自意半 他意半으로 지금까지와는 180도로 다른 개혁개방을 단행했다. 그것은 우리 경제의 역사상 처음 보는 대수술 이었다. 대수술 이후, 경제는 전에 비해 좋아진 것도 있지만, 전반적 으로 보면 못해진 것이 많다. 원래 타의에 의한 개혁은 진정한 개혁 의 성과를 거두기 어렵다. IMF개혁은 1894년 일본의 使嗾에 의해 추 진된 甲午更張과 비슷한 면이 있다. 갑오개혁은 많은 後遺를 남기고 끝내는 망국으로 이어졌다.

IMF 개혁은 한국판 페레스트로이카와 글라스노스트였다. IMF가 몰고 온 금융기관 자기자본비율 8%, 기업 부채비율 200% 등의 생소 한 잣대가 금융기관과 기업에 적용되었다. 새로운 채점 방식이 학생 을 괴롭히듯이, 새로운 기준에 의해 많은 은행과 기업체가 성적 미달 의 평가를 받아 강제로 퇴출·합병·매각되었다. 많은 금융기관과 주 요 기업이 외국인의 수중으로 들어가면서 한국경제 체질은 더욱 약화 되었다. 저하하는 성장률을 회복하고자 정부는 강력한 내수진작 정책 을 채택하여 성장률을 높이고자 했다. 그러나 이것 또한 무리수였다. 그것 때문에 성장동력은 오히려 더 약화되어 오늘에 이르고 있다.

지금 우리 경제는 아시아에서 가장 낮은 성장률을 나타내면서 양극 화 현상이 날이 갈수록 심각해지고 있다. 작금에 와서 소비심리가 호 전되는 조짐이 나타나고 있다. 그러나 설사 경기가 다소 호전된다고

하더라도 당분간 저성장의 추세를 고성장으로 되돌리기는 어려울 것
이다.

　우리나라의 문제는 나라 전반에 걸쳐 人的, 制度的 인프라가 정비
돼 있지 않다는 사실에 있다. 어떤 나라를 막론하고 나라가 잘 되고
안 되고는 첫째는 사람, 둘째는 제도에 달려 있다. 경제도, 정치도,
문화도 그리고 사회도 결국 사람이 하는 일이다. 사람은 제도 속에서
움직인다. 어떤 나라를 막론하고 나라가 잘 되자면 사람을 잘 길러야
하고 길러진 사람을 잘 써야 한다. 중국이나 미국이 잘 나가고 있는
이유는 그 나라들의 면적이 넓고 자원이 많기 때문이 아니다. 사람들
이 일을 잘하기 때문이다. 아무리 나라가 크고 자원이 많아도 사람들
이 시원치 않은 나라는 발전할 수 없다. 반면에 아주 작은 나라도 사
람들이 일만 잘하면 세계 일류국이 될 수 있다. 아시아의 싱가포르,
유럽 몇 개의 작은 나라가 좋은 본보기이다.

　우리나라는 모든 방면에 걸쳐 많은 발전을 했다고는 하지만, 발전
의 내용이 부실한 점이 많다. 정치는 경제보다도 더 부실하고 사회,
교육, 문화 역시 그렇다. 이유는 무엇인가. 사람들이 잘 길러져 있지
않거나, 길러진 사람마저 잘 쓰이고 있지 않기 때문이다. 세계에서
인구비례로 대학 졸업생이 가장 많은 나라에서 극심한 인재부족으로
몸살을 앓고 있다. 이 나라에는 제대로 된 지성인도 부족하다. 흔히
理工系를 살려야 한다는 말을 많이 듣는다. 이공계는 물론 살려야 하
지만, 나는 인문사회계는 이공계보다 더 문제라고 본다. 이공계는 몇
몇 분야의 세계적인 기술수준에 바탕을 둔 회사를 만들어냈다. 이에
비해 정치, 사회, 행정, 문화 등 인문분야에서는 이에 비견할 만한 업

적이 없다.

우리나라에서 人的 인프라를 강화하기 위해서는 우선 교육을 더 잘
해야 한다. 교육의 문제는 개발년대부터 불거지기 시작했다. 경제건
설에 바빠서 교육은 뒷전에 밀려 나라의 기본 인프라인 인재양성에는
소홀했다. 우선 교육투자가 부족했다. 지금도 그 추세가 이어지고 있
다. 나는 개발년대 당시 고등학교 학생의 학부모였고, 그 고등학교의
기성회 회장이었기 때문에 당시의 중고등학교 사정을 잘 알고 있다.
그 당시 평준화, 한글전용 등의 교육이 실시되고 있었다. 화려한 도
로변에서 한 발짝 골목길을 따라 학교로 들어가면, 학생들은 슬럼과
같은 교실에서 좁은 책걸상에 무거운 덩치를 얹어놓고 쭈그리고 앉아
있었다.

투자의 부족보다 더 큰 문제는 교육의 내용이다. 가장 잘못된 점으
로는 平準化와 한글전용을 들 수 있다. 나는 '기여입학제'에는 반대
하지만, 모든 학교를 똑 같이 취급한다는 의미의 평준화는 잘못된 생
각이라고 본다. 평준화를 고집하는 한, 사람의 능력이 제대로 길러질
방법은 없다. 모든 학교가 특색 있는 교육을 하도록 해야 한다. 한글
전용은 잘못된 정책이다. 21세기는 아시아의 시대가 될 것이 확실하
다고 나는 본다. 우리나라는 이웃나라들과 경쟁도 하고 협력도 하면
서 발전해야 한다. 그런데 동북아시아의 한 복판에 있는 나라가 한자
문맹을 만드는 교육을 하면서, 그 중심국가가 되겠다고 하니, 잠꼬대
라고 하지 않을 수 없다. 뿐만 아니라 나라 말의 70~80%가 한자어인
데도 한자 문맹을 만들면서 문화를 창달한다니, 이것 역시 幻想에 불
과하다.

제도적인 인프라에는 여러 가지가 있지만 그 중에서도 가장 긴급한 것은 정부의 역할의 재정립이다. 미국식으로 말하자면, Reinvention of Government가 있어야 한다. 오늘날의 정부는 개발년대 때와는 완전히 달라야 한다. 개발년대 때에는 정부가 모든 것에 간여했지만 이제는 그럴 수 없다. 그렇다고 정부의 역할이 줄어야 한다는 말은 아니다. 그 당시 없었던 역할, 즉 시민사회 시대의 법규를 정비하고, 조세제도를 합리화하고, 노조활동을 합리화해야 한다. 이것만 가지고도 경제는 훨씬 더 좋아지리라 믿는다.

지금 이 나라는 백척간두에 서 있다. 이 글을 쓰고 있는 동안 온 나라는 獨島 문제로 흥분의 도가니 속에 있다. 신속하고 단호한 태도 표명은 잘 됐다고 본다. 나는 평소 우리나라와 일본과의 사이의 관계에서 가장 분한 것은 일본에게 당했다는 사실 그 자체보다도, 일본을 전혀 모르고 있다는 사실이다. 계속 당하면서도 아직도 상대방을 모르고 있다는 사실이 억울한 것이다. 이번 독도의 영유권 주장의 일은 일본이 얼마나 근시안적이고 속 좁은 나라인가를 보여주었다. 전술적으로도 일본은 분명히 자충수를 두었다. 그러나 문제는 우리가 이제는 일본을 좀 더 알게 되었는지 의문이다. 우리도 흥분만 할 수는 없지 않은가. 흥분이 가라앉은 후에 제대로 후속조치를 취할 것인가. 걱정이 앞선다.

나라의 興亡은 모든 사람에게 책임이 있다. 대한민국의 오늘의 상황을 만드는 데 책임이 없는 사람은 없다. 정치하는 사람에게만 책임이 있는 것이 아니다. 국민 한 사람 한 사람에게 책임이 있다. 정부에게 부탁하고 싶은 것은, 지금의 경제 사회 정치 등의 현황과 앞으로의 진로를 다시 한번 점검하고 국민에게 앞으로의 큰 그림을 제시하여 국민의 이해와 협조를 구하라는 것이다. 화려한 구호가 아니라도 좋다. 이제는 인터넷의 시대이다. 구호에 감동할 사람은 없다. 진실과 성의가 있으면 된다. 국민의 에너지가 집중되도록 유도할 책임은 정부에 있다. 정부가 그 책임을 다 할 경우, 국민은 아낌없는 성원을 보낼 것이다. 정부나 국민이나 좀 더 분발해서 각자의 所任을 다해야 한다.

運命을 안다는 것*

인생에는 運이라는 것이 분명히 있는 것 같다. 어떤 신비로운 힘이 나를 인도하여 오늘 여기에 오게 한 것 같고, 앞으로도 그 힘이 나의 餘生을 결정할 것이다. 인간은 자유롭게 자기 운명을 개척한다고는 하지만 그 자유라고 하는 것이 과연 얼마나 되는가. 어떻게 보면, 自由라는 것도 환상 같기만 하다.

내가 태어난 것부터 나의 자유의사는 아니었다. 왜 하필 강원도 강릉에서 태어났는가. 나의 부모라는 특수한 사람들, 그 분들의 집의 독특한 분위기를 일생동안 지니게 됐는가. 왜 또 평양이라는 먼 곳의 중학교를 다녔는가. 경제학은 왜 했는가. 6·25 사변이 아니었던들 내가 군대에 가서 육군사관학교 교관이 되지 않았을 것이고, 육사 수석고문관의 통역을 하지 않았던들 미국에 가지는 않았을 것이다. 그 밖에 내가 지금까지 한 것, 안 한 것 모두가 겉으로는 나의 자유의사에 의해 이루어진 것 같지만, 따지고 보면 그것이 아닌 것 같다. 좋던 싫던 다 무엇인가 보이지 않는 손에 인도된 결과이다. 王陽明의 시에 "하늘의 판정에 의한 것이지, 사람의 꾀에 의한 것은 아니다(憑天判

---

* 2005년 4월 *Better People, Better World* 에 기고한 글임.

下, 非人謀)"라는 구절이 있다. 그는 일세의 大儒였고, 난리를 평정하여 혁혁한 공을 세운 文武兼全의 인물이었지만, 그게 다 운명이었다고 본 것이다.

현대의 정주영 회장의 업적을 칭송하지 않을 사람은 드물다. 그의 엄청난 노력, 결단, 능력, 모두 神話와 같다. 무엇이 정회장으로 하여금 그런 일을 하게 만들었는가. 아담 스미스에 의하면, 정회장 같은 분의 업적은 "자연의 欺瞞(Nature's Deceit)"의 결과이다. 자연은 탁월한 능력을 타고난 사람을 골라서 여러 가지 욕망을 안겨줌으로써 그에게 힘겨운 좋은 업적을 남기도록 유도하고, 후세 사람들이 그 노력의 결과를 향유하게 한다는 것이다. 스미스에 의하면, 정회장은 자연의 기만에 걸린 분이었다.

운명을 논하자면, 周易을 빼놓을 수 없다. 程伊川이 지적한 대로 주역에는 네 가지 용도가 있지만, 그 중의 한 가지는 점을 치는 일이다. 고대 중국인들은 어떤 일을 하든지 점치기를 통하여 의사결정의 자료로 삼았다. 그러나 점 책치고는 이 고전의 사상에는 한 가지 특이한 탁월한 점이 있다. 사람의 운은 좋을 때도 있고 나쁠 때도 있지만, 그것을 어떻게 받아들이느냐에 따라서 부분적으로는 轉禍爲福이 될 수도 있고 반대로 轉福爲禍도 될 수 있다는 것이 주역의 운명관이다. 좋은 운도 잘못 받으면 나쁘게 될 수도 있고, 나쁜 운도 좋게 받으면 좋게 된다는 것이다. 결국, 사람이 적어도 부분적으로는 자기의 운을 결정한다는 말이 된다.

맹자는 "세상 모든 것이 운명이 아닌 것이 없지만, 順하게 그 바른 것을 받으라(莫非命也, 順受其正)"라고 했다. 세상의 모든 것이 지나고 보면 다 운명이지만, 운명에는 바른 것도 있고 바르지 않은 것도 있으니, 그 가운데서 바른 것을 받도록 하라. 바르지 않은 운명을 받는 것은 운명을 아는 자(知命者)가 아니라는 것이다.

맹자가 말한 "바른 명을 받는다"는 것은 무슨 뜻인가. 한 마디로 바른 마음을 가지고 최선을 다하고, 결과는 하늘에 맡기라는 뜻으로 나는 본다. 정말로 바른 마음으로 최선을 다하는 사람, 그런 사람이라야 운명을 알고 바른 운명을 받을 수 있다. 운명을 알아야 세상을 달관할 수 있다.

불안한 세계경제*

지난 수년간 세계경제를 이끌어 온 것은 미국-중국의 쌍두마차였다. 미국은 엄청난 정부지출과 민간소비를 통하여 세계경제를 이끌었다. 이렇게 하는 동안, 미국의 경상수지 적자는 2004년에 6,655억 달러, 즉 GDP의 6%에 달하고, 달러의 가치는 계속 떨어지고 있다. 이상태가 영구히 지속될 수는 없다.

중국은 외국 직접투자의 유인과 수출 및 수입의 엄청난 증가로 세계경제를 도왔다. 일본이나 한국 경제의 대중국 依存度는 크게 늘었다. 2004년 중국의 대미 무역수지 흑자는 803억 달러(전체의 12.1%)였다. 그러나 중국의 총 경상수지는 거의 균형상태에 있다.

미국은 그 동안 중국에 대해 위엔(元)화의 가치를 올리는 조치(이를테면 변동환율제, 평가절상)를 취하라는 압박을 가해 왔다. 최근에 미국 의회는 만일 중국이 6개월 이내에 이런 조치를 취하지 않는다면 중국으로부터의 수입품에 대해 평균 27.5%의 관세를 물리겠다는 법안을 통과시켰다.

---

* 2005년 5월 16일 *Better People, Better World*(인간개발연구원 발간)에 기고한 글임.

중국은 과연 미국의 요구에 응하여 元貨를 切上시킬 것인가. 이 물음에 대한 대답을 아는 사람은 물론 없다. 다만 한 가지 분명한 사실은, 중국은 元貨 가치를 올려도 큰일이고 안올림으로써 27.5%의 관세를 당해도 큰일이라는 점이다. 元貨 가치를 올린다고 미국의 적자 문제가 해결될 수는 없다. 왜냐하면, 다소의 切上을 가지고는 미국의 對中 적자는 줄지 않을 것이기 때문이다. 미국은 계속 추가 절상을 요구할 것이며, 세계의 투기자금은 앞으로의 절상을 기대하여 元貨를 사들일 것이다. 중국의 금융시스템은 이것을 감당할 만큼 발전돼 있지 않다. 元貨에 대한 극렬한 투기는 중국 경제발전을 저해할 것이다. 이런 것을 생각한다면, 중국은 대폭 절상보다는 오히려 수출에 대한 27.5%의 관세를 무는 것을 선호할는지 모른다.

중국이 미국의 압력에 굴복하여 절상을 하면 미국경제는 좋아질 것인가. 아니다. 그렇지 못할 것이다. 중국으로부터의 輸入은 줄겠지만 중국 이외의 나라들로부터의 수입은 증가할 것이다. 요컨대 미국의 저축이 늘지 않는다면 중국이 무엇을 하든 미국의 경상수지의 개선은 거의 없을 것이다. 중국으로부터의 수입을 통해 재미를 보던 많은 미국 기업들은 손해를 볼 것이다. 아마도 미국의 농산물 수출도 어려워져서 미국 농민들이 큰 타격을 입을 것이다. 뿐만 아니라 27.5%의 관세의 여파는 2차대전 이전과 같은 환율전쟁, 무역전쟁으로 이어질 것이며, 세계의 통상질서는 무질서 속으로 빠져들 것이다.

세계를 이끌어온 쌍두마차에 이상이 생김으로써 세계경제는 크게 불안하게 됐다. 미국의 문제는 貯蓄이 너무 적고 輸入이 너무 많은데도 그것을 시정할 용의가 없다는 데 있다. 중국의 문제는 금융구조가 아직 너무 원시적이어서 환율의 자유로운 변동을 허용하기가 매우 어렵다는 데 있다. 27.5%의 관세를 물리려는 이유는 무엇인가. 상대방의 처지를 몰라서인가. 그럴 리는 없다. 자기만이 得을 보자는 것인가. 아마 그것도 아닐 것이다. 아마 쌍두마차 자체가 귀찮다는 뜻이 아닐까.

아시아와 21세기*

21세기는 동북아시아의 시대가 된다는 비전이 있었다. 여기에는 세계 제2의 경제대국인 일본이 있다. 분단의 어려움을 극복하고 세계 제11위의 경제규모를 달성한 한국이 있다. 여기에다가 역사상 유례가 없는 초고속 성장을 하고 있는 중국이 있다. 이 나라들이 협력해서 共生의 길을 찾는다면 동북아시아는 北美洲, 유럽연합 등과 더불어 능히 세계의 一極을 이루며, 세계문화의 발전에 획기적인 기여를 할 것이 기대되었다.

그러나 이 기대는 애석하게도 어긋나고 있다. 일본이 그 기대를 송두리째 엎어버리고 있다. 수상이 야스쿠니신사 참배를 고집한다. 청일전쟁 당시 무인도라는 이유로 중국으로부터 탈취한 조어도(釣魚島)를 센카쿠(尖閣島)라는 일본 땅이라면서 오끼나와현(沖繩縣)으로 하여금 '센카쿠의 날'을 제정케 하더니, 이번에는 러일전쟁 당시 한국의 약점을 틈타서 강탈한 독도를 다께시마(竹島)라는 일본 땅이라고 주장하면서 시마네현(島根縣)으로 하여금 '竹島의 날'을 제정케 했다. 지도급의 인사들은 한일합방은 한국에 도움이 됐다는 등의 망언을 서슴

---

* 2005년 5월 22일 『서울대학교 총동창회 회지』에 기고한 글임.

없이 뱉어낸다.

아! 일본인의 양식은 어딜 갔는가. 그 때나 지금이나, 西에서나 東에서나 너무하지 않은가. 왜 아시아 평화의 길을 막고 공멸의 길을 택하려 하는가. 이 나라가 이런 마음으로 한국이나 중국에 대하는 한, 동북아시아의 평화는 없을 것이다.

동북아시아가 이렇다면, 아시아의 시대는 영영 허사로 끝날 것인가. 그렇지는 않을 것이다. 과거 일본경제가 全盛을 구가하고 있을 때 아시아에 큰 도움을 주지 못했듯이, 지금 일본이 방해를 한다고 해서 아시아의 進運이 막히는 일은 없을 것이다. 오직 일본이 외톨이가 되어 홀로 뒤질 뿐이다. 동북아가 아시아를 리드하지 못한다면 21세기 아시아의 진운은 다른 나라들로 넘어갈 뿐이다. 중국과 인도, 아세안 등의 동남아시아가 진운의 중심이 될 것이다.

한국의 미래는 어떨까. 한국 사람들이 확고한 의지를 잃지 않는다면 한국의 장래는 밝다고 나는 본다. 보도에 의하면, 한-ASEAN간의 FTA가 내년쯤이면 발효되리라고 한다. 좋은 소식이다. 중국의 장래를 우려하는 사람도 있다. 미국으로부터 엄청난 통상압력을 받아서 人民幣의 절상으로 중국은 난관에 부딪칠 것이라고 한다. 그러나 그 통상압력에는 이론상으로나 현실적으로나 무리가 많아서 所期의 목적을 달성하기가 어려울 것으로 나는 본다. 무리한 것은 좋은 결과를 맺지 못한다. 어쨌든, 통상압력은 중국의 성장에 결정적인 장애는 되지 못할 것이다.

인도는 무한한 잠재력을 가지고 앞으로 많은 발전을 할 것이다. 최근 수년 동안 인도의 성장률은 가속도가 붙어서 앞으로는 연평균 6~7% 정도의 성장이 가능할 것으로 보인다. 가난하지만 발전의 진운을 탄 나라는 부유하지만 시대의 대세에 역행하는 나라보다 더 낫다. 인도와 중국, 그리고 아세안을 합치면 세계 인구의 거의 45%가 된다. 세상의 어떤 힘이 발전을 향한 25억인의 진운을 막을 수 있겠는가.

한일관계를 생각한다[*] - 한일관계의 진전을 보며 -

일본이 한국의 식민지화를 美化하고 수상이 야스쿠니신사에 참배하더니 이번에는 공민교과서에서 독도는 일본 땅인데 한국이 강점하고 있다는 내용을 담았다고 한다. 후진들에게 이 땅은 꼭 되찾아야 한다고 가르치겠다는 것이다. 일본인의 성향을 알고는 있었으나, 참으로 속 좁고 사나운 이 사람들이 앞으로 어떤 일을 저지를 것인가. 소름을 느끼며 절망감을 금할 수 없다.

격분한 국민들이 연일 항의 데모를 하고 있다. 정부에서는 일본의 유엔안보리 상임이사국 진입을 저지할 방침을 밝혔다. 달리 국민의 분노를 달랠 방법이 마땅치 않은 것이다. 좀 더 냉정하라고 하는 소리도 있다. 냉정하게 무엇을 하라는 말인지 분명치 않다.

1875년 일본군함 雲揚號가 강화도를 침범함으로써 시작되어 1905년 乙巳條約에 이르는 30년의 역사를 회고하면, 한국은 너무나 처참하게 일방적으로 당하기만 했다는 것을 알게 된다. 1878년의 江華條規의 내용을 보면, 한국은 그때 이미 일본의 半식민지가 된 것이나 다름이 없었다. 1882년의 壬午軍亂의 결과로 또 한 번의 양보를 강요

---

* 2005년 5월 *Better People, Better World*에 기고한 글임.

당했다. 1884년 일본의 후견으로 일어난 甲申政變의 쿠데타는 많은 大臣들을 이유 없이 참살한 조선왕조 건국 이후 최대의 비극이었다. 1894년의 甲午更張 때에는 한국정부는 실질적으로 일본의 손아귀 속에 들어가 있었다.

다음 해 1895년 乙未事變 때 일본의 침략행진의 유일의 장애요인이었던 명성황후가 참살당했다. 다른 나라의 역사에는 유례를 찾기 어려운 최대의 비극이었다. 더 더욱 분한 것은, 당시의 정부는 황후를 시해한 책임을 조선인 세 명에게 덮어씌워 사형을 집행했다는 사실이다. 그리고 國母를 잃고도 총리대신을 비롯한 내각의 대신들은 사직서 하나 내지 않고 자리를 지키면서 일본인이 시키는 작업을 집행했다.

아! 이 연속되는 비극과 참사의 원인은 어디에 있는가. 군대가 약했던 탓인가. 그것도 있다. 나라가 가난했기 때문인가. 그것도 있다. 일본이 월등하게 강했기 때문인가. 그것도 사실이다. 그러나 이유는 보다 더 깊은 데 있었다. 그것은 두 가지로 요약된다. 하나는 국민의 힘을 뭉칠 수 있는 비전과 전략을 갖춘 인물이 없었기 때문이다. 사형 직전까지 자기의 비전을 담은 『동양평화론』을 쓴 安重根 같은 애국자가 없었다.

또 하나의 이유가 있다. 당시 우리나라에는 知彼知己하는 知力이 없었다. 孫子가 만고의 名言을 남기지 않았는가. "知彼知己, 百戰不殆"라고. 상대방을 알고 나 자신을 알면 백 번 싸워도 위태롭지 않다는 것이다. 반면에, 상대방도 모르고 나 자신도 모르면 싸움마다 위태롭다고 했다. 외교란 원래 총칼 없는 전쟁이다. 우리는 일본에 대해서나 자기 자신에 대해서나 아는 것이 없었다. 일본인들의 본질은 그때에도 지금과 다름없었지만, 우리에 대해서나 자기들에 대해서나 항상 잘 알고 있었다. 그러니 이 나라는 백전백패, 게임이 될 수 없었다.

지금 우리는 知彼知己를 하고 있는가. 최근 수년 동안 한일 FTA 논의를 비롯한 여러 가지를 되새겨보면, 아직 멀었다는 생각이 앞선다. 우리는 좀 더 비전과 知力을 갖춰야 한다.

유럽과 세계의 장래* - 프랑스 국민투표 결과를 보고 -

지난 5월 29일, 오랫동안 전 세계의 지대한 관심사였던 유럽연합 (EU) 헌법에 대한 프랑스의 국민투표가 있었다. 결과는 예상한 대로 였다. 프랑스 국민은 新憲法을 비준하지 않았다.

헌법이 통과되지 않았다고 해서 유럽연합의 장래가 없어진 것은 물론 아니다. 경제공동체로서의 유럽은 앞으로도 존속할 것이다. 그러나 정치적인 통합을 통해 유럽통합국(The United States of Europe)을 일구어낸다는 세계사적인 大業은 일단 좌절되었다.

EU를 만들어내자는 雄圖의 원조는 원래가 프랑스였다. 2차대전 후 지금에 이르는 60년 동안, 갖가지 어려운 고비를 넘기면서 유럽통합의 꿈을 키우는 데 주도적인 역할을 한 나라가 바로 프랑스였다. 독일은 프랑스의 협력 없이는 이 대업의 지도적 역할을 할 수 없다. 이번의 EU 헌법 초안도 프랑스의 前대통령 지스카르 데스탱의 작품이었다. 그런 나라의 국민이 앞장서서 60년의 꿈을 접은 것이다. 이유는 무엇인가. 한마디로, 프랑스의 정치가 포퓰리즘(Populism)의 바이러스에 감염되어 방향을 잃었기 때문이다.

---

* 2005년 6월 3일 *Better People, Better World*에 기고한 글임.

　이번의 국민투표를 보면서, 아차! 싶었다. 원래 유럽연합의 회원국을 단숨에 25개국으로 늘리려는 시도는 현실적으로 무리인 면이 있었는데, 그 우려가 현실로 나타났다. 프랑스를 비롯한 유럽의 선진국들은 지금 경제가 매우 어렵고 장래도 낙관할 수 없다. 그래서 각국 국민은 EU보다는 그들의 기득권을 챙기는 데 급급하게 됐다. 자기 이익만 챙기는 원칙 없는 大衆主義가 포퓰리즘(Populism)이다. 프랑스 정치는 지금 좌파도 우파도 모두 포퓰리즘의 함정에 빠져 있다. 포퓰리즘의 의식에는 EU헌법 따위는 처음부터 설 땅이 없는 것이다.

　프랑스 국민투표 '실패'에는 시라크 정부의 리더십 부족도 한 몫을 했다. 이 약체 정부는 포퓰리즘을 제압하면서 EU헌법의 필요성을 국민에게 설득할 리더십이 없었다. 지금 유럽 전체를 통해 그런 리더십을 가진 나라는 없다. 이것이 EU의 비극이다. 앞으로 그런 나라가 나타날 것인가. 대단히 어려울 것으로 나는 본다. 유럽 나라들의 국민의식이 退嬰的으로 치닫고 있기 때문이다.

　한 걸음 더 나아가서 세계를 생각해 보자. 미국, 일본을 포함한 이른바 '先進圈'에 속하는 나라들 사이에 세계 전체를 이끌어갈 리더십을 발휘할 나라가 과연 있는가. 우선 유일의 초대국 미국을 쳐다보지 않을 수 없다. 기대는 하지만 낙관할 수는 없다. 이 나라의 의식에도 당장의 쾌락(instant gratification)을 지상시하는 포퓰리스트적인 색채가 날이 갈수록 더해 가고 있다. 그런 국민의 가치관을 가지고는 세계는 고사하고 국내의 경제문제조차 바로잡기 힘들 것이다. 작금의 미국경제가 그것을 극명하게 보여주고 있다. 일본은 어떤가. 이 나라는 지금 우파의 포퓰리즘에 빠져들면서 주변 나라들을 위협하고 있다. 민주주의, 권위주의, 후진국, 선진국을 막론하고 포퓰리즘이 판을 치고 있다. 화약고 같은 한반도에 사는 우리로서는 마음이 무겁지 않을 수 없다.

안중근과 안창호*

작년부터 어떤 계기에 의해 나는 安重根(1879~1909)과 安昌浩(1878~1938)의 생애와 사상을 살펴볼 기회를 가졌다. 여러 문헌을 섭렵하면서 이분들과 그 시대에 관해 나름대로 좀 더 깊은 이해를 할 수 있게 되었다. 晚時之歎은 있으나 참으로 좋은 공부를 했다고 기뻐하고 있다.

안중근은 31세의 젊은 나이로 나라를 위해 목숨을 바쳤다. 그는 지금도 '義士'라 불리고 있지만, 단순한 의사는 아니었다. 그는 李舜臣에 못지않은 文武兼全의 영웅이었다. 그는 일본 최고의 정치가인 伊藤博文과 목숨을 맞바꾸었지만, 그는 伊藤 따위와는 비교할 수 없는 智略과 용기와 비전을 가진 인물이었다. 그가 伊藤을 처단하고 스스로의 목숨을 잃은 것은 호랑이가 살쾡이를 잡다가 희생된 형국이었다. 아깝고 가슴아픈 일이었다. 민족의 영웅답게, 그에게는 지금도 많은 神話가 뒤따르고 있다.

안창호와 안중근은 다 같이 順興安氏라는 점을 빼고는 거의 아무런

---

* 2005년 7월 11일 *Better People, Better World*에 기고한 글임.

공통점이 없다. 안창호는 안중근과 같은 蓋世의 膽略과 순발력을 보인 적은 없다. 그러나 그는 탁월한 지도자요, 사상가였다. 그는 학교다운 학교에 다닌 적이 없고, 안중근과 같은 수준의 漢文 실력이 있었던 것도 아니었다. 그는 少時 때 기독교에 귀의하였으나, 일찍이 성경의 語句를 인용한 일은 없었다고 한다. 그의 탁월한 식견과 신념은 모두 스스로 터득한 것이었다.

안창호는 한국의 독립은 한국 사람들이 보다 정직하고 도덕적 수양이 향상되어야 이루어질 수 있고, 독립운동도 점진적인 교육을 통해서 이루어질 수밖에 없다고 보았다. 務實力行과 忠誠勇猛을 수양의 근본으로 삼고 이 덕목을 갖춘 인물을 기르기 위하여 興士團을 조직하여 인격수양 운동을 전개했다. 나라를 잃은 것이나 다시 찾는 것이나 국민 각자가 다 자기의 책임이라고 보고 자기수양에 힘써야 하고 단결해야 한다는 것이 그의 신념이었다.

문답형식으로 흥사단원과의 면접을 실시한 기록을 보면, 그의 교육법은 소크라테스의 방법과 흡사했고, 정교한 논리는 孟子의 그것을 닮은 점이 있다. 다만 한 가지 인정되어야 할 점을 간과할 수 없다. 그의 '修養'과 '團結'은 중국이나 미국에서는 가능했겠지만 일제하의 한반도에서는 좋은 결실을 맺기가 지극히 어려웠다는 사실이다. 1920년대 초부터 이해하기 어려운 행동을 하다가 끝내는 어처구니없는 반민족행위로 생애를 마친 李光洙의 행적은, 이광수 자신의 마음은 고사하고, 일제시대 때의 조선 사람의 수양이나 단결이 무엇을 의미했는가를 시사하고 남음이 있다.

그러나 이광수의 행적을 보고 안창호를 평할 수는 없다. 61세 되던 해에 서대문 형무소에서 身病으로 서울대학병원에 이송되어 "睦仁[1] 아! 너는 많은 죄를 지었구나!"라고 외치고 숨을 거둘 때까지, 안창호는 애국의 정렬과 일관된 심념을 견지했다. 안중근은 문무겸전의 영웅, 안창호는 知行合一의 哲人이었다.

---

1) 睦仁은 일본 명치천황의 이름.

權五春君과 活水書室 이야기*

I

나의 친구 權五春군은 아주 특이한 사람이다. 나이는 나보다 한참 아래지만, 나를 포함하여, 그를 아는 많은 사람들이 그를 아끼고 좋아하며 존경하고 있다. 나는 그를 무척 좋아하지만 그의 경력을 아주 자세히는 모르며, 굳이 알 필요도 없다고 본다. "君子之交 淡如水"라, 나는 그를 담담하게 대하고, 이해관계가 없기 때문에 그의 과거가 어떻고 집안이 어떻고는 관심이 없는 것이다. 그는 서울에서 종사한 사업에서 많은 성공을 거두어 상당한 부자가 된 것으로 안다. 부자가 된 후로 그는 종래의 사업을 정리하고 최근 수년 동안은 고향인 안동에 내려가서 한문을 배우고 전통문화의 진흥에 힘쓰고 있다. 그는 어딜 가나 항상 한복을 입고 다니며, 편안한 마음으로 사람들이나 사물을 대함으로써 타고난 지혜의 폭을 넓히고 있다.

수년 전, 나는 중국 靑島에서 그곳에 있는 우리 기업들과 청도대학에서 학생들에게 한국과 중국 그리고 세계경제에 관하여 강연을 한바 있다. 한국을 떠날 때 나는 이번에는 이 나라(중국)가 어떻게 孟子를 대우하고 있는지를 알기 위하여, 그리고 또 내가 평소 맹자로부터

---

* 2005년 7월 11일 *Better People, Better World* 에 기고한 글임.

많은 것을 배운 데 대한 감사의 표시로, 맹자와 맹자의 어머니의 묘
소에 다녀오고 싶다는 말을 했다. 그랬더니 권오춘군과 윤화진 박사
등이 나와 같이 맹자와 孟母의 묘에 가겠노라고 했다.

드디어 청도에서 하루의 여가가 생겨 나는 권오춘군, 윤화진박사와
더불어 맹자의 묘를 찾았다. 우선 맹자의 어머니의 산소에 먼저 갔
다. 수천 년 동안 맹씨 一門의 산소가 있는 馬鞍山 기슭에 가니 산소
를 보는 초로의 墓直이 장기를 두고 있었다. 우리는 그에게 우리가
온 목적을 전했더니 묘직은 묘역으로 들어갈 것을 허가해 주었다. 사
각형의 담 안에 있는 넓은 묘지의 길을 한참 들어가니 누가 보아도
바로 저기가 맹자의 어머니의 묘라는 것이 확실한 큰 묘가 있었다.
거기에 부속되는 큰 청사와 웅장한 비석이 서 있었다. 우리는 묘비를
보고 주위를 살핀 뒤에 정중하게 배례를 함으로써, 이 동양 최고의
어머니이자 어머니의 상징에 대해 경의를 표했다. 아마 여기를 찾은
한국인은 우리밖에는 없을 것 같기도 했다.

여러 번 길을 물어 우리는 드디어 三柱山 기슭에 있는 맹자의 묘를
찾았다. 여기에도 찾는 이는 드물었다. 墓直의 안내를 따라 천 년의
향나무가 좌우에 늘어서 있는 墓道를 한참 가니 우람한 祠宇와 그 뒤
에 맹자의 묘가 있었다. 一見, 이 묘는 옛날—아마도 淸朝 말—에는
국가의 많은 보호를 받은 것이 분명했으나, 民國時代와 人共時代 이
후에는 사람의 손이 가지 않은 것이 분명해 보였다. 그때 권오춘군은
가지고 다니던 가방을 열어서 그 속으로부터 道袍 세 벌과 유건을 꺼
냈다. 나는 그가 한국으로부터 이것을 가지고 온 데 대해 깜짝 놀랐
다. 아마 맹자는 한국의 도포를 본 것이 어쩌면 이번이 처음이 아닐

까. 이 모두가 권오춘군의 배려 때문이었다. 권오춘군은 그런 순수한 사람이다. 아무런 가식이 없는 것이다.

Ⅱ

권오춘군은 최근 전통문화에 관심 있는 학자들의 연구, 집필, 휴식 등에 제공할 목적으로 경기도 남양주군 양수리의 경치 좋은 언덕 위에 아주 잘 지은 한옥 한 채를 매입했다. 그리고 그 건물 중에서 제일 좋은 방을 학자들의 공부방으로 만들고자 여러 가지 시설을 장치했다. 그래서 나에게 그 방의 이름을 지어 달라고 했다. 나는 여러 모로 생각한 끝에 '活水書室'이라는 이름을 짓고, 題字를 써줬다. 그 뜻은 활기 있는 물이 항상 흘러내리듯이, 학자의 공부가 간단없이 이루어지는 방이 되라는 뜻이었다. 사실은 이 이름은 朱子의 『觀書有感』—책 읽으면서 느낀다—이라는 유명한 시에서 딴 것이다. 그 시는 다음과 같다.

半畝方塘一鑑開　네모난 작은 못에 거울이 있네
天光雲影共徘徊　하늘빛 구름모양 다 같이 오락가락
問渠那得淸如許　묻노니 저 거울은 어찌 저리 맑은고
爲有源頭活水來　못머리에서 산 물이 흘러들기 때문이라네

즉, 못에 맑은 물이 새로 흘러들어와서 항상 물이 썩지 않고 맑음을 유지할 수 있듯이, 책을 읽음으로써 새로운 지식이나 생각을 얻을 수 있게 된다는 이야기이다. 부디 권오춘군의 서실이 끊임없는 새로운 지식의 산실이 되기를 빈다.

민주주의와 포퓰리즘*

나는 동서양의 경제학자들의 전기를 많이 읽었다. 인상적인 사실은 영국의 19세기 최고의 경제학자들 중에는 국회의원이 되어 현실참여를 한 사람이 많다는 점이었다. 리카도(David Ricardo), 손턴(Henry Thornton), 벤담(Jeremy Bentham) 그리고 밀(John Mill)은 모두 국회의원을 지냈었다. 이런 사람들이 국회의원을 한 나라 영국이 잘 될 수밖에 없었다고 보았다.

아마 지금 같으면 이들 중 어느 하나도 국회의원이 되지는 못할 것이다. 우선 이런 인물이 아예 정계에 없는 것이다. 19세기 영국 민주주의는 일종의 엘리트 민주주의였고, 국회의원이라면 일정한 재산과 신분이 있는 사람들이었다. 여성들에게는 물론 참정권조차 없었다.

19세기 후반에 접어들어서는 國家主義(Nationalism)의 이데올로기가 크게 대두하여 일반 국민의 정치적인 세력이 엄청나게 증대되었다. 20세기 초부터는 여성들에게 참정권이 주어졌다. 일반 민중이 정치에 참여하게 됨으로써 민주주의는 이제 大衆民主主義의 모습을 보이기 시작했다. 과거 엘리트가 누렸던 여러 가지 권위가 점차 없어졌고,

---

* 2005년 8월 2일 *Better People, Better World*에 기고한 글임.

議會民主主義의 전성시대가 종말을 고했다.

그래도 미국의 경우를 보면 1970년대까지는 과거의 엘리트 민주주의의 전통이 상당히 남아 있었다. 의회에는 W. Fulbright나 S. Rayburn 같은 거물 의원들이 상하원을 지배하고 있어서 정치의 안정성과 의회의 지도력을 유지했다. 그러나 텔레비전을 비롯한 대중매체들이 정치에 활용되기 시작하면서 민주주의는 점차 포퓰리즘(Populism)으로 변모하게 됐다. 포퓰리즘이란 무엇인가. "다수의 지배(Majority Rule)"와 아울러 "소수의 권리(Minority Right)" 또는 개인의 존중 등이 보장되는 민주주의와는 달리, 다수면 무엇이든지 서슴없이 할 수 있는 정치형태를 포퓰리즘이라고 한다. 포퓰리즘이란 "다수의 전제(Tyranny of Majority)" 이다.

전 세계에서 진정한 민주주의가 퇴색하고 포퓰리즘이 판을 치고 있다. 한국에서는 포퓰리즘이라면 항상 좌파에만 있는 것으로 알고 있지만 그렇지 않다. 세계적으로 보자면, 좌파보다는 우파에 더 많다. 후진국에만 있고 선진국에는 없는 줄 알고 있지만, 천만에, 그렇지 않다. 미국을 비롯하여 선진국에도 이것이 점차 득세하고 있다.

포퓰리즘은 국민 정서에 균형이 잡혀 있는 곳에는 득세할 수 없다. 그것은 국민 감정에 어떤 것에 대한 憎惡, 어떤 종교에 대한 盲信, 어떤 정치이념에 대한 원리주의적인 盲從이 있는 곳에서 잘 자라는 極端主義(Extremism)이다. 진정한 민주주의가 퇴색하고 포퓰리즘이 등장하는 추세, 이것이 오늘날의 세계정치의 가장 큰 문제이다. 어딜 보아도 겉으로는 민주주의라 하지만 "국민에 의한, 국민을 위한, 국민의 정부"는 간 곳이 없고 "국민의 이름으로 하는 정치(Government in the name of the people)"밖에 안 되는 포퓰리즘의 정치가 횡행하고 있다. 그래서 정치의 質이 나빠지고 민주주의가 劣化하고 있는 것이다.

나의 老計*

　나는 사람의 일생은 기본적으로 즐거운 것으로 보고 있다. '苦中有
樂'이라는 말이 있듯이, 인생은 원래 즐거운 것이다. 그렇지 않다면
세계 인구가 어떻게 이렇게 많을 수 있겠는가.

　"그럼, 늙고 죽는 것도 즐겁단 말이오?" 아마 이런 반론이 있을
것이다. 글쎄, 늙고 죽는 것이 꼭 즐거운 것은 아니겠지만, 그 의미를
잘 안다면, 達觀할 수는 얼마든지 있을 것 같다. 莊子는 아내가 죽었
을 때 항아리를 치며 노래를 불렀다. 蘇東坡의 시에 '죽고 사는 것을
항상 보니, 이제 전혀 눈물이 없네'라는 구절이 있다.

　그러나 인생을 즐겁게 보내자면 일정한 계획과 수련이 필요하다.
중국 宋나라에 朱新仲이라는 훌륭한 인물이 있었는데, 그는 인생에는
다섯 개의 계획(五計)이 있어야 한다고 했다. ① 生計, ② 身計, ③ 家
計, ④ 老計, ⑤ 死計가 이것이다. 生計는 내 일생을 어떤 모양으로 만
드느냐에 관한 것이고, 身計는 이 몸을 어떻게 처신하느냐의 계획이
며, 家計는 나의 집안, 가족관계를 어떻게 설정하느냐의 문제이다.
老計는 어떤 老年을 보낼 것이냐에 관한 계획이고, 死計는 어떤 모양

---

* 2005년 9월 7일 *Better People, Better World*에 기고한 글임.

으로 죽을 것이냐의 설계를 말한다.

"당신에게도 老計가 있소?"라고 묻는다면, 나는 "있지요"라고 대답하고 싶다. "그것이 무엇이오?"라는 물음에는 "笑而不答", 말은 안 하는 것이 좋을 것 같다. 다만, 내가 사는 집 이야기를 한다면, 그 속에 나의 대답의 일부분이 있을 것 같기도 하다.

나는 달동네로 유명한 奉天洞에 살고 있다. 25년 전, 나는 관악산을 내다보는 계단식으로 되어있는 대지를 사서 집을 지었다. 당시에는 주변도 비교적 좋았고 공기도 나쁘지 않았다. 지금은 이 집 주위는 그때와는 전혀 딴판이 됐다. 단독주택은 거의 다 없어지고 주변에 5층짜리 다세대주택이 밀집해 있다. 주차도 어렵고, 지하철에서 이 집까지 오자면 가파른 언덕길을 허덕이며 올라와야 한다. 처음 오는 사람 중에는 이 집이 정말 趙淳의 집이냐, 동명이인이 아니냐고 묻는 경우도 있다. 아무튼 25년을 한 집에 살고 있는 사람은 이 마을에는 나밖에 없다.

아이들은 날 보고 이사를 가자고 한다. 좀 더 넓은 곳, 편한 곳으로 가자고 한다. 자기들이 모시겠다는 뜻인 것 같다. 그럴 때마다 나의 대답은 한결 같다. "여기가 어떻다고 이사를 간단 말이냐. 불편한 점도 있지만 좋은 점도 많아. 다소의 불편은 참고 지내야지, 사람은 너무 편해도 못 써. 어딜 가도 먹는 나이는 막을 수 없고, 인생의 황혼은 짙어지는 법. 지난 25년의 파란 많은 세월을 이 집에서 사고 없이 지냈고 지금도 건강이 유지되고 있으니, 그만하면 됐지. 내겐 이 집이 좋은 집이야."

이 집에는 좁은 대지에 나무가 많다. 모두 내가 심은 나무들이다. 해마다 거름을 주니 나무들은 매우 잘 자라서, 이제 이 집은 숲 속에 묻혀 버렸다. 감나무엔 월등히 좋은 단감이 잘 열리고, 강릉에서 가져온 토종 자두나무는 꽃도 열매도 고향냄새를 풍긴다. 강릉에서 파온 대나무도 아주 무성하고. 화단은 좁지만 사계절 꽃이 핀다. 이 집과 나무, 그리고 화단은 아침저녁 내게 눈짓한다. "당신이 이사를 간다구요? 가지 마시오!" 지난 25년의 파란이 압축된 이 애물단지! 내게 이런 것이 어디 또 있겠는가. 버리기는 어려울 것 같다.

세종대왕의 리더십*

나라의 일이 어려워질수록 국민은 좋은 지도자를 바라게 된다. 어느 시대 어떤 나라를 막론하고 나라의 운명을 결정하는 가장 큰 요인은 지도자의 질이다. 이 점에 있어서는 민주주의 나라나 공산주의 나라나 다를 것이 없다. 그러나 지도자는 하늘에서 떨어지는 것은 아니다. 결국은 국민이 찾아내야 하고 국민이 만들어 내야 한다.

한글날을 계기로 세종대왕의 국가 경영에 관한 논의가 일고 있는 듯하다. 확실히 세종은 우리나라가 배출한 가장 훌륭한 지도자였다. 이 분의 업적을 회고해 보면 배울 것이 많지 않겠는가. 세종에 대한 연구가 활발해지고 있는 것은 아마 이런 잠재의식 때문일 것이다.

세종은 32년 동안 이 나라를 통치하면서 탁월한 치적을 남겼다. 배울 것이 무한히 많을 것처럼 보인다. 그러나 배운다는 것은 배우는 사람에 따라 다르다. 세종으로부터 교훈을 얻자면, 세종에 대해서도 잘 알아야 하지만 우리 스스로에 대해서도 잘 알아야 한다. 우리가 지금 얼마만큼이나 세종을 배울 수 있겠는가.

---

* 2005년 11월 *Better People, Better World*에 기고한 글임.

세종의 생각과 성품의 특징은 무엇인가. 세종은 내가 보기에는 우리나라 다른 임금에게는 없었던 높은 理想을 가지고 있었다. 세종의 치적으로 미루어 볼 때 그는 이 나라를 이상적인 유교국가, 즉 『예기』에 있는 大同社會의 나라로 만들 이상을 가지고 있었다. 그렇게 하기 위해 스스로가 堯舜과 같은 聖君이 되겠다는 높은 뜻을 가지고 있었다(고 나는 본다).

그는 그 뜻을 실현하기 위해 쉬지 않고 공부를 했다. 그의 공부는 詩文이 아니었다. 國利民福을 위해 무엇이 필요한가에 대한 공부였다. 그는 전문지식을 얻기 위해 우수한 젊은이를 골라 集賢殿을 만들어, 이들의 공부를 전폭적으로 지원했다. 그는 유교정신에 따라 끊임없이 자기 수양에 힘썼다. 그는 효자였고, 형님들을 극진히 대접했다. 그는 유교의 보급에 힘썼으나 불교에 대해서도 응분의 배려를 함으로써 국민의 정서를 달랬다. 그는 만사에 절제와 균형을 중시했다.

그는 엄청난 참을성을 가지고 있었다. 조세개혁을 시행하기 위해 10여 년이 걸렸다. 중요 문제(이를테면 北伐 개시)를 결심하기 위해서는 그는 궁중에서 큰 토론회를 열어 朝臣들의 의견을 들었다. 필요한 경우에는 국민의 여론조사도 했다. 그는 철저하게 합리적이고 지성적인 군왕이었다.

세종은 많은 성공을 했지만 모든 경우에 성공한 것은 아니다. 그의 동북부, 서북부 정벌이나 대마도 정벌은 완벽한 성공을 거두지는 못했다. 그는 중국(당시의 明나라)에 대해서는 모든 것을 참고 극진한 事大의 예로 대했다. 實事求是에 입각한 외교노선이었다.

그가 訓民正音을 창제한 목적은 한문을 모르는 백성의 편의를 도모하는 데도 있었지만, 보다 더 근본적으로는 漢文의 發音을 제대로 하게 함으로써 중국을 본받기를 쉽게 하기 위함이었다. 오늘날의 민족주의적 시각만으로 한글창제를 평가해서는 안 된다.

오늘의 우리가 얼마만큼 세종을 배울 수 있겠는가. 세종과 같은 높은 이상을 가진 지도자가 있는가. 그만큼 절제, 균형, 인내, 근면 그리고 합리성을 가진 사람이 있는가. 또, 만약 있다고 한다면, 국민은 과연 표를 찍어 주겠는가. 확신이 없다.

科學과 人文學*

우리나라는 科學을 발전시킬 수 있는 좋은 조건을 가지고 있다. 우
수한 국민의 知的 능력, 합리를 존중하는 전통, 근대화를 지향하는 국
민의 열정이 있다. 거기에다가 그 동안에 이룩한 경제발전으로, 이제
는 본격적으로 科學立國을 추진할 수 있는 경제력마저 갖추게 됐다.

그러나 작금에 일어난 과학에 관련된 사건들을 보면, 이 나라에서
과학의 발전은 생각보다 어렵다는 것을 느끼게 된다. 첫째, 과학이
발전하기에는 윤리도덕의 수준이 너무 낮다. 둘째, 과학의 발전은
人文學이나 사회과학의 발전과 무관하게 獨走할 수는 없다. 셋째, 과
학의 발전은 국민의 총체적인 정신의 成熟度와 관련되어 있다. 이 세
가지가 다 과학발전의 "인프라"라고 할 수 있는데, 그 하나하나가 다
빈약한 것이다.

과학의 倫理性을 강조하는 것은 이를테면 황우석교수의 연구영역
인 줄기세포의 연구 자체의 윤리성 有無 여부의 차원에서 하는 말은
아니다. 내가 말하고자 하는 것은 이번의 사건이 불거진 이후 지금에

---

* 2005년 12월 9일 *Better People, Better World*에 기고한 글임.

이르기까지 이 사건의 마디마디에서 표출된 많은 관련 인물들의 윤리의식 내지 美意識의 수준에 문제가 있다는 말이다. 연구팀의 윤리의식, 방송사의 윤리의식 그리고 난자의 공급을 자청하는 수많은 여성들의 미의식, 모두 나름대로의 철학을 가지고 있다고 하지만, 불행하게도 그것은 너무 거칠고 과학의 발전에는 도움을 줄 수 없는 것이다.

많은 사람들은 우리나라 고교생들이 理工系로 가는 것을 꺼리고 있는 사실을 개탄하고, 이공계 지망생을 늘리기 위해 이공계 졸업자들의 대우를 개선해야 한다고 주장한다. 그러나 학생들이 인문계에 갈 생각이 많이 있느냐 하면, 전혀 그런 것도 아니다. 사실은 이공계에 앞서 인문계가 먼저 몰락해 있는 것이다. 사회과학은 어떤가. 거기도 학생들은 흥미를 잃었다. 경제학과에도 이제는 사양의 그림자가 드리워지고 있다.

이 나라의 청소년들은 어찌된 일인지 잘 成熟하지 않는다. 學士와 博士가 많아도 전반적으로 국민의 성숙도는 낮은 것 같다. 세상과 인생을 보는 시야가 좁고, 어릴 때부터의 교육이 放縱을 조장하다보니 나라의 정신풍토가 산성화되어 知性이 자라기 어렵게 된 것 같다. 곡식의 이삭이 패서 가을이 되면 굽어야 하는데, 찬바람이 나도 여전히 이삭은 빳빳한 것이다.

지성이 자라기에는 나라의 말이 너무나 거칠고 빈약하다. 모든 사상은 말을 매개로 생겨나고, 저장되고, 전달된다. 다른 데를 볼 것까지 없다. 길거리의 간판을 보면 안다. 거칠고 빈약한 한글의 바구니는 높은 수준의 사색과 사상을 담을 수 없고, 그 낮은 수준은 한글학자들의 소망과는 달리 날이 갈수록 더욱 거칠고 빈약해지고 있다. 나는 언젠가 노벨상을 받은 일본의 물리학자 유가와 히데끼(湯川秀樹)의 저서 『책 속의 세계』를 읽은 적이 있다. 그가 가장 많은 교훈을 받은 책을 소개한 저서인데, 1위가 『莊子』, 2위가 『카라마조프가의 형제들』, 3위가 『古文眞寶』 등이었다고 기억한다. 과학도 일종의 思想인데, 말의 바구니가 비어 있으면 높은 사상을 담아낼 수가 없다. 인문학이 몰락한 곳에서 과학이 독주할 수는 없다.

확실한 두 가지*

지금 세상을 흔히들 不確實性의 시대라고 한다. 세상의 변화가 너무 빨라서 내일 어떤 일이 일어날지 알 수 없고, 또 그 변화의 결과도 전혀 예측할 수 없다는 것이다. 물론 맞는 말이다. 그러나 이 빠른 변화 속에서도 알고 보면 확실한 것이 더러 있다. 적어도 두 가지 변화는 매우 확실해 보인다.

첫째, 앞으로 세계경제의 중점은 상당 부분 아시아로 옮겨올 것으로 나는 본다. 많은 세월이 걸리겠지만, 이 추세는 멈춰지는 일이 없을 것이다. 아시아의 경제가 세계를 제패한다는 말은 아니다. 아시아가 남북 아메리카나 유럽연합과 맞먹는 축을 형성할 것이며, 이에 따라 아시아도 세계사의 진전에 적극적인 기여를 할 것이 확실시된다는 뜻이다.

그렇게 보는 이유는 무엇인가. 유럽 경제에는 큰 활력이 없을 것 같고, 미국 경제도 이대로 계속 활력을 유지하기는 힘들 것으로 보이기 때문이다. 미국 자본주의는 이제 산업자본주의 시대를 지나서 금융자본주의 시대로 진입했다. 이에 따라 2차 산업은 군수산업을 빼놓

---

* 2005년 12월 *Better People, Better World*에 기고한 글임.

고는 상대적으로 약화되고 있다. 뿐만 아니라 미국은 군비지출을 줄이지 않는 한 쌍둥이적자를 해소할 방법이 보이지 않고, 초대국의 통화인 달러는 계속 약세를 면치 못할 것이다.

아시아는 중국과 인도의 급부상으로 '세계의 工場'이 되고 있다. 또 이 나라들에서 중산층이 대두됨에 따라 아시아는 '세계의 市場'이 될 것으로 전망된다. 이것은 여타의 세계에 대한 아시아의 依存度를 줄일 것이다. 또 앞으로 신지식의 창출에 있어서도 아시아는 歐美와의 격차를 줄이고, 언젠가는 구미를 따라잡을 것이다.

또 한 가지 확실한 세계적 추세는 女性의 대두이다. 아주 최근의 미국 자료에 의한 대학 진학률의 성별 비율을 보면 남성이 44%, 여성이 56%라고 한다. 여성의 대학 진출이 남성을 앞지르는 현상은 백인, 흑인, 히스파니아계, 동양계 할 것 없이 공통적이라고 한다. 일대 文化革命이 이루어지고 있는 것이며, 이 혁명은 곧 세계로 퍼질 것이다.

왜 이렇게 되고 있는가. 경제, 사회, 문화 등 모든 것이 여성에 유리하게 전개되고 있기 때문이다. 경제를 보자. 옛날 농경사회에서는 남성이 주도권을 잡을 수밖에 없었다. 남성의 힘이 아니고는 未開地를 개간하고 경작하기는 어려웠다. 농경시대를 이어받은 공업시대에도 여성보다는 남성이 우위에 있을 수밖에 없었다. 공장에서는 근로자들이 제복을 입고, 군대와 같이 통제와 규율 속에서 일해야 했다. 여성으로서는 감당하기가 어려운 일이었다. 이제 공업 시대가 끝나고 서비스산업 시대가 열렸다. 이 시대에는 여성이 남성보다 못할 일이 많이 줄고, 반대로 여성이 더 잘 할 수 있는 일이 많아졌다. 생산뿐 아니다. 소비도 여성식으로 되어가고 있다. 소주도 도수가 약해졌고, 남자도 미장원에서 이발을 한다. 음식, 주거, 복식, 풍속, 가치관 등이 모두 여성화되고 있다. 여성의 대두에 따라 가정은 타격을 받게 됐다. 아기를 낳고 기르는 코스트가 커졌기 때문이다. 돈을 주고 아기를 낳으라고 해도 효과는 적을 것이다. 남성은 편하게 됐다. 할 일이 많이 줄었기 때문이다.

여성은 남성보다 덜 好戰的인가. 바둑 두는 것을 보면 꼭 그렇지만은 않은 것 같다. 그러나 적어도 여성이 남성보다는 덜 brutal 하지 않을까. 아무튼, 세계가 좀 더 평화로워지면 좋겠다.

2006년

大局을 보고 正道로 가자*

I

해방 61년, 이 나라의 나이가 환갑을 넘었다. 그동안 많은 것을 성취하였다. 정치는 민주주의의 모양을 갖추었고, 경제는 GDP규모 세계 제11위의 대국이 됐다. 그러나 민주주의의 생산성은 낮으며, 경제는 양극화, 사회는 분열로 치닫고 있어, 나라 전반에 안정감이 적다.

나라가 이처럼 어지러운데 경제가 이만큼이나마 굴러가고 있는 이유는 무엇인가. 많은 기업과 대다수의 국민들이 건전한 경제생활을 유지하고 있기 때문이다. 국회가 열리든 말든, 데모대가 홍콩에 가든 말든, 줄기세포가 있건 없건, 민초가 나라를 지켜주고 있는 것이다.

그러나 민초의 힘만으로 경제가 버티는 데에는 한계가 있다. 경제당국은 올해의 성장률은 성장잠재력 4%보다 높은 5%가 될 것으로 전망했다. 어떤 사람들은 올해는 성장 5% 이상이 되도록 밀어붙이자고 한다. 아! 그건 안 된다. 밀어붙여서는 안 되는 것이 바로 경제다. 지난 날, 무리하게 밀어붙이다가 실패한 예가 한두 번이 아니었다. 5%

---

* 2006년 1월 3일 『한국경제신문』에 연두 기고(정치논리와 경제논리)한 글임.

이건 4%이건, 중요한 것은 수치가 아니라 그 내용이다. 설사 수출이 잘되고 소비가 다소 늘어난다고 하더라도 지금과 같은 양극화, 고용 없는 성장, 중산층의 몰락, 서비스산업의 취약 등이 계속된다면, 4% 이건 5%이건 큰 의미가 없다.

이제부터는 지도층(특히 정치지도층)이 좀 더 잘 해야 한다. 사람들은 흔히 경제가 잘 되지 않는 이유는 경제정책이 경제논리에 의해서가 아니라 정치논리에 의해 이루어지는 데 있다고 한다. 그러나 그것은 '半面의 진실(half truth)'에 불과하다. 경제정책을 채택하는 것은 경제전문가가 아니고 정치가이며, 경제정책은 언제나 정치논리에 의해 추진된다. 경제정책이 잘못된다면, 그것은 정치가의 정치논리가 잘못돼 있기 때문이다.

경제 책임자가 정책 선택을 잘 하는 조건에는 두 가지가 있다. 첫째, 경제문제에 대한 정확한 현실 분석이 있어야 하고, 둘째, 경제에 관련된 역사의식이 있어야 한다. 전자는 전문가의 몫인데 이 나라에는 좋은 전문가들이 많으니 경제분석의 질을 걱정할 필요는 없다. 후자는 정치가의 몫인데, 바로 여기에 문제가 있다. 좋은 역사의식을 가진 정치가가 이 나라에는 많지 않은 것이다.

Ⅱ

경제운영의 책임자가 역사의식을 가져야 하는 이유는 지난날의 경험을 거울삼아 앞으로의 선택을 좀 더 잘 하자는 데 있다. 그런 의미에서 이 나라의 경험 중에서 몇 가지 史實을 회고해 보자.

한국은 1960년대 제3공화국 당시 '한강의 기적'이라 불리는 큰 업적의 기초를 마련했다. 그 업적의 원인을 한마디로 말한다면, 정부가 많은 이노베이션을 도입했고, 순리에 따라 민간기업의 사기를 고취했기 때문이다.

그러나 성공이 실패를 낳는 경우가 많다. 3共의 성공에 도취한 탓이었을까, 유신정권은 잘못된 이노베이션을 도입했다. 경제논리를 무시한 중화학투자를 밀어붙임으로써 나라가 멍들기 시작했다. 절제와 균형을 잃은 무리한 정책이 꼬리를 물었다. 경제에는 고비용, 저효율의 체질이 구축됐고, 엄청난 인플레를 제어할 도리가 없었다.

80년대 제5 · 6 공화국은 왜곡된 경제를 바로잡을 비전과 정치능력이 있을 수 없었다. 구조문제에 손을 쓸 겨를이 없는 동안, 국제경쟁력은 날이 갈수록 약화됐다. 한강의 기적이 '한강의 위기'로 돌변하면서 끝내 IMF를 불러들였다. IMF 치하의 정부는 기업, 금융, 공공부문 및 노동의 4대 부문의 구조조정을 밀어붙이면 성장기조가 회복될 것으로 기대했으나, 그것은 誤算이었다. 많은 기업과 금융기관이 쓰러지고 주식시장의 주도권이 외국으로 넘어 갔을 뿐, 성장동력은 간 곳이 없어지고 말았다.

IMF를 맞은 지 8년이 되는 지금, 일부 기업의 체질은 강화된 점도 있으나, 전체적으로 보면, 이 나라의 성장잠재력은 줄어들고 경제구조는 양극화로 치닫고, 기업의 투자는 低수준에 있다. 게다가 정치와 사회의 혼란, 인구의 노령화, 출생률의 격감 등으로 성장동력의 회복을 낙관할 수 없게 됐다.

Ⅲ

우리 경제의 活路는 어디에 있는가. 세계의 大局을 내다보고, 그것에 부합하는 평화와 번영을 향한 正道를 찾는 데 있다.

세계의 大局을 살펴보자. 세계는 지금 4~500년에 한 번씩 찾아오는 대전환기에 처해 있다. 미국 경제의 쌍둥이 적자, 여타 세계의 흑자, WTO의 난항 등으로 표출되는 세계경제의 거시적 불균형은 계속될 것이다. 세계 유일의 초대국인 미국이 어떤 세계전략을 추진할 것인가에 따라 세계경제는 큰 영향을 받을 것이나, 그 영향력은 차츰 줄어갈 것이다.

아시아 경제는 중국과 인도 및 ASEAN을 중심으로 활기 있는 발전을 지속할 것이다. 중국의 개방개혁은 앞으로 더욱 폭넓게 전개될 것이며, 서부개발, 동북개발이 적극적으로 추진될 것이다. 일본의 정치 右傾化는 이웃나라들과의 마찰을 부추길 것이나, 그 경제의 아시아대륙에 대한 의존은 심화되고 있다.

우리가 가야 할 正道는 무엇인지 짚어보자. 우리의 정도는 한반도 및 동북아시아의 평화와 경제의 번영에 기여하는 길이다. 이것은 선택이 아니라 이 나라의 숙명이며, 따라서 당위이다.

이 나라는 나이를 먹고 몸집도 커졌지만 이에 부합하는 성숙성이 없고, 황당한 일들이 일상적으로 일어나고 있다. 국민의 정서에는 집단적이고 미성숙한 力動性은 있으나, 성숙한 개인주의적 合理性은 적다. 경제가 지속적으로 발전하자면, 경제정책만으로 이루어질 수 없는 단계에 와 있다. 조급한 마음을 접고 한꺼번에 선진국이 될 생각을 버려야 한다. 이 나라가 정상적인 마음을 가지기 위해서는 오랜 세월이 걸릴 것이다.

경제정책이 성공하기 위해서는 과거의 잘못된 정책을 반복하지 않는 것이 매우 중요하다. 경제성 없는 비현실적인 정책을 독선적으로 추진하다가 실패한 4공의 교훈, 후일의 위기에 대비하지 않다가 IMF를 불러들인 실패의 교훈, 외국의 이론을 무조건 받아들임으로써 많은 후유를 남긴 IMF이후의 경험 등은 지금도 반복될 위험이 높은 우리나라 경제정책의 맹점들이다.

우리 경제의 장래는 아시아의 역동적인 발전을 어떻게 활용하느냐에 달려 있다. 이에 대한 이 나라의 의사결정은 이미 이루어진 지 오래다. 모든 대기업과 많은 중소기업이 적극적으로 중국과 인도에 진출하고 있다. 정부는 최근 아세안과 FTA를 맺기로 했다.

정부가 단기적으로 가시적인 성과를 낼 수 있는 정책수단은 거의 없다. 그것보다는 오히려 미래에 대한 비전과 전략을 확실히 설정하고 그것을 구현하기 위한 인적 물적 인프라를 구축하는 데 정책의 역점을 두어야 한다. 정부의 임무 중에서 가장 중요한 것은 사회질서의 확보이며, 그것을 확보하기 위한 공권력의 행사는 보장되어야 한다. 교육, 의료, 연구 및 기타 서비스분야의 개방은 자본시장의 개방보다 더 중요하고 필요하다. 반면, 新自由主義 정책을 조건 없이 수용해서는 안 된다.

많은 사람들이 민간의 反기업 정서를 우려한다. 그러나 그것은 우리나라에 팽배해 있는 여러 가지 '反'자 돌림의 정서(이를테면, 反국회 정서, 反정부 정서, 反영호남 정서 등)의 하나에 불과하며, 대수롭게 볼 것이 아니다. 기업이 진정한 기업정신을 발휘하면 '反'字는 자연히 없어질 것이다.

나라의 지도층은 '先憂後樂'의 정신의 발휘만이 그들의 지위를 보장한다는 것을 잊지 말아야 한다. 물리력을 행사하는 무분별한 데모는 금지되어야 한다. 햇볕정책으로 북한이 우리가 바라는 대로 유도될 것을 기대해서는 안 된다. 한꺼번에 통일이 될 것을 바라서도 안 된다. 저쪽은 우리가 바라는 대로 움직일 만큼 체제와 이념이 신축적이지 않다. 경제의 번영을 이루자면, 이념에 사로잡히지 말고 모든 문제를 實事求是의 관점으로 풀어야 한다.

2006년, 세계와 우리나라의 전망*

국제정세가 격동하고 있다. 새해가 밝은 지 이제 겨우 2주간밖에 되지 않았다. 이 짧은 기간 동안 많은 일이 터졌지만 좋지 않은 일이 많다. 러시아 대통령이 우크라이나에 대한 가스 공급에 관한 공세를 폈다. 앞으로 資源戰爭이 치열할 것을 예고하는 사건이었다. 이라크에서 연일 일어난 폭발은 앞으로의 내전 위험을 시사하고 있다. 쌍둥이 적자에 시달리고 있는 미국경제의 불균형은 전혀 개선의 기미가 없다. 중국은 달러의 보유액을 낮추지 않겠다고 함으로써 일단 미국을 안심시켰다. 라이스 미국 국무장관은 북한에 대해 불편한 심기를 토로했다. 6자 회담의 앞날이 밝지 않아 보이지만, 혹시 김정일의 중국방문이 회담의 전기가 될 수 있기를 바란다. 남미 볼리비아에서는 좌파 대통령이 미국을 惡의 軸이라고 했다. 평화를 주도하던 이스라엘의 샤론수상이 쓰러져서 이스라엘-팔레스타인 사이에 暗雲이 드리워지고 있다. 일본 수상은 '일개 정치인'의 마음의 문제를 외국이 간섭한다는 것은 말이 안 된다고 하면서 '야스꾸니 신사' 참배를 계속할 뜻을 비쳤다.

---

* 2006년 1월 16일 *Better People, Better World*에 기고한 글임.

이 모든 사건들은 전부 직접적으로나 간접적으로나 미국의 행보에 관련되어 있다. 미국은 앞으로 미국의 세계전략의 기본을 재검토하리라는 보도도 있다. 要는, 세계는 이제 미국 一極으로부터 多極으로 치닫고 있는데, 초강대국(Superpower) 미국이 이것을 수용하느냐의 문제로 귀결된다. 제발 평화적으로 생각해 주기 바라지만, 전혀 낙관할 수 없다. 중국의 국가주석은 신년 메시지에서 중국은 평화를 지향한다는 것을 재삼 강조했다. 이것은 단순한 外交辭令이 아니다. 중국은 미국이 좋은 지도력을 발휘해 주기를 바라고 있다. 미국이 잘 해야 세계가 편하고, 세계가 편해야 중국이 발전할 수 있기 때문이다.

지난 2주간 동안 국내에서도 극적인 일들이 많이 일어났다. 이유의 當否는 고사하고, 야당이 예산심의를 거부하고 해를 넘기면서 登院을 하지 않고 있는 사태는 보통 일이 아니다. 한국 민주주의의 앞날이 걱정된다. 황우석 교수가 사과를 했는데 '조건부' 사과인 것 같기도 하다. 경제면에서도 증시가 급등하고 換率이 급락하는 사태는 좋은 일이 아니다. 증시의 급등이 꼭 바람직한 일이 아니라는 것은 그것이 투기를 반영하는 것으로 보이기 때문이다. 投資的 동기보다도 投機的 동기에 의한 주식거래가 많아지면 많아질수록 주가는 불안해진다. 환율의 급락은 우리 경제에 좋지 않은 결과를 가지고 올 것이다. 설사 수출이 잘 된다고 해도 수출로부터의 수익률은 줄어서 실속이 없는 수출이 될 것이다. 특히 중소기업에 주름살이 와서 출혈수출을 하는 업체가 많아질 것이다. 이 모든 것이 한국경제가 안고 있는 가장 큰 문제인 양극화를 심화시킬 것이다.

우리의 소원과는 달리 지난 2주간 동안의 국내외 정세는 개띠의 1

년 동안 많은 혼란이 있을 것을 예고하는 것 같은데, 나의 걱정이 杞憂이기를 바란다. 국민이 자기 이익만 생각하지 말고 좀 더 성숙한 자세를 가지고 어려움에 대처해야 할 것이다.

人文學의 중요성*

I

人文學이란 무엇인가. 그것은 어문학, 철학, 역사학을 비롯하여 인간의 사회와 문화 및 그 발전에 관련된 일반적이고 기초적인 학문분야를 총칭하는 것으로서, 이른바 liberal arts에 해당하는 분야, 즉 주로 오늘날 人文大學의 교과과정과 대체로 일치하는 것으로 볼 수 있다. 그러나 학과목의 내용과 학자의 정신 및 그 방법에 따라서는 인문학이라고 알려진 분야도 인문학의 기본을 떠나 있는 것도 있을 수 있고, 반면에 사회과학 분야나 심지어 자연과학 분야도 그 정신과 내용에 있어 인문학적인 것도 있다. 학문 분야는 간단없이 발전하고, 발전에 따라 한편으로는 細分化되고 다른 한편으로는 綜合化되기 때문에 인문학과 다른 학문 분야(사회과학이나 자연과학 분야)의 사이를 명확히 구분하는 것이 어려운 경우도 많아지고 있다. 나는 인문학의 중요성을 강조함과 아울러 다른 모든 학문도 人文學 '的'인 정신과 방법을 잃지 않는 것이 중요하다고 본다.

거의 모든 사회과학(그리고 정도의 차이는 있으나, 자연과학) 분야는 인문학으로부터 파생되었다. 경제학의 예를 든다면, 아담 스미스는 경제학자이기에 앞서 철학자였고, 그는 글라스고 대학에서 윤리학을 가르

---

* 2006년 1월 작성. 未發表.

쳤다. 20세기에 들어와서도 巨視理論을 '創始'한 경제학자 케인즈(J. M. Keynes)는 경제학을 'most agreeable branch of moral science'라고 함으로써, 경제문제를 생각하는 그의 기본 시각이 인문학적인 관점을 떠나지 않았음을 나타냈다. 경제학 이외의 다른 사회과학 분야, 이를테면 정치학이나, 사회학 등은 대부분 경제학 이상으로 인문학과의 거리가 가깝다. 자연과학도 고대 희랍으로 올라가서 그 기원을 따진다면, 그것은 철학이었다.

오늘날에 있어서도 어떤 의미에 있어서는 모든 학문의 기초는 인문학이라고 할 수 있다. 나는 미국의 liberal arts college에서 학부과정을 履修한 적이 있는데, 경제학을 "專攻(major)"한 것으로 돼 있기는 하나, 전문적인 경제학 과목은 그리 많지 않았다. 사회과학이나 자연과학 분야의 박사학위 명칭도 대부분 Doctor of Philosophy인 사실도 이것을 말해 주고 있다. 사실 모든 학문은 인문학의 기본으로부터 出發하여 인문학의 정신으로 歸結된다고 해도 과언이 아니다. 한 마디로, 모든 학문은 인간을 위해 인간이 하는 것이며, 학문의 분야가 어떤 것이든 인간을 떠나서는 존재할 가치가 없는 것이 아닐까. 이 정신과 방법이 곧 인문학의 것이어야 한다고 나는 보며, 아담 스미스나 케인즈는 이 정신과 방법을 강조한 것이다.

Ⅱ

나는 위에서 인문학적인 정신과 방법의 중요성을 강조했다. 그것은 구체적으로 무엇을 말하는가. 나는 Liberal Arts의 핵심, 따라서 인문학(및 그 교육)의 핵심은 많은 良書를 잘 읽고, 그 내용을 자기 나름대로 감상·평가하고, 자기 생각을 명쾌하게 설명하고, 남의 눈치를 보지 않으면서 자기 생각에 따라 독립적으로 일생을 사는 능력에 있다고 생각한다. 그러므로 인문학 교육은 어떤 전공영역에 대한 지식에 앞서 우선 읽고, 생각하고, 쓰고, 발표하는 능력, 그리고 자기의 소신대로 인생살이를 하는 정신을 길러야 한다고 본다. 이러한 능력을 기르지 않는 인문학은 발전할 수 없을 뿐 아니라 존재할 필요도 없다.

東洋古典의 하나인 〈中庸〉에 '널리 배우고, 자세하게 묻고(문제를 제기하고), 신중히 생각하고, 명확히 변론하고, 돈독하게 실천하는'(博學之, 審問之, 愼思之, 明辯之, 篤行之) 다섯 가지를 학문의 기초로 삼아야 한다는 것을 강조하고 있는데, 이것이 바로 liberal arts의 기본이라 할 수 있다고 본다. 이러한 능력을 갖춘 사람이라야 이른바 '身言書判'을 갖춘 사람이 될 것이며, 주위 환경이 어떻게 되든지 자기의 역할을 할 수 있게 되는 것이 아닐까 생각한다.

내가 다닌 미국 liberal arts college(Bowdoin College)의 꽃이라 할 수 있는 과목이 이른바 'freshmen English'였다. 그 학교는 학생 수가 매우 적고 또 그것마저 分班을 하다 보니 같은 교실의 학생 수는 20명 미만이었다고 기억하는데, 이 코스는 '영어'를 가르치는 것은 아니었다. 학부 1학년 학생에게 엄청나게 많은 책을 읽게 하고, 매주 그가 읽은 내용을 요약 평가하는 간단한 글을 쓰게 하고 교수가 그것을 논평하는 것이 그 주요 내용이었다. 이 코스의 reading list의 내용은 50년 전의 일이라 지금은 거의 다 잊었지만, 플라톤을 비롯한 서양고전과 철학, 역사 등의 저술이 대부분이었다. 미국의 작가로서도 순수문학작품은 거의 없었고 Henry David Thoreau, Henry Adams 등 대부분 역사와 철학에 관한 것이었다. 그 reading list는 나중에 느낀 일이지만, 역사상의 '지명도'나 文詞의 아름다움이 기준이 아니라, 혼자서 독자적으로 자기 영역을 구축하면서 살아간 사람의 업적을 위주로 선정돼 있었다. 학생들의 작문에 대해서는 교수가 직접 朱筆로 添削을 가해서 다음 주에 반환해 주었고, 좋은 글은 가끔 교실에서 읽어주기도 했다.

당시 나는 이 코스의 고마움을 모르고 오직 速讀의 능력이 부족하고 글을 쓰는 데 시간이 너무 많이 걸려서 무척 애를 먹었지만, 지금 생각해 보면, 이 코스야말로 일생동안 약효를 잃지 않는 山蔘과도 같은 補藥이었다. 읽고 생각하고 쓰는 자기의 능력을 시험하고 기르는 것이다.

그 대학의 freshmen English Ⅲ는 놀랍게도 speech course였다. 원로 교수가 학생들로 하여금 연설을 하게 하고, 각 학생의 論旨, 用語의 선택과 몸짓 등을 교정해 주고, 그 학생이 pass할 때까지 몇 번이고 반복하게 했다. 나는 그 당시 대학은 학문을 가르치는 곳인데 웬 이런 코스가 있는 것인지 疑訝스럽게 생각했지만, 지금 회고해 보면, 바로 이것이 인문학의 기초이다. 말을 잘 한다는 것은 그저 미국인처럼 발음을 한다거나 혀를 잘 굴리는 것은 아니고, 다소 어눌한 면이 있더라도 거기에 지식과, 자기 스스로의 사상과, 남에 대한 배려 등이 느껴져야 하는 것이다. 이런 의미에서의 제대로 된 speech를 못한다면, 사람은 어떤 일에 종사하든지 제대로의 역할을 할 수가 없으니, 明辯의 중요성은 博學이나 審問, 愼思에 못지않은 것이다.

나는 미국의 교육에도 문제는 많다고 보며, 위에서 찬사를 보낸 liberal arts 교육도 예외는 아니라고 본다. 이렇게 생각하는 이유 중의 하나는 아시아(및 아프리카)에 대해서는 거의 아무런 언급이 없었다는 데에 있다. 그러나 그것은 교수 자신들이 아시아에 대해서 아무 것도 아는 것이 없었기 때문이며, 50년 전의 사정으로 보아 그것을 탓할 수는 없다. 어쨌든 미국대학 교육은 지금도 대단히 성공적이며 ― 중고등학교는 모르겠다 ― 그 성공의 기초는 인문학 교육(liberal arts education)이라고 생각한다.

Ⅲ

근래 한국에서는 '인문학의 위기' 론이 제기되었다. 인문학계에는 학생이 가려고 하지 않는다. 그 이유는 졸업을 해도 직장을 구할 수 없기 때문이다. 직장 구하기가 어렵다고 하더라도 역사학이나 철학, 어문학 등 분야의 학문에 매력을 느껴서 인문학계로 오는 학생도 물론 있을 것이다. 그러나 전반적으로 그런 학생의 수는 적으며, 따라서 교수와 학과의 존재이유도 줄어가고 있는 것이다.

한동안 理工學의 위기론이 제기되었다가 이제는 좀 잠잠해진 것 같은데, 그것은 위기가 사라졌기 때문은 아닐 것이다. 줄기세포에 관련된 스캔들을 보면, 그것은 돈이 적어서가 아니라 너무 많이 몰려서 위기가 조성된 면도 있는 것 같다. 학생들의 이공학 기피, 서울 공대 교수 공개채용의 실패 등의 사례 등을 보면, 이공계의 문제는 인문계의 그것과는 문제의 질적인 차이가 있는 것 같기도 하다.

그러나 인문학의 위기는 자연과학, 사회과학을 포함한 모든 학문분야, 모든 학교에 걸친 교육의 위기의 일부분이다. 한국교육의 위기 徵候群은 가정에서 대학원, 그리고 사회에 이르기까지 폭 넓고 다양하다. 여기서 교육에 관한 논의를 할 겨를은 없으나, 그 위기의 징후군 중 몇 가지만 들어 보자. 첫째, 한국 사람들은 교육의 문제를 대학 入試 制度의 문제와 동일시하고 교육의 내용에 관해서는 거의 도외시한다. 그 결과 매년 입시제도가 바뀌며, 그 제도의 세세한 부분을 아는 사람은 학생의 어머니들 이외에는 없다. 이공계 지원학생은 우선 의과를 지원하고, 인문계 지원학생은 법대를 지원한다. 대학생들의 學力은 전반적으로 저하되는 추세에 있다. 둘째, 대학의 모집인원의 수가 고등학교 지원자의 수를 능가하기 시작하고 있다. 많은 학교에서 외국학생에게 특혜를 주어 지원자 미달을 채우려 하고 있다. 셋째, 지난 수년 동안 갑자기 영어의 중요성이 강조되기 시작하여, 대학 강의에 있어서도 필수적으로 영어 사용을 강요하는 대학이 늘어나고 있다. 나는 이것은 대학교육의 질을 더욱 부실하게 만들 것으로 본다. 雨後竹筍格으로 늘어난 각 대학교에서의 국제대학원의 발전과정을 살펴보면, 그것을 짐작할 수 있다. 넷째, 조기유학이 늘어나고 있다. 그 목적 역시 대부분 영어를 배우기 위한 것이라 한다. 이것을 극복하기 위해 국내에서는 초등학교에서도 영어수업을 시작한다고 한다. 이것은 조기유학을 더욱 조장할 것으로 나는 본다.

이런 환경 속에서 교육부가 구상하고 있는 몇 가지 방법 — 이를테면 세계적 수준의 인문학 연구소를 만든다는 등 — 으로 인문학의 위기를 극복하기는 어려울 것이다. 그 구상은 지난날 자연계 振興을 위해 줄기세포 연구의 지원을 통해 노벨상 수상자를 내겠다는 구상과

同工異曲이며, 그것은 일부 인문학계 교수들의 수입을 늘릴 수는 있겠지만, 인문학 위기 극복과는 거리가 멀 것이다.

『栗谷全書』라는 책*

나는 외국여행을 할 때마다 서점을 찾는데, 신간서적부에는 거의 예외 없이 전기(傳記: Biography) 섹션이 있다. 그 나라 사람들은 그만큼 전기 읽기를 좋아하는 것이다. 전기는 소설보다 재미있다는 말이 있는데, 인간의 머리가 꾸며내는 스토리가 재미있으면 얼마나 있겠는가. 소설은 造花이지만, 전기는 生花이다. 동양에도 司馬遷의 史記에는 列傳이 있어서, 거기 나오는 고대 名人들의 전기는 정말로 재미있다. 漢書를 비롯하여 역대 황조의 역사에는 반드시 명인의 전기가 붙어있다. 원래, 역사책이란 재미있고 여러 가지 교훈이 담겨 있다.

최근 나는 어떤 계기가 있어서 李栗谷의 전집인 『栗谷全書』를 훑어본 바 있다. 이 책을 정독하면서 전에 모르던 새로운 사실을 발견했다. 힘든 나날이었지만 보람 있는 일이었다고, 대수롭지 않은 '발견'을 하고도 크게 기뻐하고 있다.

宣祖 임금은 엄청나게 머리가 좋은, 그리고 공부의 양도 대단히 많은 지성인이었다. 河城君이라는 15세의 젊은 소년이 들어와서 임금

---

* 2006년 2월 6일 *Better People, Better World*에 기고한 글임.

이 되었다. 이 소년을 聖君으로 만들기 위해 율곡은 갖은 노력을 다했다. 그러나 선조는 머리가 좋은 반면, 아쉽게도 聖君이 되겠다는 확고한 뜻과 자신의 뜻을 관철하겠다는 氣가 부족했던 것 같다.

율곡은 대단한 충신이었고 애국자였다. 그는 고금에 드문 대천재였지만 겸손하고 티 없이 맑은 마음을 가지고 이 나라를 좋게 만들기 위해 몸 사리지 않고 적극적으로 정치활동을 했다. 바쁜 일정을 보내면서도 그는 지도자의 리더십, 역사, 도덕, 교육, 지방자치, 국방, 그리고 시국에 대해 많은 저서와 기록을 남겼다. 그는 평이한 말로 글을 쓰고 알아듣기 쉽도록 말을 했지만, 그의 문장과 행동은 항상 예리하고 지금 읽어도 생동감이 넘친다. 그의 생애는 48세로 막을 내렸고 그가 바랐던 更張은 못 이루었지만, 할 일을 다 했다는 의미에서 유감없는 일생이었다. 임금과 대신을 포함, 누구에게나 하고 싶은 말을 다했고, 당대의 누구도 하지 못한 참신한 이론과 발상을 내놓았다.

『율곡전서』는 우리나라 최고의 리더십 책이고, 정치학 원론이며, 도덕학 교과서이다. 그런데도 이 책이 얼마나 읽혀지고 있는가. 율곡은 일본이나 북방에 대해 아무런 정보가 없이도, 국방에 문제가 있다고 보고, 국경의 방어를 공고히 해야 한다고 여러 번 강조했다. 그 말을 알아듣는 사람은 내가 보기에는 조정에는 없었다. 그는 정보를 가지고 머리를 짜서 판단한 것은 아니다. 나는 그가 남에게는 없는 '마음의 눈(心眼)'을 가지고 있었다고 본다. 그의 일생은 독자들의 흥미를 끌만한 드라마틱한 점은 없었을는지 모른다. 19세기 영국의 지성인 존 스튜어트 밀(John Stuart Mill)은 그의 자서전에서 그의 일생을 '파란이 없는(uneventful)' 일생이라고 했다. 그런데도 그 자서전은 지금까지도 잘 읽혀지고 있다. 율곡의 일생은 밀의 그것보다는 훨씬 더 파란이 있지만, 얼마나 읽혀지고 있는지 모르겠다. 조선시대를 대표하는 지성인의 일생이 무미건조할 리가 있겠는가. 요컨대, 한국의 대지성인에 대해 한국인이 무관심하다면, 영국인들한테 부끄러울 따름이다.

정부와 市場*

시장경제체제가 아니고는 경제가 발전할 수 없다는 것이 상식이 되어 있다. 전 세계가 市場의 기능을 예찬하고 있다. 중국은 공산당에 의해 통치되고 있는 나라지만, 사회주의적 시장경제를 지향하고 있다.

미국은 1989년대 초부터 남미 나라들에 대해 신자유주의식 시장경제를 도입할 것을 권고했다. 멕시코나 아르헨티나에게 재정을 긴축하여 재정적자를 해소하고, 금융을 긴축하여 금리기능을 회복하고, 외환시장을 자유화하여 환율을 안정시키고, 자본시장을 개방하여 외자를 도입하고, 공기업을 민영화하여 효율을 개선하고, 작은 정부를 실현하여 시장기능을 강화하면 경제발전은 문제 없다고 설득했다. 이 정책의 결과는 무엇이었는가. 일시적으로나마 재정적자도 없어지고, 물가도 안정되고, 외환시장도 진정되었다. 그러나 성장은 간데 온데 없이 자취를 감췄다. 경제는 곧 옛날로 되돌아가고 말았다. 왜 이렇게 됐는가. 정부가 좋지 않았던 것이다.

IMF를 맞은 한국도 신자유주의의 정책을 도입했다. 재정금융을 긴

---

* 2006년 3월 14일 *Better People, Better World*에 기고한 글임.

축하고, 자본시장을 자유화 개방화하고, 외환시장을 개방하고, 공기업을 민영화하고, 작은 정부를 지향하여 정부조직 개편을 했다. 결과는 무엇이었는가. 환율과 금리가 안정되었고, 외국의 단기자금이 많이 들어오고, 민영화가 추진되었으나, 별로 좋은 일은 없었다. 양극화 현상이 나타나면서 성장동력은 약화되어 오늘에 이르고 있다. IMF는 러시아에 대해서도 남미나 한국에서와 비슷한 정책을 권고했다. 결과는 마피아 같은 모리배에 의한 국영업체의 분할, 부패의 만연 등이었고, 성장동력은 나타나지 않았다.

역사상, 시장기능의 작동만으로 경제발전의 시동이 걸린 나라는 하나도 없었다. 영국은 자유방임 정책의 원조이지만, 나폴레옹 전쟁 이후 수십 년 동안 대륙으로부터의 곡물수입이 통제되어 있었다. 미국, 독일, 일본은 보호주의 정책으로 공업화의 기초를 마련했다. 2차대전 후 일본 · 한국 · 대만 등도 시장원리를 가지고 발전하지는 않았다. 중국은 과감하게 외자를 도입하고, 시장도 개방했다. 그러나 그것은 무차별적인 것은 아니었고 사회주의를 포기한 것은 물론 아니다. 중국의 거의 모든 대기업들은 국영기업이고 정부의 영향력은 여전히 막강하다.

지금 세상은 달라졌다고 말할는지 모른다. 그러나 천만에, 그렇지 않다. 시장만으로는 발전도 성장도 이루어질 수 없고, 국민이 잘 살게 될 수도 없다. 경제가 발전하자면 시장기능이 잘 발휘되어야 하지만, 시장기능이 발휘되자면 좋은 정부가 시장을 조절, 육성, 보호해야 한다. 역사학자이며 경제학자인 Karl Polanyi 교수는 시장의 작동을 무제한 방치하면 사회와 인간을 파괴하고 환경을 황무지로 만든다고 경고한 바 있다. 시장의 기능은 없어서는 안 될 중요한 경제기구이지만, 좋은 정부 없이 좋은 경제가 이루어질 수는 없다. 경제발전을 위해서는 무엇보다도 좋은 정부가 있어야 한다. 좋은 사회란 좋은 정부를 가진 사회를 말한다. '가장 좋은 정부는 작은 정부' 라는 말이 있지만, 사실은 '좋은 정부의 代替物은 없다' 는 것이 더 옳은 말이다. 태풍 카트리나의 습격을 받은 미국의 난민수용소의 참상에서 무작정 실현된 작은 정부가 무엇을 의미하는가를 세계는 똑똑히 보았다. 좋은 나라가 아니고는 행복한 국민을 만들어낼 수 없다. 좋은 나라는 좋은 정부 없이는 만들어지지 않는다.

글로벌리즘과 내셔널리즘*

최근 들어 KT&G가 아이칸에 의하여 경영권 도전을 받다가 '위기'를 일단은 겨우 모면했다. 한국정부가 이 회사의 전신인 담배인삼공사를 민영화한 목적은 경영의 효율 증진에 있었다. 민영화 하고 외국인에게 경영권을 넘겨주면 정말로 경영이 좋아지는가. 나는 그것은 기대하기 어렵다고 본다. 왜냐하면, 이 회사의 경영권을 노리는 외국인들이 담배나 인삼에 대해 아는 것이 무엇이 있겠는가. 이 사람들은 원래가 주식투자꾼이고 장기적인 견지에서 실물을 잘 만들겠다는 한가한 생각은 없을 것이기 때문이다.

외환은행을 인수한 '론스타'라는 외국의 투자회사가 불과 몇 년 사이에 4조5천억 원이라는 막대한 수익을 챙기고 그 은행을 매각하려 한다고 한다. 그러면서도 세금은 한 푼도 내지 않았다고 한다. 이것을 조사할 목적으로 검찰은 론스타에 대해 압수수색을 실시하고, 이 사모펀드가 과연 외환은행 인수의 자격이 있었는지의 여부를 조사할 것이라 한다. 한국 사람들은 왠진 몰라도 自國民에 대해서는 까다로우면서도 외국인에 대해서는 너무 너그러운 성향이 있다. 글로벌리즘

---

* 2006년 4월 2일 *Better People, Better World*에 기고한 글임.

의 본질에 대해서도 너무 쉽게 여기고 지나치게 과감하게 거기에 설정된 함정에 몸을 던지는 경향을 보여 왔다. 이 자세에는 지금도 변함이 없는 것 같아서 걱정이다. 함정 속 깊숙이 빠진 몸은 허우적거려도 헤어날 방법은 없다. 老子는 '큰 나라를 다스릴 때에는 작은 생선을 굽듯이 조심조심 해야 한다(治大國. 若烹小鮮)'고 했다. 나라 일을 맡은 사람들이 너무 용기를 부리면 재앙이 온다.

지금 전 세계는 글로벌경제가 만들어낸 갖가지 문제에 시달리고 있다. 프랑스는 신노동법에 골머리를 앓고 있고, 독일은 실업문제에 시달리고 있다. 모두 다 직접 간접으로 글로벌리즘이 불러온 문제들이다. 1,200만 명에 달하는 불법입국자 문제에 시달리고 있는 미국은 멕시코와의 국경에 철책을 칠 것이라고 한다. FTA를 맺은 나라들 간의 국경을 현대판 만리장성이 가로막다니, 모양이 사납다. 지금 세계의 모든 나라에서 새삼 國家主義 정책이 부활되고 있다. 국가주의가 꼭 좋은 것은 아니지만, 무분별한 글로벌리즘이 만들어내는 견딜 수 없는 상황에는 달리 대책이 없는 것이다.

글로벌리즘으로 덕을 보는 나라도 많다. 첫째가 미국, 둘째는 중국, 셋째는 인도, 넷째가 푸틴 치하의 러시아이다. 이 중에 미국의 우호국이 아닌 나라가 많다는 것은 아이러니한 일이다. 중국은 앞으로 예견된 대로 균형정책으로 정책방향을 돌릴 것이라고 한다. 이 나라는 무조건 글로벌 자본주의를 끌어안지 않는다는 점에 유의해야 한다. 사회주의를 포기한 것도 아니다. 중국식 사회주의를 찾고 있는 것이다. 인도는 외교적으로 미국과 가까워지고 있는 것은 사실이다. 그러나 역사적, 문화적, 지리적 조건 등으로 보아 이 나라의 이데올로기도 결국 국가주의일 것이며 미국이 바라는 대로 행동하기에는 너무나 큰 나라이다. 푸틴의 러시아는? 물론 국가주의일 것이다. 그렇다면 미국의 글로벌리즘은 세계에서 고립될 것인가. 아니다. 미국의 글로벌리즘도 겉포장이 그럴 뿐, 껍질을 벗겨 보면 그 나라의 글로벌리즘의 탈 밑에는 국가주의의 몸통이 있는 것이다. 믿지 않는다면 최근의 무역, 투자, 외교정책의 기조를 살펴보면 금방 알 수 있다.

출산율과 恒心*

1차대전이 끝난 직후 경제학자 케인즈는 『평화의 경제적 귀결』이라는 저서에서, 당시 유럽의 장래를 생각할 때 특히 두 가지 중요한점을 지적했다. 첫째는 유럽의 질서는 취약한 기초 위에 서 있고 사람들이 생각하는 것처럼 견고하지 않다는 점이었다. 둘째는 유럽 사회의 변동을 가져오는 가장 중요한 요인은, 당시의 사정으로는, 중부유럽의 人口의 動態라는 견해를 피력했다.

케인즈의 견해가 탁견이었다는 것은 87년이 지난 오늘에 더욱 여실히 나타나고 있다. 선진국이라는 나라는 거의 모두가 노령화의 진전, 출산율의 감소, 이로 인한 경제활력의 감퇴에 직면하고 있다. 구미선진국들은 아프리카, 동유럽, 남미 등의 후진 지역으로부터 유입되는 노동인구 때문에 홍역을 앓고 있다. 지금까지 궂은 일을 맡아온손님 근로자들에 대한 배척운동이 격화하고 있다. 그 때문에 유럽에서는 유럽연합 헌법 제정에 제동이 걸렸다. 미국에서는 멕시코와의국경에 현대판 만리장성이 쌓이게 되었다. 가뜩이나 심각한 불균형에시달리고 있는 세계경제에 人口 대란이 겹침으로써 국제질서는 중대

---

* 2006년 5월 29일 『한겨레신문』에 기고한 글임.

한 도전을 받고 있다.

　한국은 아직 확실한 선진국이 아닌데도 노령화와 출산율 低下 현상은 구미에 못지않게 빨리 진행되고 있다. 출산율은 세계 최저인 1.08을 기록하여 나라 장래에 대한 위기의식이 일고 있다. 정부도 사태의 심각성을 알고 재정지출을 통한 출산 촉진책을 구상하고 있는 듯하다. 우리나라 출산율이 오늘처럼 급격히 떨어진 요인은 무엇인가. 여러 가지 요인이 복합되어 있겠지만, 근본적으로 말한다면, 국민의 마음이 빗나간 경쟁의식으로 恒心을 잃은 데에 그 원인이 있다고 본다. 마음이 편안치 않고 중심이 없는 것이다. 좋은 아이를 낳아서 똑바로 가르치자면 가정이 편안해야 할 터인데, 공황상태에 빠져있는 부모의 조급한 마음에는 그럴 여유가 없는 것이다.

　물가가 많이 올라서 생활비가 너무 많이 든다. 부부 맞벌이가 아니고는 살림을 꾸리기가 어렵다. 아이를 키우는 비용이 엄청나다. 말도 제대로 못하는 아이에게 영어를 가르친다. 남이 하니 나도 해야 한다. 유치원 비용만 해도 웬만한 부부의 소득으로는 감당하기 어렵다. 초등학교에 다닐 나이가 되면 기러기 엄마가 아이들을 데리고 미국으로 떠난다. 빗나간 부모의 경쟁의식이 알토란 같은 아이들을 정서 장애자로 만들고 있다. 극단적인 晚婚이 예사가 되면서 이혼이 늘고 있다. 이런 사회현실에서 아이를 가지고 싶은 부부가 많을 리 없다. 농촌에서는 외국여성이 아니고는 며느리를 구하기가 어려워졌다.

　지금 한국 사람이 하는 많은 일들이 극단적이고 단선적인 마음을 드러낸다. 정치, 선거, FTA, 데모, 운동, 응원 그리고 그밖의 우리

주변의 여러 일들이 내가 보기에는 모두 극단적이고 외국에서는 흔히 볼 수 없는 일들이 많다. 極端이 아니고는 마음의 빈 구석을 메울 수 없는 것 같다. 세계 최저의 출산율은 여러 극단들 중의 하나에 불과하다.

 인구가 감소하는 것을 환영할 수는 없다. 좀 더 많이 낳아서 아이들의 능력을 잘 개발할 수만 있다면, 출산율이 늘어도 좋을 것이다. 그러나 아이들을 가르치기가 지금처럼 어렵다면, 출생률이 는다는 것은 국민정서를 더욱 불안하게 만들어내는 결과가 될 수도 있다. 要는, 출산율이 문제가 아니라 낳은 아이들을 잘 가르치느냐가 더 중요하다. 세계적으로 조밀한 인구밀도를 가진 나라에서 앞으로 고용은 더더욱 어려워질 것이 예견된다면, 단선적인 産兒促進 정책은 올바른 인구정책이 못될 것이다. 여유를 가지고 먼 장래를 내다보기 바란다.

異常의 正常化*

5·31 지방선거의 결과는 선거 전에 대충 짐작하고 있었다. 그러나 막상 뚜껑을 열고 보니 새삼 이 선거 결과의 의미가 무엇인지 생각하지 않을 수 없고, 그러면 그럴수록 가슴이 답답해진다. 정부와 여당의 참패가 애석한 때문도 아니고, 야당의 大勝이 언짢은 때문도 아니다. 여러 가지 異常徵候가 점점 正常的인 것으로 굳어지는 모습이 안타깝기 때문이다.

정치가 본연의 역할을 수행하지 못하고 있는데도 이것이 전혀 이상한 일로 여겨지지 않고 있다. 비정상적인 것이 오히려 정상적으로 보이기 시작하고 있다. 선거를 반복해도 똑같은 일이 되풀이될 뿐, 이 나라 민주주의의 생산성은 향상되는 幾微가 없다. 행정의 생산성 역시 마찬가지다. 이런 정치와 행정을 위해 이 나라 국민은 너무 많은 대가를 치르고 있으면서도, 그것이 오히려 당연하다고 여기고 있다.

지난번 선거는 분명히 지방자치를 위한 선거였다. 그러나 선거의 양상은 지방자치와는 별로 관계가 없었다. 그 중심 이슈는 중앙정치

---

* 2006년 6월 7일 *Better People, Better World*에 기고한 글임.

였지 지방자치가 아니었다. 국민은 지방선거와 중앙정치 선거의 차이
를 모르고 있다. 지방자치법이 현재처럼 되어 있는 한, 지방자치는
앞으로도 有名無實할 것이다. 이 나라에서는 대선, 총선, 보선, 지방
선거 모두가 별 차이가 없다. 이런 선거가 많으면 많을수록 국민은
헷갈릴 뿐, 정치의 개선은 어렵다.

정치권에서 이 나라의 진로에 대한 경청할 만한 비전이 나오는 경
우는 거의 없다. 그 이유는 단순하다. 그 필요성이 없기 때문이다. 대
통령탄핵 發議 이후로 민심은 극에서 극으로 요동치고 있지만, 不毛
의 정치에는 새 싹이 나올 기미가 없다. 좌파, 우파, 중간파, 그리고
시민들의 마음도 그 중심 개념은 모두 포퓰리즘일 뿐 경륜, 비전, 전
략 따위는 소용이 없는 것이다. IMF를 맞은 이후로도 경제구조 개선
의 성과는 나오지 않고 있다. 1년 반 동안의 구조조정 작업으로 우리
는 IMF를 완전히 극복했다고 선언했다. 그러나 한국경제의 구조적
불균형은 끄떡도 하지 않고 오히려 심화되고 있다. 중소기업의 낙후,
금융부문의 부진, 소득분배의 불균형, 정경유착 등의 압축성장의 후
유증은 아직도 대체로 그대로 남아 있다. 그것을 청산하지 못한 것은
물론 IMF의 책임이 아니다.

하지만 IMF는 한국경제에 新自由主義라는 또 하나의 負의 유산을
남겼다. IMF 이전에는 없었던 양극화라는 새로운 불균형이 그것이
다. IMF 당시, 정부 당국은 IMF가 바라는 대로 하기만 하면 경제는
잘 될 것으로 기대하고 IMF가 제시한 구조조정 정책을 밀어붙였다.
그러나 기대한 효과는 나오지 않았고, 양극화와 성장동력 약화라는
엉뚱한 신형 불균형이 IMF 이전의 구형 불균형을 대체하고 말았다.

GDP성장률이 금년 들어 많이 개선되는 듯하더니, 최근에는 예상외로 경상수지가 적자로 돌아서고 있다.

사회를 보아도 한국에는 비정상적인 현상이 많다. 정신질환자, 자살자가 많아졌다. 제나라 말도 제대로 못하는 아이들에게 영어를 가르치는 젊은 부모, 초등학교 아이들을 데리고 미국으로 가는 기러기 엄마, 한국 사람이 가는 곳마다 벌어지는 부동산 투기, 세계에서 가장 낮은 출산율, 물불을 가리지 않고 추진하는 한미 FTA, 모두 예사가 아니다. 아! 한국은 무엇을 원하는가. 異常이 日常化되는 나라가 되어서야 되겠는가.

세 가지 負의 遺産[*]

우리나라 경제는 적어도 수도권을 보면 이미 후진국이 아니다. OECD에 가입한 지가 10년이 되었다는 의미만은 아니다. 국민의 생활수준은 선진국 수준이다. 소비수준은 미국이 부러울 것이 없다. 다만 수도권을 떠나서 지방엘 가보면 모든 것이 수도권과는 다르다. 兩極化라는 말이 실감난다. 인구는 계속 수도권으로 몰리고 있다. 세계 최고층의 빌딩이 들어선다고 한다. 수도권에서는 산에도 들에도 계속 건축이 이루어지고 있다.

참여정부는 집권 당시 과거로부터 세 가지 負의 遺産을 받았다. 하나는 개발년대에 이룩한 압축성장의 유산이다. 선진국이 100년에 걸쳐 성취한 산업화를 불과 30여년에 압축하여 성취하자니 무리가 많았다. 정경유착, 금융과 중소기업의 낙후, 정부규제의 과다 등의 문제가 이것이다. 오늘날에도 그 상당부분의 後遺가 고스란히 남아 있다.

둘째의 유산은 IMF 개혁의 유산이다. 나는 IMF 개혁을 압축개혁이라고 부르고자 한다. IMF 개혁은 자본시장의 자유화와 개방화, 공

---

* 2006년 6월 9일 *Better People, Better World*에 기고한 글임.

기업의 민영화, 작은 정부의 실현 등이었다. 이것은 그 하나하나가 대단히 어려운 개혁이기 때문에 오랜 세월에 걸쳐 서서히 해야 할 개혁이었었는데, 한국은 이것을 불과 1년 반 만에 '완결' 해 버렸다. 빨리 한 것이 잘한 것으로 보는 견해도 있으나, 경제개혁이란 원래 시간이 걸리는 작업이며, 빨리 하면 빨리 할수록 결과가 좋지 않다. 결국 한국의 많은 國富가 론스타와 같은 투기회사에 말려서 외국인 수중으로 들어갔지만, 양극화가 심화되고 성장동력이 간데 온데 없이 되었다.

셋째의 유산은 新自由主義의 유산이다. 신자유주의란 한 마디로 모든 공기업을 민영화하고, 경제에 대한 정부의 역할을 없애고, 모든 것을 시장기능에 맡겨서 경제를 自由放任하라는 이데올로기이다. 신자유주의는 1980년대부터 영미에서 유행하기 시작한 이데올로기인데, 우리나라의 경제정책도 IMF 이후로는 거의 이 이데올로기에 의하여 각색되고 있다.

市場經濟란 물론 우리가 바라는 바다. 그러나 신자유주의라는 문패를 단 市場 原理主義에는 폐단이 많다. 그 폐단은 전 세계에 퍼지고 있으며, 특히 이 사상의 발상지인 미국을 곤란하게 만들고 있다. 미국경제는 우리에 못지않게 양극화, 성장동력의 약화에 시달리고 있다. 지금 미국의 소득분배의 양극화는 엄청나다. 미국의 자본주의가 산업자본주의로부터 금융자본주의로 바뀌고 있다. 금융회사의 이익과 일반회사의 금융업무의 이익을 합치면, 미국의 전회사의 이익의 50%를 차지한다. 이것이 미국경제를 불건전하고 불안정하게 만들고 있다.

미국경제는 모든 것이 잘 되고 있고, 그 경제는 영원히 우리가 본받아야 할 것으로 알고 있는 많은 사람들에게는 내 말은 이상하게 들릴지 모르겠다. 그러나 세상은 변한다. 미국도 예외는 아니다. 지금의 미국자본주의는 30년 전의 그것과 많이 달라졌다. 고정관념을 탈피해서 자기 나라 경제나 남의 나라 경제를 제대로 보기는 매우 어렵다. 참여정부가 세 가지 유산을 물려받은 것은 불행한 일이었다. 하지만 이제는 과거의 유산을 탓할 수 없게 되었다. 지난 3년 동안 자랑스러운 경제운영의 실적을 보이지 못한 것은 더욱 불행한 일이 아닐 수 없다.

공산주의와 新自由主義: 두 개의 유토피아*

공산주의는 '능력에 따라 일하고, 필요에 따라 소비하는' 유토피아를 실현하고자 했다. 이 아름다운 비전은 계급투쟁과 唯物史觀 등의 잘못된 역사관이 빚은 無理 때문에 망하고 말았다. 80년대 초부터 미국은 미국식 자유시장경제의 전파를 통해 전 세계에 영원한 자유와 번영을 실현한다는 또 하나의 유토피아 '新自由主義'를 펼치고 있다. 이 비전도 여러 가지 옳지 못한 철학 위에 서 있다. "사회적 다윈주의"라는 약육강식의 철학, 상속세와 자본이득세의 철폐, 사회보장제도의 민영화 등의 정책 방향, 미국 스탠더드가 세계 스탠더드로 되어야 한다는 세계관 등이 '신자유주의'를 뒷받침한다.

이 두 가지 유토피아에는 몇 가지 공통점이 있다. 첫째, 세상을 너무 단순하고 일방적으로 본다. 일국의 경제사회에는 국가기능과 시장기능 사이에 적절한 分業이 이루어져야 하며, 나라마다 서로 다른 문화와 전통이 있는데, 공산주의와 '신자유주의'의 유토피아는 이것을 거의 인정하지 않는다. 공산주의는 국가를 至上視하고 시장기능을 무시했다. 소련은 소련식이 아닌 공산주의를 배격했다. 신자유주의는

---

* 2006년 6월 27일 『한겨레신문』에 기고한 글임.

시장을 지상시하고 시장이 국가기능을 대체할 수 있다고 본다. 미국 식만이 유일한 글로벌화라고 여기고 있다.

둘째, 세상을 보는 눈이 무자비하다. 공산주의는 노동자, 농민만 위하면 된다고 하고, 평등주의를 외치면서도 가장 불평등한 사회를 만들어냈다. 신자유주의는 경쟁에서 이기면 그만이고, 약자를 돌보아주는 역할은 국가가 담당할 것이 아니라 민간이 자발적으로 해야 한다고 보고 있다. 그 정치는 민주주의를 표방하지만, 현실적으로는 플루토크라시(plutocracy: 金權政治)로 치닫고 있다.

1980년대 초부터의 미국경제의 동향을 보면, 신자유주의는 세계경제의 건전한 글로벌화는 고사하고 미국경제 자체를 멍들게 하고 있다는 것을 보여준다. 미국경제에는 거시적으로는 천문학적인 쌍둥이 적자가 항상 기록을 갱신하고 있다. 미시적으로는 사회보장제도의 '민영화'가 추진됨으로써 종래 미국경제를 주도해온 제조업 대기업들의 경쟁력을 약화시키고 있다. 기업경영은 단기적 이윤의 극대화를 지향한 株價至上主義에 빠져들고 있어, 과거의 미국 자본주의의 건전한 정신을 상실하고 있다.

민간 소득의 '양극화'가 빠른 속도로 진행되고 있다. 부유층은 약진하고 있으나 근로자들의 실질임금은 전혀 개선되지 못하고 있다. 2001년의 기업이윤은 GDP의 7%였는데 2006년 초에는 12.2%로 증가한 데 비해, 일반 가정의 중간(미디안) 소득은 오히려 3% 감소하였다. 미국의 빈부격차는 19세기 말로 되돌아가고 있음을 보여주고 있다.

나는 글로벌 자본주의의 건전한 발전은 세계의 평화와 번영을 위해 필수적이며, 우리나라의 활로도 여기에 있다고 보고 있다. 다만 신자유주의 철학으로는 평화롭고 생산적인 글로벌화는 어렵다고 본다. 나는 얼마 전 한국경제학회에서 한미 FTA에 대해 신중론을 폈다. 단기적인 무역이나 농업, 금융 등의 문제도 심각하지만, 중장기적으로 이 나라는 FTA가 몰고 올 양극화의 심화와 성장동력의 약화를 감당하지 못할 것으로 느꼈기 때문이다. 아! 신자유주의의 유토피아는 막강한 미국경제조차도 견디기 어렵게 만들어 가고 있다. 한국의 허약한 어깨가 이 부담을 어떻게 견딜 것인가. 설익은 自由貿易 이론으로 얼버무리지 말기를 바란다.

日本의 선제공격론을 보고[*]

일본의 내각 관방장관이 북한의 미사일 발사에 관련해 북한에 대해 선제공격을 가할 수 있다는 입장을 공언한 것은 매우 충격적인 일이었다. 그동안 비교적 '신중한' 자세를 취해온 일본의 핵심 리더가 이런 말을 서슴지 않은 것은 단순한 하나의 '妄言'으로 치부할 수 없는 의미심장한 일이었다. 한반도에 대해선 막가도 되는 결정적인 때가 왔다는 일본판 네오콘의 속내를 드러낸 것이다.

지난 150년 동안의 동 아시아에서의 거의 모든 전쟁과 외교 분쟁은 한반도를 중심으로 일어났다. 전쟁의 결과로 나라는 망했고 국민은 남의 식탁의 고기가 되었다. 아직도 세계 유일의 分斷國이라는 오명을 떨쳐버리지 못한 이 나라, 이 나라의 당면 과제는 무엇인가. 한반도에서 다시는 전쟁이 일어나지 말도록 해야 한다는 것이다. 이 나라에서 전쟁을 유발하는 어떠한 사태에도 단호히 반대해야 한다. 어떠한 '國益', 어떠한 이데올로기도 전쟁을 정당화할 수는 없다. 만에 하나라도 한반도에서 전쟁이 일어난다면, 한민족은 자기 몸뚱이 하나 가누지 못하는 열등민족으로 전락한다.

---

* 2006년 7월 12일 *Better People, Better World*에 기고한 글임.

우리는 북한에 의한 미사일 발사에 대해서는 단호히 반대해야 한다. 우리는 북한의 벼랑끝 전술의 볼모 신세를 감수해서는 안 된다. 북한의 전술은 일본의 '결정적인 순간'을 촉진하는 외에 아무 것도 성취할 수 없다는 것이 분명한 이상, 우리는 모든 수단을 다 동원해서 북한의 6자회담 복귀를 실현시켜야 한다. 동시에 일본의 선제공격론을 비롯한 어떤 긴장조성 정책에도 단호히 반대해야 한다. 일본의 선제공격론을 반대한 정부의 입장에 대해 신중하지 못했다는 의견도 있기는 하나, 이런 마당에서 신중하라는 것이 무엇을 하라는 말인지 알 수 없다. 신중하지 못한 것은 일본이 아닌가. 선제공격론은 끝내는 일본에게도 도움이 되지 못할 방자한 발언이었다.

일본 사람들은 오랜 戰亂의 역사를 통해 터득한 독특한 성격을 가지고 있다. 우선 매우 打算的이다. 사람은 누구나 타산을 하지만, 일본사람들은 치밀한 計算家들(calculators)이다. 임진왜란 때에도 스파이를 보내서 조선의 민심, 기강, 경제 사정, 지리 등을 정탐한 후에 파병을 했다. 타산의 성과를 거두기 위해서라면 오랜 시일이 걸리더라도 철저한 준비를 한다. 먹이에 접근하는 맹수와도 같이 한 발짝 한 발짝 목표에 접근한다. 준비가 완료되어 결정적인 시기가 오면, 그동안 감추어둔 최후의 일격을 가한다. 일본은 獨島에 대해서도 똑 같은 수순을 밟을 것으로 나는 본다.

일본의 철저한 자기 위주의 타산, 그것은 그 나라의 장점이자 단점이기도 하다. 이러한 성격 때문에 작은 일에 구애되어 큰일을 그르치는 경우가 상당히 많다. 최근의 야스쿠니 신사 참배, 미국 일변도의 외교정책, 그리고 이번의 선제공격론도 그 좋은 예가 아닐까.

일본에 비해 한국 사람들은 매우 타산성이 약하다. 우리는 "에라 모르겠다"는 突入型, 말하자면 plungers이다. 임진왜란 당시 우리는 일본에 대해 아는 것이 거의 없었다. 豊臣秀吉의 얼굴 모양에 관해 사신들이 임금 앞에서 갑론을박을 하면서 전쟁의 가능성을 논했다. 孫子는 상대방도 모르고 자기도 모르면 싸움마다 위태롭다고 했다. 임진왜란 당시의 조선, 19세기 후반의 조선이 다 그랬다. 그래서 싸움마다 당할 수밖에 없었다. 지금은 나은가. 그렇게 믿고 싶으나, 한미 FTA를 보니 그렇지도 않은 것 같다.

韓美 FTA와 한국경제*

　한미 FTA의 제안을 미국이 먼저 했는지 한국이 먼저 했는지는 알수 없다. 그러나 한국이 충분한 사전검토 없이 덥석 이 사안을 끌어안은 것은 불행한 일이었다. 미국으로서는 합의가 잘 되면 좋고 잘안 돼도 본전이겠지만, 한국으로서는 결과가 어떻게 되든, 좋은 일이적을 것이다. 합의에 실패하면 정권이 타격을 받을 것이고, '성공'하면 많은 국민이 손해를 보고 사회 분열과 혼란이 가중될 것이기 때문이다.

　미국 농산물에 대한 수입관세를 철폐한다면 이 나라 농민과 농업과농촌은 어떻게 되겠는가. 농민은 생존기반을 잃을 것이고, 농업은 줄어들 것이고, 농촌은 황폐해질 것이 아닌가. 상당한 유예기간이 주어진다고 하지만, 운명의 순간은 언젠가는 올 것이다. 한국은 이미 농업국가가 아니라고 하지만 농업은 여전히 이 나라의 기간산업이고, 농민은 여전히 많으며, 농촌은 여전히 국민정서의 고향이 아닌가. 유럽나라들은 한국보다 더 앞선 공업국가들인데도 왜 농업을 끝까지 보호하려 하는가. 일본은 우리 못지않은 산업국가인데도 왜 美日 FTA는 염두에 두지 않는가. 산업화가 되면 될수록 농업과 농촌의 중요성

---

* 2006년 7월 18일 『한겨레신문』에 기고한 글임.

도 더해지는 것이기 때문이다. FTA는 윈-윈 게임이라 하지만, 그런 공허한 소리로 진실을 가릴 수는 없다.

한미 FTA의 장밋빛 전망에는 설득력이 적다. 거기에는 결론부터 미리 내놓고 숫자를 꿰맞춘 흔적이 보일 뿐, 국가의 大事를 논하는 사람이 가져야 할 역사의식이 없다. 혼란시대의 미래와 변화하는 세계의 大局을 내다보는 안목이 없다. FTA는 수출과 외국인의 직접투자(FDI)의 증가를 통해 이 나라의 경제성장을 촉진할 것이라고 한다. 그러나 우리 경제의 對美 거래의 현실과 IMF 이후의 우리의 경험은 이 전망의 현실성을 의심하게 한다. FTA로 인한 성장촉진은 양극화를 해소하는 데 도움이 된다고 한다. 그 반대가 옳을 것이다. 양극화는 오히려 加重될 것이다. FTA는 또 한국경제에 금융허브를 가지고 온다고도 한다. 이 기대에도 현실성이 적다. 실물경제의 성장잠재력이 침체하는 곳이 금융허브가 되기는 어려울 것이다. 엔론 사건 이후 제정된 사베인즈-옥스리 법 때문에 미국 증권거래소에 상장하는 외국기업이 줄고 있다. 이 나라가 까다로운 미국식 법률만능주의를 모방하면 할수록 금융허브를 만들어내기는 어려울 것이다. FTA는 미국과의 우호관계를 증진하리라고 한다. 반미감정이 줄어드는 것은 좋은 일이지만, 나는 그 반대가 될 것을 두려워한다. 양극화가 심화되면서 미국을 미워하는 사람이 더 많아질 공산이 크기 때문이다.

한국 사회는 지금 FTA 신드롬에 걸려 있다. FTA가 만능인 것으로 여기는 듯하다. 그러나 한국경제의 문제는 성장을 보장하는 기본이 서 있지 않기 때문에 생기는 것이지 한미 FTA가 없기 때문은 아니다. 기본의 취약함을 입증하는 몇 가지 사례를 들어보자. 물가가 세

계 최고 수준이고, 대기업의 임금은 선진국 수준에 달해 있다. 勞組
가 너무 전투적이고 파업이 잦아서 기업환경이 열악하다. 국내의 기
업투자가 적은데다 투자가 일부 산업에 집중되어 고용효과는 낮다.
교육은 쓸모없는 學士들을 양산하고 있다. 서민이 너무 많은 빚을 지
고 있어서 구매력이 없다. 반면, 쓰임쓰임이 헤픈 사람이 많아서 대
외거래의 서비스수지가 너무 큰 적자를 보이고 있다. 정치는 캄캄한
터널을 달리고 있고, 사회는 끝없는 분열로 치닫고 있다.

FTA는 이 모든 병폐를 조장하면 했지 치유하는 데에는 도움이 안
될 것이다. 앞으로 1년 반, 정부는 FTA에 전력투구할 것이 아니라
경제의 기본을 세우는 데 전력투구하기 바란다.

'先進化' 구호의 虛實*

모두들 선진국이 되기를 원한다. 정치권에서는 여야의 구별이 없다. 학계도 역시 같다. '先進化'의 구호가 한국을 사로잡고 있다. 그러나 선진화는 좋지만, 선진화 구호에는 문제가 있다.

사실 한국은 이미 OECD에 가입한 선진국이 아닌가. IT분야에서는 세계 최강국이 됐다. 반도체, 휴대폰, 자동차, 철강 등에서는 세계 굴지의 대기업을 가지고 있다. 造船에서는 세계 최대의 受注國이 됐다.

소비를 보아도 선진국 수준이다. 인구 대비 자동차의 수, 국토면적 대비 고속도로의 길이, 모두 세계적이다. 미국 중국에서는 한국인의 부동산 투자가 성행하고, 세계 도처에 한국 관광객이 넘치고 있다. 선진국인지 아닌지는 모르겠으나, 한국에는 돈 많은 사람이 많다는 얘기는 될 것이다.

남들이 선진국이라 하는데도 정작 이 나라에서는 선진화 구호가 요란한 이유는 무엇인가. 우리 마음이 왠지 허전하여 중심이 잡히지 않고 나라의 기본이 허약하다는 것을 느끼기 때문이 아닐까. 중소기업

* 2006년 8월 7일 『한겨레신문』에 기고한 글임.

의 부진, 자영업자의 몰락, 청년실업의 증가, 노조의 상습적 파업, 양극화의 심화 등 이 나라 경제의 구조적인 문제는 심각하다. 거기에다가 철학 없는 정치, 희생 없는 종교 등의 간디의 말에다가 화목 없는 사회, 내실 없는 문화, 방향 없는 교육 등을 추가하면, 선진화 구호가 저절로 나온다. 나라가 이런 기본 문제를 안고 있는 한, 선진국이라 할 수는 없다.

그러나 아! 이런 기본 문제를 갖추는 데에는 선진화 구호는 소용이 없다. 선진화 구호를 외치는 사람들은 아마 대부분 미국과 일본을 염두에 두고 있을 터인데, 이 나라들의 현재의 모습에서 과연 우리 실정에 맞는 것이 무엇인가. 우리는 지난 반세기 동안 입만 열면 미국, 일본을 노래해 왔다. 그러나 두 나라의 현재의 거시경제 운영이나 미시경제 운영을 모방하면 우리도 선진국이 된다고 생각한다면, 그것은 큰 착각일 것이다. 고정관념을 버리고 잘 생각해 보기 바란다.

지금 세계에는 선진국 후진국의 구별이 급격히 흐려지고 있다. 선진국 중에 잘 안 되는 나라가 많고, 후진국 중에 제대로 되는 나라도 많다. 잘 되는 나라가 있다면 선진국이건 후진국이건 다 우리의 모범이 된다. 예를 들어 보자. 남미는 불과 몇 해 동안에 사뭇 달라졌다. 브라질은 지난 4년 동안 재정적자를 완전히 해소했다. 인플레도 없어지고 경상수지도 크게 개선됐다. 브라질만이 아니라 스페인 계통의 남미 주요국들도 이제 인플레는 한 자리 수로 되고 재정적자도 크게 줄었다. 어떻게 이와 같은 기적이 일어나게 됐는가. 따지고 보면 별것이 아니다. 9 · 11 이후 新自由主義의 굴레를 벗고 實事求是의 방법으로 자활의 길을 추진한 결과이다. 남의 모델이나 이론을 탈피하여 각기 제 나름대로 나라의 기본을 찾은 것이다.

우리가 걱정해야 할 것은 한국 사람들이 과연 진지하게 자기 나라의 기본을 닦아서 나라의 앞날을 타개할 의지가 있느냐이다. 선후진을 가릴 것이 아니라 남의 나라를 편견 없이 이해하고, 그들의 경험을 거울삼아 나라를 좋게 만들 겸허한 자세가 있는가. 있다면, 왜 이 나라 사람들의 마음과 행동이 점점 더 이상해지고 있는가. 선진화를 외치고 있지만 그 내용은 무엇이며, 무엇부터 시작해야 하는가. 그리고 그 방법은 무엇인가. 선진화의 내용은 基本을 세우는 일이다. 그 것은 자기 자신의 淨化로부터 시작되어야 한다. 그 방법은 實事求是밖에 없다. 겉치레를 버리고 실천을 통해 기본을 닦아야 한다. 단 한 가지만이라도.

세계경제 판도가 달라지고 있다*

우리가 모르는 사이에 세계경제는 잠시도 쉬지 않고 변하고 있다. 아프리카와 중동 지역을 제외한 여타의 지역에서 후진국들은 비교적 잘 나가고 있는데, 구미의 선진국들은 경제도 그리 좋지 않고 정치 역시 그렇다. WTO의 Doha개발 라운드가 암초에 부딪침으로써 글로 벌 경제의 앞날에 불확실성이 加重되었다.

아시아지역부터 간략히 짚어보자. 세계에서 가장 성장률이 높고 잘 나가는 나라는 여전히 중국이다. 금년 상반기에는 10%를 넘는 성장 률을 보임으로써 8% 정도로 억제하려던 중앙정부의 목표가 좌절되었 으나, 고도성장에도 불구하고 인플레는 없다. 三狹 댐의 완공, 靑藏 鐵道의 개통을 계기로 서부 개발이 큰 차질없이 추진되고 있다. 중국 은 국제정세의 불확실성 가중에 대비해서 대미 · 대일관계의 宥和, 러 시아와의 우호관계 증진, 인도와의 관계 개선 등에서 상당한 성공을 거두고 있다. 최근에는 외자유치의 선별 기준을 강화하고, 애국정신 의 고취, 역사교육의 강화로 내부결속을 다지고 있다.

인도경제 역시 그 나라가 가지는 기본적인 강점이 발휘됨으로써 중

---

* 2006년 8월 8일 *Better People, Better World*에 기고한 글임.

국 다음으로 빠른 성장률을 유지하고 있는 것 같다. 내가 보기에는 인도는 離陸段階를 거친 비행기와 같이 高空을 달릴 것이다. 이에 비해 왕년의 小龍으로 주목받던 한국, 대만 및 아세안(ASEAN: 동남아국가연합) 등은 그리 좋은 실적을 못 내고 있다.

일본은 2002년부터 10여년에 걸친 디플레를 곁들인 低成長을 탈피하여, 그동안 축적된 기술혁신과 대중국 수출 호조를 배경으로, 상당한 활기를 회복한 것 같다. 그러나 GDP의 160%에 달하는 국가 부채는 지금도 1년에 국민생산의 6% 정도로 증가하고 있다고 한다. 인구는 감소 추세에 있어 큰 力動性이 있기는 어려울 것으로 보인다.

가장 괄목할만한 것은 과거 세계의 患者로 치부되었던 남미 나라들의 경제회복이다. 브라질은 지난 4년 동안에 재정적자를 해소하고, 인플레를 진정시켰으며, 대중국 1차산품 수출호조에 힘입어 경상수지의 균형을 달성하는 데 성공했다. 그 밖의 남미 주요국들도 인플레율을 한 자리 수로 억제하고 재정적자를 개선하는 등, 과거의 南美病은 거의 해소되었다. 무엇이 이런 기적과 같은 변화를 가지고 왔는가. 그것은 9·11 이후 이 나라들이 신자유주의 이데올로기의 굴레를 벗어나서 정부의 역할을 되찾아 현실성 있는 自力更生의 길을 발견한 데 기인하는 것이 아닌가 생각한다.

선진권 경제는 큰 개선을 보이지 못하고 있다. 미국경제는 거시적으로는 여전히 쌍둥이 적자에 시달리고 있고, 미시적으로는 분배의 양극화가 현저히 심화되고 있다. 유럽경제를 보면, 전체적으로 그런대로 잘하고 있는 것 같으나 이탈리아, 그리스, 포르투갈 등은 재정

적자가 쌓임으로써, 일부 전망에 의하면, 앞으로 IMF 신세를 질 나라
는 남미나 아시아의 후진국이 아니라 유럽의 작은 선진국들이 될 것
이라고 한다.

어쨌든, 앞으로 선진국 후진국의 차이는 크게 줄어들 것이 예상된
다. 우리는 지난 반세기 동안 미국을 비롯한 선진국들의 위치는 不動
인 것으로 믿어 왔다. 그러나 이제부터는 세계경제의 판도는 크게 달
라질 것 같다. 선진권의 경쟁력이 상대적으로 약화됨과 동시에 후진
대국들이 크게 부상하고 있다. 이에 따라 세계의 판도가 一極으로부
터 多極으로 변화할 것이며, 글로벌秩序 역시 달라질 것으로 보인다.

2030년의 세계*

정부는 최근 2030년 한국경제의 여러 가지 指標를 발표했다. 신문에서는 이에 대한 전문가들의 다양한 코멘트를 실었다. 이러한 비전을 준비한 수고에 대해서는 평가하나, 거기에 도달하는 경로와 그것을 달성하는 데 필요한 정책 등의 비전이 없어서 문제라는 평들이 많았다.

나 자신은 솔직히 이 비전의 내용으로부터 거의 아무런 감동을 받지 못했다. 이 비전이 틀렸다는 말이 아니라, 이런 비전이 별 쓸모가 없다고 생각하기 때문이다. 미약한 성장 잠재력을 가진 한국이 45,000달러를 달성할 때는 미국과 유럽은 어떻게 되겠는가. 중국, 인도, 브라질, 러시아는 어떻게 되겠는가. 남미와 아프리카는 어떻게 되겠는가. 지금의 글로벌 질서는 이대로 변화가 없겠는가. 이 모든 것이 지각변동을 일으킬 터인데, 그 와중에서 한국이 直線上에서 발전하기를 바랄 수 있는가.

물론, 한국을 포함하여 세계는 계속 부를 창출하겠지만, 부의 구조와 내용도 달라질 것이다. 돈과 자산의 개념도 달라질 것이다. 한마

---

* 2006년 9월 5일 『한겨레신문』에 기고한 글임.

디로, 45,000달러의 富는 직선상에서 이루어질 수는 없고, 富의 생산
함수도 달라질 것이다. 이런 것을 생각할 때, 정부가 헛수고를 하지
않았나 하는 생각을 지울 수 없었다.

지금의 선진국이 꼭 미래의 선진국으로 남아 있을 것 같지도 않다.
선진권이라는 개념이 점점 희박해질 것이고 IMF나 세계은행, 그 밖
의 국제기관의 운영도 지금의 선진국만으로는 어려워질 것이다. 아시
아와 남미의 대두로 앞으로의 4반세기 동안에 세계는 지난 300년 동
안에 일찍이 보지 못한 국제 정치경제 세력판도의 지각변동이 일어날
것으로 보기 때문이다. 새로운 삶의 방식이 생겨날 것이고, 세계문명
자체의 대전환이 일어날 것이 예상되는 것이다. 선후진국의 차이가
전반적으로 흐려질 것이다.

나는 지난 번 칼럼에서 미국의 거시적·미시적 경제와 경제정책으
로부터 우리가 배울 것이 별로 없다는 것을 지적했다. 그 후 나는 앨
빈 토플러의 2006년 신저 『Revolutionary Wealth』(한국어판: 富의 未
來)를 입수하여 미국이 직면하고 있는 시스템의 '내부 폭발'의 상황
을 알아보고, 내가 미국 문명의 향방과 한미 FTA에 관한 나의 반대
의견이 기본적으로 옳다는 것을 확인했다. 토플러는 이렇게 쓰고 있
다. "미국 근로자들은 붕괴된 가정과 학교, 의료제도와 씨름하고, 부
도덕한 금융기관에 돈을 빼앗기면서 인생을 보낸다." 또 "대다수 사
람들이 전 세계에 미국이 미치는 영향력이 줄어들고 있다고 믿는 바
로 지금, 미국의 중추적 제도의 기반에는 체계적인 붕괴가 나타나고
있다."

　토플러도 지적했지만, 이러한 일은 프랑스, 독일, 영국에서도 일어나고 있고, 일본과 한국, 특히 한국이 열심히 이것을 쫓고 있다. 미국과 유럽이 체제의 체계적인 붕괴를 시작하고 있다면, 한국의 체제는 不問可知가 아닐까. 晩婚과 이혼율이 세계적으로 높고, 노령화와 저출산율은 세계 제일인 한국이 어떻게 2030년을 낙관할 수 있겠는가.

　앞으로 남은 현 정권의 임기 1년 반은 긴 세월이다. 임기의 거의 1/3이 남았다. 레임덕이라 생각하지 말고 앞으로 올 정권을 위해, 경제, 정치, 사회의 발전을 위해, 현실성 있는 정책을 실천하여 새로운 레일을 깔아주기 바란다.

FTA 立國*

며칠 전 나는 일본의 중소도시와 농촌지역을 다녀왔다. 일본의 중심지역에 가까운 곳이어서 문화적으로는 대도시에 못지않게 발전한 지역이다. 겉으로 나타난 몇 가지가 인상적이었다. 첫째, 도시와 농촌에서 고층아파트를 하나도 못 보았다. 둘째, 도시주택 주변에는 논과 밭이 주택 사이로 들어와서 도시와 농촌은 자연과 어우러져 아름답고 다정하게 보였다. 이 나라 농민들은 美日 FTA에도 시달리지 않고 있으니 더욱 행복해 보였다.

왜 우리나라 정부는 솔선해서 세계 최강의 농업국, 정부의 補助로 발전하는 농업국과 FTA를 하려 드는가. 미국에 비하면 빈약하기 이를 데 없는 농업, 외국인 아가씨 아니면 장가도 못가는 농민, 어린이가 해마다 줄어들어 廢校가 속출하는 농촌, 이런 문제들을 외면하는 정치인들은 무엇을 바라는 건가. 이런 것을 보살피는 것이 정치가 아닌가.

언젠가 한미 FTA 이야기를 하는 비공식 자리에서 관변 이코노미스트 한 사람이 내게 이렇게 물었다.

---

* 2006년 9월 5일 『한겨레신문』에 기고한 글임.

"선생님, 그럼 선진국하곤 하지 말고 후진국하고 하란 말입니까." 이 사람 생각은 선진국으로부터는 얻을 것이 많지만 후진국으로부터는 얻을 것이 없다는 말이다. 그때 시간이 없어서 나는 "아니 그런 뜻은 아니야!"라고 대답하고 말았는데, 여기에서 이에 대한 내 생각의 일단을 밝히고자 한다.

선진국으로부터도 얻을 것이 없는 경우가 있고 후진국으로부터도 얻을 것이 있는 경우가 있다. 사실, 선진국이 무엇이고 후진국이 무엇인가. 따지고 보면, 확실한 개념이 아니다. 선후진국이 고정돼 있는 것이 아니다. 선후진의 차이는 점점 희박해지고 있다. 앞으로 세계경제의 세력판도에는 지난 300년 동안 일찍이 보지 못한 지각변동이 일어날 것으로 전망된다. 내가 보기에는 세계의 각 문명의 가치관조차 크게 달라질 것이다.

나는 지난 번의 이 칼럼에서, 우리는 고정관념에 사로잡혀서는 안된다는 것을 재삼 강조했다. 나는 미국에서 공부하고 미국 대학에서 가르친 사람이지만, 지금의 미국의 거시, 미시의 경제정책에는 우리가 참고할 것이 별로 없다고 보며, 한미 FTA로부터도 얻을 것이 많지 않으리라고 본다. 세계 최대의 市場이라는 말에 현혹되지 말아야 한다. 나는 미국의 자본주의가 80년대 이후 불건전한 방향으로 흐르고 있는 데 대해 세계적인 관점에서 우려하고 있다. 이 견해의 일단은 내가 한국경제학회에서 발표한 바 있다.

내 말을 믿기 어렵거든, 앨빈 토플러의 최근의 저서 『富의 미래』(한국어 번역판)를 읽어 보라. 미국 시스템의 '내부 폭발'에 관한 그의

의견은 나의 견해보다 더 신랄하다. 거기에는 미국 문화의 변화와 한
미 FTA에 관한 나의 의견을 뒷받침하는 대목이 많이 있다. 토플러는
이렇게 쓰고 있다. "미국 근로자들은 붕괴된 가정과 학교, 의료제도
와 씨름하고, 부도덕한 금융기관에 돈을 빼앗기면서 인생을 보낸
다." 또 "대다수 사람들이 전 세계에 미국이 미치는 영향력이 줄어들
고 있다고 믿는 바로 지금, 미국의 중추적 제도의 기반에는 체계적인
붕괴가 나타나고 있다."

　최근 나는 어떤 정부 고관으로부터 정부는 지금 동시다발적으로 약
20개국과 FTA를 추진할 것이라는 말을 들었다. 나는 제발 그러지 말
라고 부탁했다. FTA가 이 나라 문제를 해결할 것은 거의 없다. FTA
立國? 들어본 적이 없다. 세계 모든 나라와 FTA를 한다고 가정해 보
라. 나라는 망하고 말 것이다.

일본과 한국의 國格*

  國格이라는 말은 흔히 쓰이지는 않으나, 造語力이 풍부한 漢字로는 얼마든지 성립할 수 있는 어휘이다. 사람에게 人格이 있듯이 나라에는 국격이 있다. 人格이라는 말은 人品이 웬만한 사람에게만 쓰이듯이 국격도 아무 나라에나 막 쓰일 수 있는 허드레 말은 아니다.

  나는 최근 일본의 지방 소도시와 농촌지역을 방문할 기회가 있어서 일본 시고쿠(四國)섬의 가가와(香川)현과 오카야마(岡山)현에 있는 미술관 여섯 군데를 탐방하는 이박삼일의 여행을 했다. 나는 미술에 관해서는 문외한이지만, 나름대로 느낀 것이 있었다. 내가 그동안 본 일본은 대부분 대도시뿐이어서 농촌이나 해안도시를 본 것은 이번이 처음이었는데, 그것을 보고 느낀 바도 적지 않다.

  한마디로 말한다면, 일본에는 國格이라고 할만한 그 무엇이 있다는 것을 느낀 것이다. 국격은 어디서 오는가. 그것은 나라의 個性에서 온다. 개성은 대부분 傳統에서 온다. 전통이 없는 나라, 또는 그것과 단절된 나라에는 나라의 개성이 없고, 개성이 없으면 국격이 없다.

---

* 2006년 9월 7일 *Better People, Better World*에 기고한 글임.

나는 이박삼일 동안 고층아파트를 하나도 본 적이 없다.

　구라시키(倉敷)는 일본 '혼슈'의 세도내해(瀬戸內海)의 가운데 있는 꽤 큰 유명한 도시인데, 거기에도 내 눈에는 고층 아파트는 없었다. 모두가 다 단독주택이었다. 서양사람들 중에는 일본의 전통 목조가옥을 '토끼집'이라면서 조롱하는데, 시골집치고 토끼집은 보이지 않았다. 논 가운데 서 있는 집들은 모두 다 견고한 견치석 위에 다진 대지에다 매우 견고해 보이는 시원하고 편해 보이는 집들이었다. 그 많은 집들 중에 똑 같은 구조의 집은 하나도 없었다. 소도시의 한가운데에서도 집 주변에 논밭이 있는 경우가 많았다.

　우리가 들른 식당 중의 하나는 지금으로부터 100여 년 전에 노기(乃木)대장이 사단 사령관으로 있던 시절에 살던 집을 뜯어 옮긴 '고야시키(鄕屋敷)'라는 이름을 가진 집인데, 그 집의 벽에는 오랜 서화가 벽에 많이 걸려 있었다. 음식을 나르는 여성들은 모두 전통 기모노를 입고 있었다. 한마디로, 내가 본 일본 광경은 옛날 전통이 대부분 숨을 쉬고 있었다는 사실이다.

386세대 悔恨의 소리*

지난 3년 반 동안 이 나라 國政을 주도해 온 386세대가 위기를 맞고 있다. 진보정치연구소와 한길리서치가 행한 여론조사에 따르면, 386의원들은 17대 국회에서 가장 실망스러운 집단 1위(78.8%)를 차지했다. 改革의 초심은 온데간데없고, 집단으로서의 정체성마저 없어지고 있다고 한다. 신문에 게재된 그들의 회한의 소리는 처참하기 그지 없다. 청운의 뜻을 품고 화려하게 등장한 젊은 세대가 이렇게 된 것은 슬픈 일이다. 어떻게 보면, 이것이 우리나라의 실력의 한 토막이기 때문이다.

386이 외쳐온 개혁이란 무엇을 말하는가. 기존의 모든 것을 몽땅 부인하고 새 사람들이 들어와서 세상을 깜짝 놀라게 바꾸어 놓는 것을 말하는 것인가. 아니다. 나라 구석구석에 깔려 있는 비정상적인 제도와 관행을 정상화하는 것, 그것이 개혁이다. 이 나라에는 비정상적인 것이 너무 많다. 우선 가정부터 그렇다. 기러기 아빠 엄마, 세계 최저의 출산율, 세계 최고의 자살률, 가구당 3,600만원의 부채, 모두 정상이 아니다. 교육이 정상이 아님은 누구나 다 안다. 나라가 필요

---

* 2006년 10월 4일 『한겨레신문』에 기고한 글임.

로 하는 사람들을 만들어 내지 못하는 고비용 저효율의 교육은 우리
나라 최대 최악의 부실산업이다. 사회와 정치의 비정상은 더 지적할
필요도 없다. 개혁이란 이러한 비정상을 정상화하는 작업을 말한다.
여기에는 진보도 없고 보수도 없다. 좌파 우파의 선명한 색깔도 있을
수 없다. 386은 색깔을 따지다가 실패하고 말았다.

　나는 386을 비난할 생각은 없다. 마음이 너그러워서가 아니다. 이
사람들의 환심을 사기 위해서도 아니다. 386의 지금의 처지에 놀라울
것이 없기 때문이다. 그들의 실패의 이면에는 기성세대의 책임도 있
다. 준비 없는 그들에게 권력이 돌아가게 한 것은 기성세대였다. 386
은 IMF 이전 70~80년대의 抵抗 비전을 글로벌 자본주의 시대에 적
용하려다 많은 차질을 빚었다. 신자유주의의 부산물인 양극화와 정부
역할 축소의 대안을 내놓지 못함으로써 끝내 갈 길을 찾지 못했다.
左顧右眄하는 과정에서 그들의 눈에 들어온 것은 결국 처세를 위주
로 하는 기성세대의 행태뿐이었다. 그들은 기성세대를 미워하지만,
미워하면서도 닮아갔다. 그룹으로서의 정체성이 사라지면서 국민과의
거리도 날이 갈수록 멀어졌다. 내가 보기에는 우리 국민의 젊은이가
대부분 그렇듯이 그들도 역시 이 나라의 低劣한 교육과 포퓰리즘의
희생자들이다. 기성세대의 한 사람으로서 그들의 悔恨을 남의 일처럼
여길 수 없다.

　그러나 386이 명심해야 할 일이 하나 있다. 몸은 만신창이가 되었
으나 아직도 갈 길이 멀다는 사실을 지적하고자 한다. 自省도 좋고
회한도 좋지만, 공개적으로 푸념을 털어놓을 때가 아니다. 아직도
500일이나 남아 있다. 나라는 지금보다도 더 나빠질 수가 얼마든지

있다.

징기스칸과 그의 아들 오고타이를 섬기면서 몽골의 나쁜 버릇을 고치는 데 크게 기여한 元나라 명상 耶律楚材의 말을 참고로 하기 바란다. '하나의 좋은 일을 추가하는 것보다 하나의 나쁜 일을 더는 것이 더 중요하다' 는 것이다. 참여정부가 한 일들 중에는 후세에 누를 끼칠 일들이 있을 것이다. 重課稅를 통해 복지를 증진시키는 일에 너무 과감하지 말기를 바란다. 기업도시, 혁신도시 등의 비전은 IMF 이전의 그것이다. 殺身成仁의 마음으로 할 수 있는 모든 調整을 다하기 바란다. 한미 FTA, 만신창이의 몸과 쫓기는 마음으로 세계 유일의 슈퍼파워와 제대로 협상할 수 있겠는가. 사람에게는 晩節이 중요하듯이, 정권에게는 末年이 중요하다. 自重自愛하기를 바란다.

'人文學의 危機論'을 보고*

　얼마 전, 전국의 인문학계 교수들이 이 나라 人文學이 위기에 처해 있다는 사실을 호소하면서, 당국의 선처를 요청한 바 있다. 이 요청에 따라 교육부는 인문학 구제를 위한 지원방법을 강구하고 있는 것으로 보도되고 있다.

　사실 문학, 역사학, 철학 등이 중병을 앓고 있다는 것은 작금에 시작된 일이 아니다. 작년 나는 서울대학의 어느 교수로부터 그 대학 국사학과 대학원 지원자가 어느 학기에는 全無했다는 말을 들었다. 서울대학에서 그 지경이라면, 우리나라 國史學은 거의 망한 것이나 다름없지 않은가.

　人文學은 모든 學文과 知性의 근본이며, 따라서 인문학이 위기에 처해 있다는 사실은 이 나라의 학문 자체가 위기에 처해 있고 지성의 뿌리가 말라가고 있다는 것을 말하는 것이다. 문제는 그 위기를 구제할 어떤 손쉬운 방법이 없다는 데 있다. 장학금의 지급, 교수 연구비 증액 등은 좋은 일이기는 하나, 그것만으로 인문학이 살아날 수는 없다.

---

* 2006년 10월 9일 *Better People, Better World*에 기고한 글임.

　원래 인문학이라는 것은 돈과 거리가 먼 분야이다. 이 분야에 뜻을 둔 사람이라면 어느 정도의 가난은 피할 수 없다는 것을 다 알고 있다. 다만 정상적인 사회라면 이 분야의 학자라도 생활걱정을 시키지는 않을 것인데, 우리나라에서는 좀 지나친 면이 있는 것 같다.

　인문학 위기의 원인은 大學의 不實에 있다. 한 마디로 불필요한 대학, 학과 및 학생이 너무 많은 것이다. 대학의 부실을 그대로 두고 정부가 돈을 가지고 인문학을 추스른다는 것은 임시방편으로는 될지 몰라도 근본적인 처방은 되지 못한다.

　인문학 몰락의 보다 기본적 이유는 이 사회에 만연하고 있는 反知性的인 性向에 있다. 사람들은 한국처럼 교육열이 강한 나라가 어떻게 반지성적이 될 수 있느냐고 물을 것이다. 그러나 교육열이 강하다는 것은 學歷을 숭상하기 때문이지 知性을 존중하기 때문은 아니다. 교육열과 지성의 존중과는 별로 관계가 없다. 사실 한국인의 교육열이 거의 병적으로 강하다는 것 자체가 반지성적인 심리라 할 수 있다.

　한민족은 우수한 민족이지만 뛰어난 지성을 타고났다고 볼 수는 없다. 조선왕조 때 학자와 지식인은 많았지만 지성적인 사람은 그리 많지 않았다. 조선 중기의 재상이었던 張維는 그의 『谿谷漫筆』에서 '이 나라에는 學者가 없다!'고 말했다. 조선 학자의 고식적인 태도가 지성인의 배출을 저해했다는 것을 지적한 것이다. 한국인들이 늘 보이는 '쏠림' 현상이라든가, 정치가 영문도 모를 포퓰리즘(populism)으로 흐르는 경향 등은 지성과는 거리가 멀다. 지성적인 성품이라면 남이 부는 나팔에 附和雷同하는 일은 없는 것이다.

한국 국민은 세계에서도 책 안 읽기로 이름나 있다. 어찌 된 일인가. 책을 읽기 싫어하는 국민이 지성적이 될 수는 없다. 그리고 읽을 만한 책도 많지 않다. 한글 專用으로는 수준 높은 思想이 나올 수가 없기 때문이다. 세계 최고의 한글로 무엇이든지 할 수 있고 한자는 우리 글자가 아니니 폐지하라는 고식적인 文化觀으로는 지성은 영영 자랄 수 없다. 이런 문화의식으로 일본을 따라잡는다? 아마 어림도 없을 것이다.

한글전용으로는 인문학은 영영 설 땅을 찾기 어려울 것으로 나는 본다. 인문학은 분명히 위기에 빠져 있다. 그것은 '묻지마' 식의 한국인 성품 속에 뿌리를 박고 있는 것 같다.

글로벌경제와 美中 관계[*]

소련이 망한 후로 세계는 글로벌경제 질서하에 놓여 있다. 이 시스템은 유일의 초강대국인 미국의 필요에 따라, 미국에 의해 추진된 세계질서이다. 미국은 전 세계로 하여금 '자유화, 개방화, 민영화, 작은 정부'를 골자로 하는 신자유주의 이념에 따르게 함으로써 미국의 覇權을 다지고자 했다. 미국이 가장 주목한 나라는 중국이었는데, 글로벌질서 하에서는 중국도 큰 힘을 발휘할 수 없게 될 것을 기대했다.

그러나 好事多魔라 할까, 그 후 나타난 현실은 미국의 당초의 기대와는 전혀 다른 모습을 보이고 있다. 글로벌질서 하에서 미국도 상당한 이득을 보고는 있으나 미국보다는 오히려 중국, 인도, 브라질, 러시아 등의 나라들, 그 중에서도 특히 중국이 가장 많은 혜택을 보는 예상 밖의 현실이 나타나고 있다.

헨리 키신저가 지적한 바와 같이, 원래 미국의 정치인, 특히 공화당 인사들은 중국을 소련과 거의 같은 나라로 보아왔다. 부시는 대통

---

[*] 2006년 10월 30일 『한겨레신문』에 기고한 글임.

령 취임에 즈음하여 중국을 종래의 '전략적 동반자'가 아니라 '전략적 경쟁자'라고 규정함으로써 거의 敵性國으로 간주한다는 사실을 분명히 했다. 민주당의 對中 관념은 이보다는 부드럽지만 역시 오십 보백보일 뿐, 우호와는 거리가 멀었다.

그 후 이라크 전쟁의 차질, 對北韓 관계에 나타난 北中 관계의 경화, 그리고 중국의 對美 유화의 노선 등으로 인해 미국의 對中 감정은 상당히 호전됐다. 하지만 중국의 對美 경상수지의 흑자 누적, 중국경제의 지속적인 고도성장 등은 미국 정치인의 對中 경계심과 라이벌 의식을 자극하여 정가와 對中 시각의 호전을 가로막고 있다.

이에 비해 미국 업계의 인식은 사뭇 다르다. 미국 업계에서는 중국경제를 잘 알고 그 내용을 긍정적으로 보고 있다. 그들은 2050년에는 중국은 미국과 GDP 면에서 동등한 수준이 되고, 인도는 세계 제3의 경제대국이 된다는 것을 거의 기정사실로 받아들이고 있다. 미국 최고급의 회계법인 회사인 프라이스워타하우스쿠퍼(PwC)사가 금년 1월에 조사한 제9차 미국 최고경영자 의식 조사에 의하면, 미국의 CEO들은 중국을 가장 두려운 상대로 보고는 있으나, 중국에 투자하고자 하는 회사가 앞으로 더욱 많아질 것으로 내다보고 있다. 그들은 중국을 배척하기보다는 중국과의 협력을 강화하여 그 발전 잠재력을 활용하는 전략을 발견하기 위해 집중적으로 연구하고 있다.

PwC의 보고서를 보고 나는 많은 것을 느꼈다. 미국의 대기업 CEO들은 21세기 전반에 살고 있는 데 비해, 정부는 20세기 후반에, 의회는 20세기 중반에 살고 있다는 것이 그 중의 하나이다. 현실과 이데올로기의 엄청난 괴리 속에서 부시가 골드만 삭스의 회장 행크 폴슨을 재무장관에 임명한 것은 다행한 일이었다. 중국을 70번이나 방문한 폴슨은 21세기 초반에 살다가 갑작스레 20세기 후반으로 돌아와서 놀랐을 것이다. 이래서는 안 되겠다고 본 그는 곧 중국을 방문하여 중국 지도부를 골고루 만나서 미국 실정을 설명했다. 중국으로 떠날 때, 그는 미국 국민에게 첫술에 배부를 수는 없으니 너무 기대하지 말라고 신신당부했다. 중국 수뇌부의 미국에 대한 이해에는 나름대로 균형이 잡혀 있으므로, 폴슨과의 대화는 원활했을 것이다. 중국은 근소하나마 人民幣의 切上을 허용했다. 미국 의회에서도 우선은 27.5%의 관세를 중국 수입품에 물린다는 엄포를 자제하고 있다. 폴슨은 미국과 중국, 그리고 세계를 위해서 좋은 공헌을 했다. 세계경제는 이미 20세기로 돌아갈 수가 없다. 미국의 27.5% 등의 反글로벌식 정책은 중국에 대해서보다도 오히려 미국 자체에 큰 재앙을 불러올 것이다. 세계는 그것이 몰고올 세계경제의 硬着陸을 감당할 만큼 견고하지 않다.

시련과 극복*

나라의 운명을 결정하는 요소에는 두 가지가 있다. 첫째는 사람이고 둘째는 제도이다. 좋은 사람이 나와서 좋은 제도를 만들면 나라는 잘 되고, 그렇지 못할 때에는 나라는 쇠망한다. 어떤 나라를 막론하고 영원히 잘 된 나라는 역사상 존재한 적이 없다. 세상은 항상 변하는데, 시대가 필요로 하는 인물이 나오지 않고 따라서 낡은 제도가 고쳐지지 않을 때가 있기 마련이기 때문이다.

나라가 存亡의 갈림길에 설 때 그 나라는 전쟁, 외국의 침략, 내란, 정변 등 큰 시련을 맞게 된다. 이때 그 나라가 필요로 하는 것은 시대를 이끌 인물이 나와서 흩어진 민심을 결집하여 새로운 제도의 틀을 확립하는 일이다.

20세기 초, 중국은 서양 열강의 침략을 받아 나라가 산산조각이 났다. 1920년대 초부터는 일본의 침략으로 만주는 물론 중국 본토의 주요 부분이 일본군에 점령당하여 학살, 약탈, 강간, 방화 등 생지옥이 연출됐다. 이 시련은 일단 중화인민공화국의 수립으로 극복됐다.

---

* 2006년 11월 9일 『생각하는 사람들』에 기고한 글임.

1965년부터는 文化大革命이 일어나서 나라는 다시 存立의 위기에 몰리게 됐다. 이번에는 鄧小平이라는 인물이 나와서 중국의 실정에 맞는 개혁개방 정책을 추진함으로써 중국은 시련을 극복하여, 이제는 세계를 흔들 만한 실력을 가지게 됐다.

미국에도 시련은 많았다. 1860년대에는 남부의 농업지역과 북부의 공업지역의 이해가 서로 맞지 않아서 남북간에 엄청난 내란이 터졌다. 그때 나라를 회생시킬 비전과 리더십을 가진 에이브라함 링컨이 나라의 분열을 막음으로써 미국의 정체성을 살려내고, 미국 자본주의 발전의 기초를 닦았다.

오늘날 미국은 세계 유일의 강대국이 됐지만, 부시대통령의 외교정책과 경제정책으로는 세계의 평화와 번영을 보장하는 리더십을 유지하기가 힘들게 됐다. 작금의 사태는 미국에 대한 일종의 시련으로서, 미국이 어떻게 이 시련을 극복하는가는 세계의 관심사가 되고 있다.

우리나라도 역사상 여러 번 시련을 맞았다. 임진왜란 직전, 李栗谷이라는 희대의 학자 정치가가 庶政刷新과 국방력 강화에 관한 좋은 정책을 제안했다. 그러나 이 나라의 지도층에는 그 의미를 아는 사람이 없어서 나라는 혼란과 쇠약의 길을 걸었다. 율곡 死後 임진왜란, 병자호란이라는 엄청난 시련을 당했지만, 역대 정권은 아무런 개혁도 하지 못했다. 19세기 후반에 들어 서양과 일본이 침략해옴에 따라 극도로 쇠약해진 나라는 우왕좌왕하다가 힘 한 번 쓰지 못하고 쓰러지고 말았다.

해방 이후, 이 나라는 6 · 25라는 역사상 없는 내란을 겪었으나, 이러한 시련을 겪고도 '영웅' 은 끝내 나오지 않았다. 최근 들어 北核이라는 엄청난 시련을 맞아서 한반도는 전례 없는 큰 시련에 직면하고 있다. 그런데도 북에서나 남에서나 아직도 국력을 결집할 만한 인물은 나오지 못하고 있다.

서양의 속담에 일국의 정치는 그 나라의 국민의 수준을 넘지 못한다는 말이 있다. 한국 사람들은 개인적으로는 우수하고 능력도 많으나, 이 나라가 결정적으로 필요한 것은 각 개인의 우수성이 아니라 시련을 극복할 의지와 단결력이다. 이것이 있어야 좋은 사람을 식별할 수 있다. 이 능력이 나오지 않는 한, 한민족의 시련은 앞으로도 끝없이 계속될 것이다.

人格과 國格*

    사람의 품격을 人格이라고 하듯이, 나라의 품격을 國格이라고 한다. 얼마 전 중국 인민일보에서 중국인의 행동은 중국 국격에 맞아야 한다는 논설을 읽은 적이 있다. 그 후 후지와라 마사히코(藤原正彦)라는 일본의 수학자가 쓴 『國家의 品格』이라는 책을 재미있게 읽었다. 일본의 국격이 저하되고 있다고 보고 그것을 드높이기 위한 기본방향을 논한 좋은 책이었다. 일본에 관한 나의 평소의 생각과 비슷한 점도 많았다. 다만 일본의 전통인 武士道의 유지 발전의 중요성을 강조하고 있는 것이 마음에 많이 걸렸다.

    완벽한 인격이 없듯이 완벽한 국격은 없다. 어떤 나라를 막론하고 그 나라 국격에는 장단점이 있다. 한국의 국격은 흥겹고, 인정 많고, 우수한 창의력과 끈질긴 생명력을 가진 장점이 있는 반면, 너무 배타적이고, 분열하기 쉽고, 잘못을 남에게 돌리는 습성이 강하다. 일본의 국격에는 깨끗하고, 근면하고, 매사에 철저하며, 유사시에 단결하는 장점이 있는 반면, 이웃나라와 어울리지 못하고, 속과 겉이 다르며, 강한 자에 대해서는 비굴하고 약한 자를 대할 때는 인정사정이 없는 경향이 있다.

---

* 2006년 11월 20일 *Better People, Better World*에 기고한 글임.

사람이 평소 자기 인격을 陶冶해야 하듯이, 나라도 국격을 잘 길러야 한다. 국격의 좋은 면이 나타날 때에는 나라가 좋아지고, 국격의 약점이 나타날 때에는 나라가 잘 안 된다. 그렇기 때문에 나라도 평상시에 국격을 잘 닦아서 어려울 때에 대비해야 한다. '추운 계절이 와야 비로소 소나무와 잣나무의 잎이 마르지 않는다는 것을 알 수 있다(歲寒然後, 知松柏之後凋)' 는 공자의 말씀이 있다. 역경이 와야 사람의 인격이 훌륭할지 어떤지를 알게 된다는 말씀인데, 나라도 마찬가지이다. 나라가 어려워져야 비로소 그 나라 사람들의 眞面目을 알 수 있다. 나라가 잘 될 때나 안 될 때나 한결같이 의연한 모습을 잃지 않는 나라는 어떤 위기도 물리칠 수 있는 강한 나라이다. 반면에 나라가 위기에 처할 때 어쩔 줄 모르고 갈 길을 찾지 못해 우왕좌왕하는 나라는 시련을 견디어내지 못한다.

지난 번 싱가포르에서 열린 국제금융 모임에 갔다 온 사람이 하는 말을 들었다. 며칠 동안의 회의에서 한국이라는 말은 한 번도 나오지 않아서 놀랐다고 한다. 우리 경제가 좋지 않은 탓도 있었겠지만, 그보다는 우리나라가 밝은 미래를 지향하는 나라 같지 않기 때문이 아니었을까. 일국의 經濟란 궁극적으로는 그 나라 국민과 그 나라 문화, 즉 그 나라의 國格의 산물이다. 중국경제는 중국 국격의 산물이오, 일본경제는 일본 국격의 산물이듯이, 한국경제는 한국 국격의 산물인 것이다.

국격을 업그레이드 한다는 것은 쉬운 문제가 아니다. 선진화가 뭐니, 금융허브가 어떠니 해도 소용이 없다. 나는 평소 우리나라의 국격은 未成年 수준에 있다는 말을 해왔다. 우리는 좀 더 국격을 성숙하게 만들어야 한다. 지금 우리나라는 미성년이 판을 치고 있다. 미성년자들이 만들어내는 말들이 당장 인터넷과 신문에 뜨고, 시중 간판에 오른다. 우리나라가 국격이 올라가자면 우리가 일상 쓰는 말이 좀 더 부드럽고 우아해야 한다. 말이 중요하다고? 그렇다. 말은 그 나라 國格의 表象이다. 우리나라 말은 원색적이고 막말이 많다. 이런 말들이 판을 치는 한, 아무리 반도체를 수출해도, 아무리 한미 FTA를 해도 소용이 없다. 가시가 돋쳐 있는 원색적인 말이나 광고를 볼 때, 눈을 가리고 싶다. 쏟아져 나오는 너무나 수준 낮은 책을 볼 때는 이 나라의 反知性的인 文化에 절망을 느낀다.

한국의 아파트와 미국의 이라크*

중국, 인도를 비롯한 많은 나라의 주요 도시에서 아파트 값이 뛰고 있다. 나라마다 양상은 다르겠지만, 우리나라처럼 심각한 경우는 드물 것이다. 한국의 수도권 아파트 문제는 오랜 세월을 두고 견고한 뿌리를 내린 복잡한 문제이며, 그 바닥에는 나라 경제 전체의 矛盾이 깔려 있다. 일각에서는 아파트 값을 잡지 못한다면 내년 대선은 하나마나라고 한다. 아파트共和國이라는 말이 실감이 난다.

압록강의 發源이 백두산 天池에 있다는 것은 누구나 알듯이, 우리나라 아파트 문제의 발원을 찾기는 비교적 쉽다. 그러나 압록강이 바다로 흐르는 동안 별의별 물을 다 모아서 큰 강을 이뤘듯이, 아파트 문제도 오늘에 이르기까지 경제사회의 온갖 문제를 다 모아서 복합적인 문제 덩어리로 자란 것이다. 한두 가지 단선적인 처방으로 치유될 수 있는 문제가 아니다. 여기에는 流動性 증가와 인플레 심리, 인구 및 경제활동의 수도권 집중, 금융의 낙후와 직접금융의 미발달, 교육평준화와 학군제, IMF 이후의 저성장과 양극화, 저금리정책과 주택담보대출의 정착, 택지개발에 관한 토지개발공사, 주택공사 등의 불투명한 관행, 행정도시, 혁신도시, 기업도시의 지정과 전국적인 땅값

---

* 2006년 11월 21일 『한겨레신문』에 기고한 글임.

의 상승, 정부정책의 상호모순 등 많은 문제가 복합되어 있다.

경기가 좋아진 것도 아니고 집 없는 사람이 갑자기 늘어났을 리도 없는데도 수도권의 아파트 값은 쉴 새 없이 올랐다. 보유세, 거래세 등 중과세를 부과하는데도 오름세는 더욱 거셌다. 사람들은 정부의 무능을 힐난하면서 당장 손을 쓰라고 다그친다. 다급해진 정부는 부랴부랴 임시방편 처방을 내놓는다. 이 과정을 여덟 번이나 반복한 후 정부는 이번에는 극단적인 공급확대 정책을 발표했다. 이 아파트가 세워지면 어떻게 될까. 사람들이 숨고르기를 하면서 관망하고 있다. 그러나 이것은 문제의 終末이라기보다는 또 하나의 새로운 문제의 始發이라고 보아야 할 것이다. 사실 가격이 한꺼번에 떨어져도 곤란하다. '자산 디플레'가 일어난다면 그것은 가격 인플레보다 더 큰 문제이다.

한국의 아파트와의 전쟁은 미국 부시정부의 이라크 전쟁과 비슷한 면이 있다. 첫째, 두 '전쟁'의 뿌리가 깊다. 둘째, 전쟁의 상대방이 누구인지도 확실치 않다. 상대방에는 山戰水戰을 겪은 게릴라 부대가 많아서 正規軍을 가지고 이기기가 힘들다. 셋째, 전쟁의 궁극적인 목표가 무엇인지도 확실치 않다. 하나의 목표가 달성되기도 전에 또 생소한 목표가 등장하여, 전쟁의 양상은 자꾸만 달라진다. 넷째, 목표 달성을 위한 수단이 무엇인지, 我軍 사이에서도 의견이 통일되어 있지 않다. 다섯째, 아군의 지도부에 대한 국민의 신뢰가 땅에 떨어지고, 지도부의 임기마저 가까워지고 있다.

마침내 미국은 이라크전의 최종 단안을 내리기 전에 전 국무장관제임스 베이커로 하여금 전직 야당 의원을 포함한 '이라크 연구그룹'을 만들어 대책을 강구하기로 했다. 36計 중 가장 좋은 생각이었다. 우리나라에서도 일종의 냉각기간을 설정하여 중립적인 인사들로 구성된 '아파트 연구그룹'을 만들어서 좀 더 유연한 마음으로 이 문제 해결에 임하면 어떨까. 물론 이 그룹도 卽效를 내는 妙方은 내놓기 어렵겠지만, 민심을 수람(收攬)하는 데에는 도움이 될 것이다. 아파트문제는 단순한 아파트 가격 진정의 문제가 아니다. 온갖 경제문제에다가 교육, 사회 및 정치와 살벌한 국민심리가 얽혀있는 복잡한 문제이다. 더 이상 설익은 단선적인 대책을 내놓는 것은 큰 負의 遺産을 후일에 남길 것이다.

달라지는 중국경제[*]

나는 최근 중국 북경에 다녀왔다. 거기에서 개최된 제1회 '중국 북경 국제 文化創意産業 박람회'의 일환으로 열린 〈문화산업발전 국제 포럼〉에서 나는 "중국경제발전의 문화적 기초"라는 제목으로 기조강연을 했다. 강연의 내용은 빈약했지만, 지난 반세기 동안의 중국경제 발전과 문화와의 관계를 나름대로 정리하는 계기가 된 것은 나로서는 의미있는 일이었다.

중국경제가 1978년 고도성장에 접어든 지 이제 28년이 지났다. 그동안 1989년 6월의 天安門사건으로 잠시 어려움을 겪기도 했다. 그러나 그 사건은 경제발전을 앞서나가는 급격한 정치자유화는 중국 실정에 맞지 않는다는 것을 보여줌으로써, 중국으로서는 오히려 전화위복이 됐다. 2001년 말의 WTO가입은 중국정부로도 크나 큰 모험이었다. 그러나 그것도 위기가 아니라 행운이었다. 그 후 중국경제는 GDP 연평균 성장률 10% 내외의 고도성장을 이룩했다. 앞으로 11차 계획의 목표에 따라 소폭 감속은 있겠지만, 성장동력은 여전히 역동적일 것으로 나는 본다. 그렇지 않을 이유가 없는 것이다.

---

[*] 2006년 12월 19일 『한겨레신문』에 기고한 글임.

그동안 중국경제에 대해서는 많은 오해가 표명되어 왔다. 중국경제
는 머지않아 붕괴하리라는 견해가 있다. 이것은 대체로 그 말을 하는
사람의 희망사항인 것 같은데, 이제는 이러한 희망은 거의 사라져가
고 있다.

중국경제의 고도성장을 미국이 내버려두지 않을 것이라는 견해도
많다. 사실, 미국의 부시 행정부는 6년 전까지만 해도 만만찮은 反中
정책기조를 내비쳤다. 군사적 선제공격 대상에는 중국도 포함된다는
국방정책이 표명되기도 했다. 그러나 이것은 21세기형 전략은 아니
다. 패권국의 무력으로도 남의 나라의 발전을 억지로 막을 수는 없는
것이다.

중국경제의 고도성장은 외자도입과 저임금 노동에 의존하며 민간
의 이노베이션에 의한 것이 아니라는 견해도 많다. 그러나 이것은 큰
오해이다. 중국의 경제개혁은 정부의 일방적인 명령에 의한 것이 아
니라 정부의 리더십 못지않게 민간의 창의력이 그것을 뒷받침해 왔
다. 중국문화는 원초적으로 세계주의적인 특성을 가지고 있으며, 용
광로와 같은 同化力, 정세변화에 대한 적응력, 그리고 높은 수준의
창의력을 가지고 있다. 세계의 다른 모든 古代文明과는 달리, 중국의
그것은 아직도 살아 있다는 사실, 동유럽 공산국들이 다 성장기반을
잃고 있는데도 중국은 안정적인 성장을 하고 있다는 사실이 중국문화
의 彈力性과 創意性을 입증한다.

우리는 '이노베이션'이라면 의례히 IT, BT 등의 과학기술을 말하
는 것으로 알고 있지만, 중국인의 이노베이션은 과학기술만이 아니라

"문화산업"상의 이노베이션을 포함하는 것 같다. 전통 경제학의 산업분류에는 '文化創意産業'이라는 말이 없어서 그 개념은 나에게는 아직도 생소하지만, 그것은 단순한 과학기술만이 아니라 문화적 예술적인 콘텐츠를 담은 21세기형 産業(서비스 포함)을 지칭하는 것 같다. 지금 중국 畵家의 작품이 유럽을 휩쓸고 있는 것은, 미술 이외에도 여타의 세계에 알려지지 않은 중국의 다양한 文化(음악, 연극, 문학 등)는 産業에 활용될 여지가 많음을 시사하고 있다.

미국은 이제 중국을 전략적 파트너로 받아들이지 않을 수 없다고 보는 것 같다. 양국의 상호의존성이 너무나 강한 것이다. 미국은 최근 장관 7명으로 구성된 경제전략 협의단을 북경에 파견했다. 폴슨 장관은 구체적인 결과물을 가지고 귀국하지는 못했지만 서로의 이해와 신뢰라는 보이지 않는 값진 선물을 얻은 것 같다. 서로의 이해가 증진되어 세계평화 증진에 기여하기 바란다.

21세기 중국의 비전*

　중국은 최근 들어 경제, 외교, 문화면에서 활기 있는 발전상을 보이고 있다. 경제는 금년도 GDP 성장률 10% 이상을 달성하면서, 外貨保有高는 1조 달러를 상회하고 있다. 경제에는 문제는 많으나 문제해결의 능력 역시 크게 향상되어, 다소의 減速은 있겠지만, 앞으로도 상당한 수준의 고도성장을 달성할 것으로 보인다.

　더욱 더 돋보이는 것은 外交에서의 부각이다. 우르무치市에서 중앙아시아와 러시아를 포함하는 상해그룹의 회의를 주관하는가 하면, 廣東省에서는 동남아 나라들과의 고위층 회의가 있었다. 아프리카 48개국 중 36개국의 국가 원수급 수뇌부가 참석하여, 중국-아프리카 정상회담이 北京에서 열린 것은 획기적인 일이었다. 교착상태에 있던 6자회담이 열리는 데 대한 주역을 담당함으로써, 비교적 밝은 전망을 예상할 수 있게 됐다. 최근에는 미국의 폴슨 재무장관을 단장으로 하는 미국의 장관 7명이 북경을 방문하여 美中 양국의 경제협의를 함으로써 양국의 대화의 채널이 마련된 것도 획기적인 일이었다. 북경은 완연히 세계 외교무대의 가장 화려한 센터 중의 하나로 부각되고 있다.

---

* 2006년 12월 21일 *Better People, Better World*에 기고한 글임.

중국의 CCTV는 최근 15세기 이후 세계에 나타난 9개 大國(포르투갈, 스페인, 네덜란드, 영국, 프랑스, 독일, 러시아, 일본, 미국)의 興隆의 역사를 내용으로 하는 시리즈가 방영되고 있다. 영자신문 중국일보의 보도에 의하면, CCTV가 이 프로그램을 만드는 데 약 3년이 걸렸다고 하는데, 그것을 구상한 것은 거의 후진타오(胡錦濤) 주석이 등장한 직후가 아닌가 생각된다. 이 프로그램의 목적은 중국이 앞으로 경제와 문화의 대국이 되었을 때 국민이 해야 할 준비를 시키기 위한 것이라고 생각되며, 여기에 중국정부의 미래를 내다보는 안목이 들어 있어 보인다.

중국은 또 '문화창의산업 박람회'를 전국 주요도시에서 개최해 오다가 12월 10~14일 동안에는 마지막으로 북경시에서 개최한 바 있다. 이 박람회의 일환으로 문화창의산업 발전 국제포럼이 열렸는데, 나에게 주제 강연을 청해 왔다. 나는 '문화창의산업'에 대해서는 아는 것이 없다고 사양했는데, 문화와 경제발전에 관련된 내용이면 좋겠다고 해서 '중국경제발전의 문화적 기초'라는 제목으로 강연을 한 바 있다. 이 박람회와 포럼은 단순한 경제발전이 아니라 앞으로의 발전은 문화적인 콘텐트가 많아야 한다는 취지인 것 같았다. 중국이 역사상 개발해 온, 해외에는 거의 알려지지 않은 문화적인 요소를 활용해야 한다는 것이 취지인 것 같다. 우리는 경제학에서 이노베이션이라 하면 항상 IT나 BT 등의 과학기술을 연상하게 되는데, 文化創意기술이라 하면, 그것은 중국 고유의 문화, 이를테면 미술, 음악, 연극, 문학 등의 소재를 가지고 이노베이션을 함으로써 한편으로는 그것을 수출하고 다른 한편으로는 중국을 세계에 알리고자 하는 목적이 있는 것 같다.

　　나는 평소 경제발전의 궁극적인 힘은 그 나라의 文化에서 나온다고 생각해 왔는데, 중국의 문화창의산업의 내용도 거의 그와 같은 생각에 기초를 둔 것이 아닌가 생각한다. 21세기는 과학기술의 세기인 동시에 문화의 세기가 될 것으로 본다.

　　중국경제에는 어두운 점도 많다. 어두운 점은 주로 자연환경에 관한 것, 이를테면 나라의 地形에 균형이 없는 점, 水資源이나 에너지 자원이 부족하다는 점, 그리고 지정학적으로 사방에 강력한 이웃나라들이 포위하고 있어서 항상 安保가 불안하다는 점 등을 들 수 있다. 그러나 중국은 지금까지 멀리 내다볼 줄 아는 정부가 어려운 나라를 잘 이끌어 왔다. 要는, 나라가 가장 절실히 필요로 하는 것은 좋은 지도자라 할 수 있다.

2007년

달러와 미국경제*

최근의 보도에 의하면, 마틴 펠드스틴 교수(레이건 대통령의 경제고
문단 의장이었고 미국경제연구소 소장, 하버드대학 교수)는 미국의 달러화
의 가치는 앞으로 10년 동안 약 20%정도는 더 떨어진다고 했다. 전
혀 놀랄 만한 일이 아니다. 지난 번에 유로화가 나온 이후로 지금까
지 달러가 유로에 비해 약 30%정도 떨어진 것을 생각하면, 펠드스틴
의 견해는 오히려 보수적인 것 같다.

일국의 화폐가치를 결정하는 요인에는 여러 가지가 있기 때문에 단
기적으로 그 가치의 변동 방향을 점치기는 매우 어렵다. 그러나 장기
적인 추세를 알기는 그다지 어려운 일이 아니다. 펠드스틴이 말한 대
로 달러의 가치는 장기적으로 떨어지는 추세를 면하기는 어렵다고 보
아야 한다. 미국의 쓰임이 너무 헤프기 때문에 달러가 줄곧 외국으로
나가고 있는데, 외국자본이 미국으로 들어오는 액수가 그것을 보전하
지 못하기 때문이다.

미국은 어디에다 그렇게 많은 돈을 쓰는가. 우선 소득에서 차지하

---

* 2007년 1월 10일 *Better People, Better World*에 기고한 글임.

는 개인의 소비가 너무 많아서 個人 貯蓄이 거의 제로에 가깝다. 지난 수년간의 국민계정을 보면, 가계부문의 소득이 늘지 않고 있는데 소비성향은 줄지 않고 있다. 거기에다가 國防費가 엄청나다. 끊임없이 신무기의 개발과 우주항공산업 등에 엄청난 돈을 들이고 있다. 21세기에 접어들어 이른바 '新保守主義(neo-con)'라는 이데올로기가 미국의 경제정책, 대외정책의 기조를 이룸에 따라 달러를 쓸 일이 더욱 많아졌다. 특히 2002년에 아프가니스탄 전쟁, 2003년에 이라크전쟁을 시작한 후로 미국은 쓰임쓰임이 늘어서 강한 달러를 유지하기가 불가능하게 되었다.

어떤 나라를 막론하고 자국 화폐의 가치가 떨어지는 것을 바라지 않는다. 화폐가치의 하락은 그 나라의 경쟁력의 하락을 의미한다고 보기 때문이다. 특히 미국은 세계 유일의 슈퍼파워로서 항상 '강한 달러'를 유지하는 정책을 써왔다. 80년대까지만 해도 미국은 당시의 흑자국인 일본의 엔화를 절상시킴으로써 달러화의 절하를 막았다. 지금은 그런 수단이 먹힐 수 없다.

앞으로 달러의 하락에 제동이 걸리자면 미국의 정책이 달라져야 한다. 그런데 꼭 달라지리라고 확신할 수도 없다. 부시는 작년 11월 중간선거에서 패배한 후로 이라크전에 관해 정책기조의 변경을 시사했지만, 결국 미군을 增派하는 결론을 내렸다. 부시의 傲氣가 이라크전의 패배를 인정할 수 없는 것이다. 외신에 의하면, 부시는 바그다드에 세계 최대의 대사관을 짓고 있다. UN 부지의 10배가 되는 면적에 四周에 요새와 같은 시설을 마련하고 인원도 세계 어느 대사관보다도 더 많게 배치하리라 한다. 이 대사관은 세계적인 명물이 될 것 같다.

민주당 역시 지난 번 선거에서 압승했다고는 하지만 대외정책 기조를 크게 바꿀 것 같지도 않다. 부시정권은 민주당의 성향을 잘 알고 있다.

누가 다음 대통령이 되든지 간에 지금까지의 거시, 미시 그리고 무역정책 등에 관한 정책기조에 상당한 변화가 없는 한, 달러는 계속 하락추세를 보일 것이다. 민주당 후보가 당선되어 이라크로부터의 철군, 재정 금융의 긴축 및 신자유주의 정책이 완화되어야 달러 약세 추세에 제동이 걸릴 것이다. 미국 경제, 그리고 외교정책은 이래저래 엄청나게 큰 문제를 안고 있는 것이다.

위험한 올인 경제정책*

한국의 경제정책은 한 가지 문제에 '올인(all-in)' 하는 경우가 많다. 모든 정책수단을 한 가지 목표 달성을 위해 집중 투입하는 것이다. 경청할 만한 많은 반대가 있는데도 막무가내로 밀어붙인다.

'올인' 정책의 결과는 무엇인가. 문제가 단순할 때는 '올인'이 효과적일 수 있다. 그러나 요즘처럼 문제가 복잡할 때는, 올인은 열이면 열, 실패로 끝난다. 복잡한 병을 앓고 있는 환자에게 한 가지 극약을 집중적으로 쓰면, 병은 더 깊어진다. 올인 투약이 환자를 약화시키듯이, 올인 정책은 경제를 악화시킨다. 정책 담당자의 무리한 의지가 시장기능을 대체함으로써 균형과 조화의 善循環을 막는다.

잠시 올인의 역사를 더듬어보자. 제1공화국은 정치에는 실패했지만 경제에는 상당한 성공을 거두었다. 격심한 인플레를 수속했고, 수입대체산업의 기초를 육성했다. 그 성공 요인은 무엇인가. 시장기능이 살아 있었고 정책에는 아직 올인이 없었기 때문이다.

제3공화국은 산업화의 기초를 마련하는 데 성공했다. 1, 2차 경제

---

* 2007년 1월 15일 『한겨레신문』에 기고한 글임.

개발 5개년계획에 큰 무리가 없었고, 쌀값, 환율, 금리 등의 주요 가격이 현실화됨으로써 경제정책이 시장기능을 존중했기 때문이다.

제4공화국에 접어들어 중화학공업에 '올인' 하기 시작함으로써 재앙의 씨가 뿌려졌다. 경제기획원과는 별도로 청와대에 〈중화학기획단〉이 설치되어 모든 인적 물적 자원이 경제성을 무시한 重化學工業 육성에 올인됐다. 그것이 1차 오일쇼크라는 '아슬아슬한' 상황을 극복한 것처럼 보였다. 그때부터 한국은 정부고 민간이고 올인에 중독되기 시작했다. 엄청난 인플레, 전반적인 불균형과 비효율이 뒤따랐다. 일부 중화학공업이 살아남기는 했지만, 그 대가는 경제의 추세적인 경쟁력 약화였다. 그것이 IMF를 불러온 먼 원인이 되었다.

IMF라는 '아슬아슬한' 상황을 맞은 한국은 또 하나의 올인으로 대처했다. 4대 부문의 구조조정이 그것이었다. 위기관리 차원에서 한 일이라고 이해할 수도 있다. 그러나 지나친 일이 많았다. 금융기관의 자기자본비율 8%, 기업의 부채비율 200% 등의 맹랑한 기준이 도입되어 멀쩡한 금융기관이 '도태' 되고, 많은 기업이 홍역을 겪었다. 올인 구조조정은 결국 경제의 불균형을 가중시키고 성장잠재력을 약화시켰고, 그 後遺가 오늘에 이르고 있다.

뒤이은 참여정부도 또 올인 체질을 청산하지 못하고 있다. 아파트 '투기' 의 억제, 한미 FTA에 올인하고 있다. 아파트 '투기' 를 억제하고자 세금폭탄을 포함한 투기대책이 큰 것만으로 아홉 개나 채택되었다. 기발한 아이디어가 만발했다. 결과는 두고 보면 알 것이다. 올인이 강화되는 한, 시장기능은 죽어가고 순환의 길은 막힌다.

"한미 FTA는 반드시 성취되어야 한다"고 한다. 국제협정에는 상대가 있는데 이쪽만이 그것을 '반드시' 성취시켜야 한다면, 그 성공의 방법은 일방적인 양보밖에 없다. 한미우호를 증진시키기 위해 그것이 필요하다고들 한다. 천만에, 그 반대이다. 무리한 협정 체결은 그 우호관계를 오히려 해칠 것이다.

지금 한국호는 망망대해에서 방향을 잃고 있다. 정부가 올인하면 민간도 올인한다. 모두 올인에 중독되면 나라가 위험해진다. 21세기의 경제정책은 유연해야 한다. 제발 '올인'의 중독을 벗어나서 유연한 마음으로 나머지 바닷길을 순항하기 바란다.

韓國號의 바닷길*

"앞으로 십년 후면 무엇을 먹고 살 것인가가 걱정이다"라는 신음소리를 듣는다. 기업의 이노베이션 십년의 미래가 걱정된다는 것이다. "중국과 일본 사이에 샌드위치"가 된다는 소리도 많다. 우리의 對中 흑자는 줄어 가는데 對日 적자는 늘어 가고 있으니. 이 추세가 장기화된다면 경상수지의 ˙적자가 우려된다는 것이다.

그러나 겉으로 나타나는 현상은 모두 문제의 징후에 불과하다. 징후를 가지고 아무리 걱정해도 소용은 없다. 문제의 핵심을 잘 짚어야 한다. 무엇이 문제의 핵심인가. 4,800만인이 타고 있는 한국호가 방향을 잡지 못하고 있는 것이 그것이다. 한국호의 문제는 뱃길을 제대로 잡고 있느냐 아니냐에 있는 것이지, 중국이 우리를 따라잡는다거나 우리가 일본을 따라잡지 못하는 데에 있는 것이 아니다.

中國號는 나름대로 확고한 방향이 있다. 사회주의적 시장경제가 그것이다. 이 방향을 實事求是의 방식에 따라 꾸준히 추진함으로써 중국호는 순항을 하고 있다. 중국은 우리보다 더 자본주의적이라는 말은 듣는다. 그러나 중국은 필요에 따라 자본주의 방식을 도입하기도

---

* 2007년 2월 5일 『한겨레신문』에 기고한 글임.

하지만, 그것을 보고 사회주의를 포기하고 있는 것으로 속단해서는 안 된다. 중국은 市場經濟를 추구하지만 미국식 新自由主義를 따르는 것도 아니다. 자본주의와 시장경제를 혼합함으로써 중국식 사회주의의 항로를 가고 있는 것이다. 중국은 최근 들어 경제와 사회의 국가 통제를 강화하고 있다. 이것을 보고 중국이 공산주의로 되돌아가고 있다고 보는 사람이 있다. 그것은 아니라고 본다. 지금 중국이 통제를 강화하는 이유는 기존의 뱃길을 순항하자는 데 목적이 있지 뱃길을 돌리자는 것이 아니다.

日本號도 자기의 방향을 따라 우선은 순항의 길을 찾았다. 일본의 방향은 무엇인가. 기업의 높은 수출과 투자, 민간의 높은 저축, 그리고 정부부문의 재정 금융의 완화 등이 일본의 방향이다. 최근에는 엔화가 계속 외국으로 유출되어 엔화의 평가가 떨어지고 있다. 이것은 대부분 옛날부터 익히 보아온 일본의 방향이며, 여기에 불황 '극복'의 비결이 있다. 다만, 이 방향에 매달리는 한 일본경제는 회복을 한다고 하더라도 그리 큰 역동성을 기대하기는 어려울 것으로 나는 본다.

지금 세계의 특징은 선진국과 후진국의 차이가 날이 갈수록 좁아지는 데 있다. 과학기술도 글로벌화되고 있다. 그것은 이미 선진국의 독점물이 아니다. 지금의 추세라면 중국이 우리나 일본을 '따라잡는' 것은 시간문제가 아닐까. 또, 우리도 잘만 한다면 일본을 따라잡을 것이다. 세 나라가 모두 자기의 방향에 따라 순항한다면 궁극적으로는 모두 비슷한 수준에 도달할 것이다. 그렇게 되면서 이 세 나라는 共生의 길을 찾을 것이고, 東아시아는 세계 최대의 경제공동체를 이루게 될 것이다.

　지금, 금년 성장률이 4%냐 5%냐를 가지고 논쟁이 벌어지고 있다. 그러나 문제는 성장의 속도가 아니라 방향일 것이다. 나침반 없이 방향을 잃은 배가 빨리 달리면 달릴수록 곤란하듯이, 方向 없는 經濟는 속력을 내면 낼수록 손해를 볼 것이다.

깊어가는 한국의 고뇌[*]

나라의 전망에 대해 매일같이 悲觀의 소리를 듣고 있는 국민의 한 사람으로서 樂觀하는 말을 하고 싶은 마음 간절하다. 그러나 억지로 하는 낙관은 낙관이 아니고 애국도 아니다.

친미니 친북이니, 좌파니 우파니 하는 모든 선입견을 다 버리고 한국의 앞날을 생각해 보자. 이 나라는 해방 이후 가장 어려운 국면에 접어들고 있다는 것을 직감한다. 이 나라를 둘러싸는 어두운 그림자가 시시각각 짙어지고 있는데도 정치권은 태연하고 국민 역시 그러하니, 한국의 고뇌는 깊어만 가고 있다.

우리나라는 지난 60년 동안 엄청난 성공을 거두었다. 그러나 이제 그런 소리는 그만 두자. 다 아는 소리다. 自畵自讚의 이면에는 엄청나게 풀기 어려운 문제가 쌓이고 있다. 한마디로 정치, 외교, 경제, 교육 등의 개선의 길이 꽉 막혀 있다.

정치를 보자. 정치권의 리더십이 지금처럼 빈약한 경우는 일찍이 없었다. 여권은 대선 주자를 내지 못하고 있으니 이런 경우가 어디

---

[*] 2007년 3월 10일 *Better People, Better World*에 기고한 글임.

있었는가. 그러면서도 改憲과 한미 FTA에 '올인' 하고 있다. 앞으로의 9개월은 이것을 중심으로 판이 짜일 것 같다. 그러나 이 두 가지는 우리의 어두운 그림자를 더욱 짙게 할 뿐, 장래의 어두움을 걷는 데에는 전혀 도움이 되지 못할 것이다. 나라가 이렇게 된 것은 대통령 임기가 5년 단임제로 되어 있기 때문은 아니다. 개헌이 우리 정치의 리더십을 살린다고 볼 이유는 어디에도 없다.

경제는 어떤가. 어느 대기업 총수는 몇 해 후면 혼란이 올 수 있을 것이라고 했지만, 나는 우리는 이미 그 어려움의 渦中에 빠져 있다고 본다. IMF 이후 정부는 정부의 역할을 하지 못했고, 업계의 리더십도 빈약하다. 전경련 회장 자리 하나 제대로 못 채우고 있다. 국민은 저성장과 양극화의 늪에서 허우적거리고 있다. 한미 FTA가 이 경제를 두 가지 늪에서 헤어나오게 할 것인가. 그렇게 믿을 하등의 이유도 없다. 내가 보기에는 한미 FTA는 가뜩이나 빈약한 이 나라 정부의 역할을 원천적으로 막아버릴 것이며, 兩極化와 失業은 더욱 가중될 것이다.

대외관계는 어떻게 될까. 2월 13일 6자회담의 합의가 이루어진 것은 지난 반세기 동안 남북관계 최대의 뉴스였다. 북한의 정권붕괴를 바라던 미국의 대북정책의 기조가 달라졌다는 신호였다. 앞으로 북미관계가 어떻게 될지 속단할 수는 없다. 그러나 그것이 성공하자면 한국이 대북지원 부담의 큰 부분을 지게 될 것만은 분명하다. 그러지 않아도 나빠지는 경제가 한편으로는 FTA의 덫에 걸리고 다른 한편으로는 대북 지원의 부담에 허리가 휘게 될 것 같다. 우리의 정치, 사회, 교육 등에 대해서도 북한의 변수가 추가될 터인데, 우리는 그것을 어떻게 처리할 것인지 아무도 모른다.

많은 국민이 가뭄에 비를 기다리듯, 정권이 갈리기를 바라고 있다. 정권이 갈리면 좋은 세상이 올 것인가. 그런 보장은 어디에도 없다. 386세대의 무능을 나무라는 사람들이 집권하면 386보다 나을 것인가. 꼭 그럴 것 같지도 않다. 386을 등장시킨 사람들이 그 사람들이 아닌가. '참여정부'는 그 전의 정권과 무엇이 다른가. 정권만 바뀌면 모든 것이 잘 될 것으로 기대하는 것은 과거에도 그랬다. 그러나 과거에도 그 기대는 항상 빗나갔다. 그 기대가 실현될 가능성은 세월이 지날수록 적어지고 있다. 좋은 사람이 나와야 한다. 좋은 사람이 나오자면 국민의 마음이 달라져야 한다.

北美관계의 大轉換과 한국*

원래 미국의 대북 정책의 핵심은 단기적으로는 북한의 核 포기였고 장기적으로는 북한정권의 붕괴 촉진이었다. 시간은 미국편에 있다고 보고 북한과의 직접대화를 거부한 채 6자회담으로 시간을 벌면서 경제제재를 통해 북한의 숨통을 누르고자 했다.

그런데, 아! 웬일인가, 미국은 이 모든 것을 다 포기했다. 북한과는 직접교섭을 하지 않겠다던 입장도 바뀌었고, 북한 정권의 존속을 인정하는 정책으로 돌아섰다. 2월 13일의 6자회담의 핵심이 이것이었다.

이것은 지난 반세기 동안 미국이 취한 대북전략, 그리고 대 아시아 전략의 가장 획기적인 변화이며, 북한은 물론 한국과 중국 및 미국자체에도 의미심장한 의미를 지니는 역사적인 사건이었다.

미국은 북한에 대해 두 가지를 요구했다. 첫째, 북한은 영변의 핵시설을 폐쇄(동결도 아니고 폐기도 아님)하고 IAEA의 사찰을 받아드릴 것, 둘째, 앞으로 핵개발 계획의 내용을 국제기관에 보고할 것, 이것

---

* 2007년 3월 15일 『한겨레신문』에 기고한 글임

이다. 북한이 이 조건을 이행한다면 미국은 지금 보유하고 있는 핵이 야 어찌되든 북한과 외교관계도 맺고 또 테러 원조국의 리스트에서 뺄 수 있다고 했다.

미국과의 국교 수립이 宿願인 북한은 好機를 잃을세라 당장 이 조 건을 수용하고, 즉시 IAEA의 검사를 받고 싶다는 의사표명을 했다. 그리고 6자회담의 김계관 대표를 미국에 파견하여 합의 실천에 관한 실무협의를 추진했다. 미국은 김계관 대표에 대해 거의 국빈 대우를 베풀었다.

사사건건 대립과 갈등을 빚어온 북한과 미국이 갑작스레 밀월관계 에 들어가는 모습을 보면서 착잡한 느낌을 금할 수 없다. 북한과 미 국은 산전수전 다 겪은 맞수이다. 쌍방 간 어떤 이해관계의 일치가 있는가.

내가 보기에는 이 사건은 미국 세계전략의 변화를 함축하는 일이었 다. 한마디로 '네오콘' 전략을 탈피해야 할 필요성이 절실하게 된 것 이다. 미국은 최근 對 중국 전략의 현실화, 이라크전쟁 실패의 사후 처리, 이란 · 시리아와의 관계 재정립, 남미와의 관계복원 등 세계전 략의 틀을 바꾸기 시작하고 있다.

일방적으로 민주주의를 '수출' 하려고 해도 잘 안 되고, 이란 및 시 리아와도 마주 앉아야 하는 판이다. 체면손상이라는 다소의 대가를 치르더라도 북한의 핵무기 개발을 중지시키는 것으로 만족해야 한다 고 본 것이다.

반면, 북한으로서는 핵 개발을 완전히 그리고 영원히 '포기' 할 것을 약속하지도 않은 채 대미관계를 개선시킴으로써 일약 '惡의 軸'이 '평화공존의 축'으로 탈바꿈하고, 정권의 존재가 확보된 데다가 큰소리치면서 경제원조를 요구할 수 있게 되었다. 대박이 터진 것이다. 미국과 북한은 지금까지는 同床異夢이었으나 이제부터는 異床同夢이 되었다.

北美의 합의가 앞으로 잘 '실천' 될지는 아직 확실하진 않다. 그러나 쌍방이 다 그 성공을 바라고 있는 한, 어느 정도의 성과는 있을 것으로 보인다.

문제는 우리 남한의 처지인데, 한마디로 대단히 복잡 미묘한 입장에 놓이게 됐다. 남한의 정치, 외교, 안보 및 경제운영의 패러다임이 달라지지 않을 수 없다. 경제에 관해선 상당한 원조 부담을 떠맡게 될 각오를 해야 한다. 일본과 중국 사이의 샌드위치가 아니라 한미 FTA의 덫에 걸리고, 꼭 자발적이지도 않은 대북원조 부담에 치이면서 가뜩이나 어려워지는 살림에 국민의 허리가 휠 것이다. 남의 그늘에서 사는 나라는 그 그늘의 대가를 치러야 한다. 슈퍼파워의 그늘에도 공짜는 없다. 남의 덕을 보자는 생각을 버려야 한다. 이것이 북미관계 변화의 교훈이다.

讀書는 나라의 기초[*]

21세기는 智識의 世紀라 한다. 지식이란 무엇인가. 그것은 인터넷에서 나오는 '情報'가 아니고, 사물의 본질을 논리적으로 추리하고, 이성적 감성적으로 분별하며, 도덕성으로 그 가치를 판단할 줄 아는 능력, 즉 知力을 말한다. 지력은 활자로 된 책에서 나오는데 이 나라 사람들은 책읽기를 싫어한다고 한다. 사실이 그렇다면, 나라의 장래는 암담하다.

한국의 젊은이들은 왜 이렇게 책을 멀리하는가. 몇 가지 원인을 들수 있다. 첫째, 나라 전체가 정보매체에 너무 깊이 매몰된 것을 들 수있다. 인터넷에서는 오직 정보만 나올 뿐 좋은 人性도, 좋은 智慧도, 독창적인 知識도 나오지 않는다. 한국은 産業化에서는 선진국에 뒤졌지만 情報化에서는 선진국을 이긴다는 목표를 가지고 정보화에 올인해 왔다. 그 발상부터 잘못이었다. 그 결과는 무엇인가. 젊은이들이 좋은 글과 사상, 그리고 인성을 접할 기회를 상실하여, 생각하기를 싫어하고 즉석에서의 쾌락만 추구하기 때문에 성질이 거칠어지고 남을 배려하는 생각도 약해졌다.

---

* 2007년 3월 19일 『경향신문』에 기고한 글임

인터넷은 물론 매우 필요하고 정보화시대에 잘 활용하면 아주 좋은 도움을 받을 수도 있다. 나는 나이를 먹었지만 인터넷을 어느 정도 알고 잘 활용하고 있다. 그러나 인터넷으로부터 어떤 좋은 글, 좋은 사상, 좋은 지혜를 받는다는 것은 불가능하다. 우리나라의 젊은이들이 정보매체에 푹 빠져 헤어나지 못하는 동안 나라는 부지불식간에 오늘날 보는 바와 같은 수준 낮은 정치, 저질의 문화, 그리고 추락하는 경제를 맞게 됐다.

둘째, 한국의 후진들이 가정, 학교 그리고 사회에서 그릇된 教育을 받아온 것을 들 수 있다. 교육의 목적은 무엇보다도 책을 잘 읽고, 글을 제대로 쓰고, 바른 생각을 하고, 자기 생각을 표현하고, 옳은 일을 실천하는 人材를 기르는 데 있다. 그러나 한국의 학부모들은 유치원에서부터 어린이에게 온갖 방종을 다 허용하면서 대학입시 합격을 위해 부모는 맹목적으로 돈을 쏟아 붓고 있다. 참으로 잘못된 교육이다. 이런 교육을 받는 아이들은 책을 읽을 필요를 느끼지 않게 된다. 좋은 소질을 타고난 아이들이 쓸모없는 사람이 되어 일생을 망친다.

셋째, 책은 쏟아져 나오지만 읽을 만한 책은 많지 않다는 점을 들 수 있다. 나는 나이가 30이 된 해에 미국대학에 들어가서 學部 과정을 마친 바 있다. 거기서는 1학년 영어(그들의 국어)가 가장 어려운 과목이었는데, 그 목적은 우선 무엇보다도 읽고, 쓰고, 생각하고, 말하고, 표현하는 것을 위주로 하여 엄청나게 많은 독서를 강요한다. 한국의 대학에서는 그런 國語 과목이 없다. 한국에는 우선 좋은 책이 없고 좋은 선생도 적다. 좋은 책을 읽지 못하니 대학에서 지성, 감성, 덕성 등의 개발이 이루어지지 않고 좋은 인재가 나오기 어렵다.

이 나라에서 좋은 책이 나오지 못하는 결정적인 원인은 한글 전용에 있다. 나라말의 70% 이상을 차지하는 漢字를 무시하고 한글만을 쓰자니 나라 말이 빈약해질 수밖에 없다. 말은 인간의 생각을 표현하고 전달하는 道具이다. 인간은 말을 통하지 않고서는 생각하고 사상을 표현할 수가 없다. 한글밖에 모르는 이 나라 후진들은 차원 높은 인문학 분야의 책을 읽을 수 없고, 이해할 수 없고, 쓸 수는 더더욱 없다. 선진국이란 말이 풍부한 나라를 말한다. 말이 부족한 나라에서 수준 높은 책이 나올 수 없다는 것은 당연한 일이다.

이 나라에 한글 전용을 도입한 사람들의 愛國의 動機는 알 수 있다. 그러나 그 결과는 그분들이 바라던 것과는 반대로 나타나고 있다. 지금 아시아가 세계의 중심축에 근접하고 있는 시대에, 이 나라에서는 나라의 정치, 문화, 경제 수준이 갈수록 저하하고 있다. 나아가서는 한글 자체가 망가지고 있다. 인터넷이나 거리의 간판을 보면, 한글 전용의 결과가 어떤 文化를 낳고 있는가를 금방 알 수 있다. 한자의 도움 없는 한글만으로는 좋은 사상을 전달하고 만들어내기 어렵기 때문에, 한글이 제대로 쓰이지 못하고 있는 것이다.

좋은 책이 없는 나라에서 아무리 讀書의 중요성을 강조해도 소용이 없다. 그것은 營養 없는 음식을 주면서, 영양 보충을 위해 이 음식을 먹으라고 요구하는 것이나 다름이 없다.

늙은 은행나무의 底力*

1975년 서울대학교가 관악으로 이사를 했다. 당시의 서울대 건물들은 천편일률로 성냥갑 같은 4층 건물이어서, 학교의 모양은 똑같은 규격의 기차가 무질서하게 들어선 기차 정거장과도 같았다. 황량한 건물 주변에 부랴부랴 나무가 심어졌는데, 내가 學長을 한 사회과학대학 7동 앞에는 은행나무가 들어섰다. 그 중 한 나무는 딴 나무보다는 월등히 커서, 굵은 가지가 다 잘려 보기 흉한 모습을 하고 있었다.

다음해 봄이 오니 은행나무들은 고운 잎을 피웠다. 그러나 가장 큰 나무에서는 전혀 잎이 나오지 않았다. 가을이 되어도 그 나무껍질은 거무스름히 말라들고만 있었다. 나는 학장회의에서 제발 빨리 그 나무를 뽑아가라고 독촉했다. 그러나 사무국장의 말은 달랐다. 그 나무는 심은 사람이 와서 뽑아야 다른 나무로 교체할 수 있으니 좀 더 기다려야 한다는 것이었다. 그러나 다음해 봄이 와도 그 나무는 살아나지 않았다. 나무를 뽑을 사람도 오지를 않았다. 다른 나무는 씩씩하게 자라고 있는데 그 나무의 흉물스러운 모습은 그대로였다.

그런데 아! 웬일인가. 초여름에 접어들 무렵, 그 나무에서 움이 돋

---

* 2007년 3월 *Better People, Better World*에 기고한 글임.

기 시작했다. 그 움은 다른 나무와는 비교가 안 될 정도로 굵고, 검푸른 두꺼운 잎은 싱싱하기 짝이 없었다. 참으로 기적과 같은 광경이었다. 죽은 사람의 시체가 관 뚜껑을 제치고 일어서서 주위를 일갈하는 모습이었다. 거의 2년 동안 그 나무는 잔뿌리를 새로 내려서 영양을 껍질 밑에 비축하면서 때를 기다리고 있었던 것이다. 그것도 모르고 빨리 뽑아가라고 다그친 내가 부끄럽기만 했다. 그 나무를 지날 때마다 "내가 너로부터 많이 배웠다. 미안하다"고 사과하고픈 심정이었다.

얼마 전 인간개발연구원의 차이나클럽에서 내가 '중국 경제발전의 문화적 기초'라는 제목으로 강의를 했다. 그 강의에서 나는 중국은 '괴물'과 같아서 사회과학의 상식으로는 이해하기 힘든 나라라는 말을 했다. 사회과학자들은 서양사회를 분석하는 데에는 유용하지만 중국과 같은 매우 이질적인 거대한 나라를 종합적으로 이해하는 데에는 거의 도움이 되지 않는다는 의미였다. 또 중국은 위에서 말한 은행나무와 같은 저력을 가지고 있다는 의미였다. 19세기부터 20세기 전반까지의 150년 동안 중국은 거의 죽은 것처럼 보였지만, 그런 과정에서도 再生을 위한 底力을 비축하고 있었던 것이다. 세계의 다른 모든 古代文明이 다 죽었는데 오직 중국의 그것만이 살아남은 이면에는 겉으로는 잘 보이지 않는 저력이 있었기 때문이었고, 그 저력이 지금 나타나고 있는 것이다. 큰 은행나무의 모습, 그것이 오늘날의 중국의 모습이다.

세계의 文明에는 시대의 변천에 적응하면서 스스로의 정체성을 유지하는 타입도 있고, 스스로의 정체성조차 상실하는 타입도 있다. 중국 문명은 전자에 속하기 때문에 어려운 시대를 견뎌내는 저력을 가지고 있다. 이 저력이 다른 문명에 젖은 사람들에게는 怪物처럼 보이는 것이다. 사회주의와 시장경제라는 두 개의 머리를 가지고 疾走하는 괴물, 이것이 오늘의 중국의 모습이다. 이 괴물의 저력은 여간해서는 이해하기 힘들다. 그러나 알면 알수록 괴물이 아니라 대단히 큰, 그러나 시장경제이면서도 사회주의일 수밖에 없는, 세계 유일의 나라임을 알게 될 것이다.

남이야 뭐라든*

自由란 무엇인가. 누구든 法에 걸리지 않는 범위 내에서 무엇이든 지 하고 싶은 말과 일을 하는 것을 말할 것이다. 그러나 과연 하고 싶 은 말과 일을 하는 사람이 몇이나 될까. 설사 법에 걸리지는 않는다 하더라도 남의 눈치를 보느라고 할 말을 못하고 할 일을 못하는 경우 가 많지 않을까. 진정한 자유란 남의 눈치를 보지 않고 사는 것을 말 할 것이다.

모든 사람이 가지고자 하는 幸福이란 무엇인가. 그것은 自由와 비 례한다고 본다. 자유 없이 행복한 사람은 없다. 눈치만 살피는 사람 은 행복할 수 없다. 방글라데시 사람들의 幸福指數가 세계에서 가장 높다는 것은 그 사람들이 남의 눈치를 보지 않고 살기 때문일 것이 다. 영국의 철학자 버트랜드 럿셀이 나이가 20여 세 되었을 때 북경 대학에 교환교수로 온 적이 있었다. 그는 중국에 관한 그의 관찰을 『The Problem of China』라는 좋은 책에 담았다. 거기에서 럿셀은 중 국에는 아주 가난하고 무식한 사람들이 많지만, 의외로 너그럽고 넉 넉한 마음으로 사는 사람들이 많다고 했다. 남의 눈치를 보지 않기

* 2007년 4월 5일 *Better People, Better World*에 기고한 글임.

때문이다. 남이야 뭐라고 하든 개의치 않기 때문에 그런 태도가 나온다.

나는 6·25사변 당시 한때 미국 군인들 속에서 산 적이 있다. 나는 그때 그들이 戰友와 헤어질 때의 모습을 보고 놀란 적이 있다. 그야말로 만리타국에 와서 生死를 같이 하다가 헤어질 때, 그들은 그저 아무런 일도 없다는 듯이 담담한 얼굴로 "So long!" 또는 "Goodbye!" 한마디에 惜別의 情을 담는 것을 보았다. 꼭 좋았다는 말은 아니지만, 역시 大國이 다르구나 하는 것을 느꼈다. 그 후 미국에 가서 대학 학부 과정을 다녔는데, 학생 중 성적이 나빠서 학교를 떠나는 모습을 더러 보았다. 學友와 헤어지는 그들은 평상시나 다름없이 정정당당하게(?) '잘 있어!' '잘 가!' 하는 것을 보았다. 학교를 떠나는 학생의 마음은 "그래, 난 성적이 나빠서 학교를 떠나는데, 뭐가 잘못된 것이 있나? 학교를 안 다녀도 딴 일을 하면 되잖아"였을 것이고, 보내는 학생은 "아! 그래, 잘 해 봐"일 것이다. 서로가 이렇게 낙관하는 것이다. 어딘가에 멋이 있다고 나는 보았다.

남의 눈치를 보지 않는다는 것은 말을 함부로 하거나 멋대로 행동하는 것이 좋다는 얘기는 아니다. 그 반대이다. 남의 눈치를 보지 않으면 않을수록 공연히 남에게 폐를 끼치거나 무례한 말과 행동을 해서는 안 된다. 그만큼 남을 배려해야 한다. 이것은 눈치를 보는 것과는 다르다. 눈치를 보지 말라는 것은 쓸데없이 남으로부터 뭣인가를 구하거나 남의 비위를 맞추기 위해서 할 말을 못하거나 옳은 일을 하기를 주저하지 말라는 말이다.

우리나라 사람들은 인정도 많고 여러 가지 좋은 능력을 타고났지만, 가끔은 지나치게 남의 눈치를 보는 경향이 있는 것이 아닐까. 눈치를 살피는 습성을 가진 사람들은 확고한 자기주장이 있을 수 없다. 항상 한 쪽으로 쏠리는 현상이 나오고, 자기 것을 지키지 못하고 강한 자의 비위를 맞추며, 流行에 민감하다. 예쁜 얼굴이 성형외과로 인해 다 똑같이 된다.

남의 눈치를 보지 않는 지성적인 사람이 많았으면 좋겠다. 지성적인 사람이란 어떤 사람을 말하는가. 책 읽기를 좋아하고, 많이 생각하고, 일에 신중한 반면, 자기의견을 활발히 내놓고, 자기 능력과 처지에 따라 실천하는 사람을 말한다. 孔子는 말했다. '군자는 서로 화목하지만 같지는 않다. 반면에 소인은 서로 같은데도 화목하지 않는다(君子, 和而不同. 小人, 同而不和).' 또 '군자의 사귐은 담담하기가 물과 같다(君子之交, 淡如水)'는 옛말이 있다. 담담한 물과 같은 깨끗하고 虛慾이 적은 사람이 많아야 나라가 평화롭고 진정한 민주주의를 할 수 있다.

韓美 FTA의 본질*

FTA 타결은 이루어졌다. 협상 관련 인사들은 영웅이 됐다. 친북 좌파로 몰리던 정권은 일약 '우익'에 의해 극찬을 받고 있다. 교섭 당사자들은 각기 A^+와 '秀'로 자화자찬했다. 미국 측의 입장으로는 A^+로 자평해도 좋을 것이다. 그들은 처음부터 남는 장사를 했다. 한국 측도 많은 영웅을 만들어내는 데는 성공했다. 그러나 나라의 먼 장래에 많은 후유를 남겼다.

나는 미국이 세계 유일의 슈퍼파워(패권국)라는 사실을 잊어서는 안 된다는 것을 강조해 왔다. 슈퍼파워는 자국의 소원을 다른 나라에 대해 일방적으로 밀어붙일 수 있는 나라를 말한다. 그렇기 때문에 슈퍼파워는 다른 나라와는 다르다.

한미 FTA는 '자유무역협정'이라고 하지만, 이 말에는 함정이 있다. 그 자유는 강요된 자유이니 진정한 자유가 아니다. 그 협정에는 또 무역만이 아니라 투자, 방송, 문화, 법제, 정부역할 등 경제를 넘어선 영역에서 한국을 美國化 하는 내용을 담고 있다.

---

* 2007년 4월 8일 『한겨레신문』에 기고한 글임.

한국 국민 중 이익을 보는 사람은 누구인가. 글로벌 경제에 직접간접으로 연결돼 있는 사람은 이익을 보겠지만 그렇지 못한 대다수의 국민은 손해를 보게 될 것이다. 대표적인 것이 농업이다. 농업은 이제 고려장의 葬地로 향할 지게에 올랐다. 당국자들은 농민에게 피해보상을 한다고 하지만, 지게 위에 올려놓고 무슨 보상을 할 수 있는가. 사실 피해를 보상할 길은 없다. 피해가 얼마이며, 보상은 언제까지 어떻게 해야 할지, 납득할만한 계산을 할 방법이 없다. 농업 이외에도 농업과 비슷한 경우는 많다.

개개의 품목보다도 더 큰 문제는 한국의 正體性(identity)이다. 한국은 미국 투자자에게 한국 정부를 상대로 하는 국가 提訴權을 인정했다. 한국 정부의 정책이 한국에 투자하는 업체들에게 직접 간접으로 손해를 끼친다고 볼 경우, 실질적으로 미국 기관이라 할 수 있는 세계은행 산하의 국가 투자분쟁 해결센터에 제소할 수 있는 제도이다. 미국은 크고 작은 모든 문제를 법에 의해 해결하는 나라이다. 미국의 법은 까다롭고 복잡하며, 미국 사람이 아니면 잘 모른다. 미국에는 우수한 법관 변호사가 많다. 투자자의 제소에 대해 한국은 무슨 대책이 있는가.

FTA의 결과로 한국은 100개 이상의 法을 고쳐야 한다고 한다. 법을 고치면 규정이나 관행도 미국식으로 고쳐야 한다. 끝내는 우리 문화 전체가 바뀜으로써 한국의 정체성을 위협하게 된다. 정체성이 없는 나라는 나라가 아니다. 멀쩡한 나라가 왜 이렇게 돼야 하는가.

미국과의 우호관계를 무시하자는 말은 아니다. 그러나 FTA가 없이

는 우호관계도 없다고 볼 이유는 없다. 설익은 논리로 FTA를 하다가
는 나라의 정체성도 잃고 우호관계의 유지도 어렵게 된다.

경제만을 보더라도 FTA의 문제는 많다. 그것은 내수산업의 쇠퇴를
통해 성장잠재력을 약화시키고, 양극화를 심화시키며, 경제발전을 위
해 필요한 인적 물적 인프라를 마련할 책임을 진 정부의 기능을 축소
시킬 것이다. IMF의 경험이 있지 않은가.

FTA는 한국의 安保에 기여하리라는 견해도 있다. 그러나 안보는
FTA와는 또 다른 문제이다. 이것은 다른 방법, 이를테면 집단안보체
제의 구축이나 한미 방위조약의 확인 등으로 해결해야 한다.

한국경제는 지금까지 두 개의 큰 후유, 즉 압축성장의 후유와 IMF
의 過速開放의 후유에 시달려 왔다. 이번에 한미 FTA라는 제3의 후
유가 추가됐다. 어떻게 늘어가는 후유들을 극복할 것인가. 이 나라가
짊어진 크나 큰 과제이다.

어린이날과 어른의 책임*

5월 5일 어린이날에 나는 여섯 살 배기 막내 孫女를 강릉 옛집에 데리고 갔다. 옛 한옥이고, 선조와 부모의 땀이 배어 있는 곳인지라, 나에게는 보통집이 아니다. 나무와 꽃이 싱그러워 집주변은 한 폭의 그림이었다.

서울에서 태어나서 서울에서 자란 아이에게 시골 광경이 어떻게 비춰질지 자신이 없었다. 그러나 이 아이에게는 모든 것이 신기했다. 밀창을 밀고 들락날락 하는 재미, 커다란 부엌에 걸려있는 가마솥, 아궁이에 들어가는 불꽃, 모두가 상상도 못한 광경이라, "재미있다. 재미있다"하면서 좋아했다. 어디까지가 할아버지 땅이냐, 할아버지는 어떻게 이런 부자가 됐느냐고 묻는다. 이 아이는 이 날에 본 광경을 아마 일생동안 잊을 것 같지 않았다.

라디오 방송에 의하면, 우리나라 젊은 부모의 52%가 '早期留學'에 찬성한다고 한다. 얼핏 들으면, 우리나라 부모들은 훌륭한 부모 같지만, 이 52%라는 숫자가 우리나라 교육의 실패와 지성의 빈곤을 상징한다. '조기유학'이라는 세계 어느 나라에도 없는 이 단어에 어린이

---

* 2007년 5월 8일 『한겨레신문』에 기고한 글임.

들의 건전한 성장을 좀먹는 기성세대의 이지러진 교육열이 배어 있다. 어린이 교육의 기본은 무엇인가. 건전한 정서, 건전한 가치관, 건강한 신체를 기르는 데 있다. 그것을 확보할 책임은 부모에게 있다. 천하의 그 무엇도 부모의 사랑과 訓育을 대체할 수 없다. 어린아이들을 조기유학으로 외국으로 보내는 부모는 결과적으로 부모 고유의 책임을 외국 유치원이나 초등학교에 전가한다. 심하게 들릴지 모르나 부모의 '職務遺棄'를 의미한다. 과연 미국 학교에서 어릴 때 체득해야 할 집과 부모에 대한 사랑, 先祖와 나라에 대한 긍지, 민족과 인류에 대한 사명감이 생겨날 수 있겠는가. 그런 정서 없는 교육이 좋단 말인가.

버지니아 공대의 총기난사 사건은 분명히 조승희 개인의 잘못이었다. 그러나 조승희군이 빚은 참극에 못지않게 이 나라 사람들이 보인 반응에 문제가 있었다고 나는 본다. 모두들 한미관계에 미치는 영향을 우려할 뿐, 조군의 정신착란에 관련된 여러 가지 사연에 대해 깊은 성찰은 없었다. 총기사건과는 무관하겠지만, 조기유학에는 천진난만한 어린이들을 정신장애자로 몰아넣는 많은 요소가 깔려 있다고 보아야 하지 않을까.

얼마 전 나는 문화일보에서 「그 참을 수 없는 가벼움」이라는 제목의 사회면 기사를 본 적이 있다. 어느 명문대학의 총학생회장 선거에서 후보들이 내건 선거공약에 관한 기사였다. 그 공약의 내용은 학교 부근의 어느 호프와 음식점의 음식값을 20% 할인받도록 하겠다는 것, 시험 '족보'(기출문제 정리집) 데이터베이스를 만들겠다는 것 등등이었다고 한다. 신문은 이 나라 최고급 대학의 총학생회장 후보의 포부가 고작 이렇다고 한탄했다. 그러나 학생후보만 나무랄 수 있겠는가. 그들의 가벼움을 조장한 것은 무엇인가. 조기유학 찬성 52%에 상징되는 부모의 가벼운 책임감이 아니었을까.

얼마 전 人文學의 몰락을 외친 대학들은 이제는 또 3不 정책의 반대를 들고 나왔다. 나 자신도 3不 정책에는 부분적으로는 반대하지만, 그렇다고 3不 정책을 뒤집으면 교육이 살아난다고는 보지 않는다. 우리나라 사람들은 교육의 문제는 모두 입시문제에 연유한다고 생각하는 모양이다. 그러나 입시제도에도 문제는 있지만, 보다 더 깊은 문제는 가정교육의 질, 학교교육의 내용에 있는 것이다. 유행만 쫓고 알맹이 없는 교육, 이것이 문제의 핵심이다. 그것은 또 나라를 영영 멍들게 하는 원인이자 결과가 되고 말 것이다.

미국의 고민과 지성인의 처방*

최근, 나는 미국의 카터 대통령 당시의 안보보좌관이었던 브레진스키(Zbigniew Brzezinski) 교수의 신저 『제2의 기회(*Second Chance-Three Presidents and the Crisis of American Superpower*, 2007)』를 읽었다. 저자는 내가 보기에는 미국 최고급의 지성인 중의 한 사람으로, 그의 견해에는 항상 경청할 만한 많은 좋은 내용이 있다.

그는 냉전이 끝난 직후인 1993년에 『*Out of Control*』이라는 저서를 써서 미국의 지도력이 오래 가지 못할 것을 우려하는 견해를 밝혔다. 그 후 14년이 지난 지금, 미국은 그가 우려한 대로 리더십을 발휘할 좋은 기회를 놓쳤다고 보고, 상실한 리더십 회복의 제2의 기회가 있을 것인가를 고찰하기 위해 이 책을 쓴 것이다. 미국이 가지는 어려움과 부시행정부의 '失政'에 관해서는 많은 책들이 나왔으나, 브르지젠스키와 같은 무게있는 학자의 저서는 그리 많지 않다.

소련이 붕괴한 후 미국은 세 분의 대통령, 즉 아버지 부시(Bush I), 클린턴(Bill Clinton), 그리고 아들 부시(Bush II)를 겪었다. 이 과정에서 미국은 세계를 평화롭게 리드할 좋은 기회를 놓치고 말았다고 그는

---

* 2007년 5월 14일 *Better People, Better World*에 기고한 글임.

보고 있다. 그는 이 세 분 대통령들에 대해 각 분야의 업적별로 점수를 매겼는데, 종합점수는 아버지 부시가 B, 클린턴이 C, 아들 부시가 F라고 평가했다. 2006년이 되어서는 미국은 도저히 슈퍼파워의 임무를 수행하기 어려운 외로운 나라가 되었다고 그는 평했다.

그는 미국의 어려움을 가중시키는 국제정세의 추세를 다음의 10가지로 요약했다. (1) 서방에 대한 이슬람세계의 적대감의 증대, (2) 중동지역의 폭발적인 정세, (3) 페르샤만의 이란의 세력 증대, (4) 핵보유국가인 파키스탄의 政情 불안, (5) 미국에 대한 유럽의 불만(disaffection), (6) 러시아의 분노, (7) 동아시아의 공동체를 만들려는 중국, (8) 아시아에서의 일본의 고립, (9) 남미의 반미 감정의 확산, (10) 핵무기 확산방지체제의 붕괴가 이것이다. 미국에 제2의 기회가 있을 수 있는가. 그는 있다고 보고, 유럽과의 紐帶關係의 복원이 그 필수조건이라고 보았다.

브레진스키의 분석은 잘 이해되지만, 미국 최고의 지성인인 그의 이론에도 맹점은 있다고 나는 본다. 그는 안보문제 전문가답게 전통적인 '힘의 정치(Power Politics)' 적인 관점에서 벗어나지 못하고 있다. 내가 보기에는 미국의 기본적인 문제는 유럽과의 유대의 약화에 있는 것이 아니라 미국 자체의 경제, 사회 그리고 문화가 유럽을 포함한 세계 대부분 지역의 나라들에 대해 利益을 주지 못하는 내용을 가지고 있는 데 있다. 슈퍼파워일수록 필요한 것은 德 — 미국인들에게는 생소한 단어이지만 — 이 있어야 하고, 德은 곧 得을 의미하는 것(德=得)이기 때문에, 미국이 세계의 盟主가 되자면 미국의 글로벌질서는 남미, 중동, 아프리카 등의 나라에게 무엇인가 이익을 가져다주는 것이 되어야 할 것이다. 슈퍼파워에게는 그러한 의미의 따뜻한 制度와 文化가 있어야 한다. 군사적으로는 막강하지만 그러한 이익을 세계에 나누어 줄 경제력, 문화력이 없는 데에 슈퍼파워 미국의 문제가 있다. 21세기는 세계 모든 지역이 정치적으로 깨어 있는 세기이다. 이해심, 양보심 없는 原理主義나 一方主義에 무조건 복종할 나라는 이제는 없다.

한국 경제발전과 문화혁명*

지난 2월 나는 이 한겨레신문 기고에서 한국은 망망대해에서 방향을 잃고 표류하고 있다는 취지의 글을 썼다. 주변 나라 중국이나 일본의 경제는 좀 더 예측할 수 있는 것 같은데 한국의 그것은 그렇지 않은 것이다.

그 후 3월 19일 파이낸셜 타임즈가 똑같은 취지의 글을 게재했다. 그 신문은 한국이 夢遊病에 걸려 방향을 상실하고 지난날의 역동성도 잃었다고 평했다. 한국의 현대자동차의 베이징 공장에서는 평균연령 26세의 중국 근로자들이 월급 350달러를 받고 열심히 일을 하고 있는 반면, 울산의 현대공장에서는 평균연령 41세의 근로자들이 4,500달러의 월급을 받으면서도 시간당 자동차 55대 밖에 생산하지 못하고 있고, 지난해에는 25일 동안이나 파업을 함으로써 회사는 1,200억원의 손실을 보았다고 지적했다.

지난 번 스승의 날을 전후하여, 내가 가르친 서울대학교와 이화여자대학교 졸업생들이 각각 내게 선물을 갖다 주고 식사에 초대해 주

---

* 2007년 5월 22일 『한겨레신문』에 기고한 글임.

었다. 그들은 모두 좋은 직장에 다니고 장래가 촉망되는 젊은이들이다. 나의 스승에 잘해 드리지 못한 나는 제자들로부터 좋은 대접을 받을 자격이 없다는 자격지심 때문에 마음이 꼭 편하지는 못했다. 그들에게 몇 가지 물어보았다.

"자네들은 아마 우리나라 젊은이 중에서 상위층 20%에 속하겠지?"

"네, 아마 그럴 것입니다."

"나라의 장래는 어떻게 보는가?"

"글쎄요……"

"별로 밝게 보지 않는 것 같은데, 그 이유는 뭔가?"

"장래가 확실치 않은 것 같아서요."

여기에 이 나라의 문제가 있다. 경제성장률이 4.5%냐 5%냐가 아니라, 장래가 보이지 않는 데에 우리의 문제가 있는 것이다. 아무것도 모르면서 그저 밀어붙이는 성향, 때로는 잘되는 수도 있겠지만, 잘못되는 경우가 대부분이다.

FTA 이야기를 해서 좀 미안하지만, 역시 한 마디 하지 않을 수 없다. 금년 초, 어떤 정부의 高官의 강연을 들은 적이 있는데, 그분이 하는 말이, 우리나라는 앞으로 동시다발적으로 약 20여 개 국과 FTA를 추진할 계획이라고 했다. 나는 깜짝 놀라서 제발 그렇게 서두르지 말아 달라고 부탁했다. 나라의 경제가 잘되고 못되고는 그 나라의 기본(이를테면 정부의 능력과 사명감, 국민의 근로의식과 가치관, 기업정신과 기술수준 등)이 제대로 돼 있느냐 아니냐의 여부에 달려 있는 것이지,

FTA는 부차적인 문제라는 말이었다. 사실, FTA를 너무 많이 체결하면 정부는 自繩自縛을 해서 당연히 할 일을 할 수 없게 된다. 미국 같으면 FTA야 있건 없건 하고 싶은 일을 할 수 있지만, 한국은 도저히 그럴 수 없다.

한국은 지난 62년 동안 많은 혁명적인 정치경제의 변동을 겪었다. 유신헌법과 8·3 조치 등은 일종의 정치혁명인 동시에 문화혁명이었다. 제4공화국 당시의 한국은 자본주의 국가라고 할 수 없었다. 모든 금융기관이 완벽하게 정부의 통제 하에 있었고, 주요 투자가 정부에 의해 추진되는 일종의 國家社會主義 체제였다. 정책 기조는 17세기 유럽의 重商主義와 다름이 없었다. 이런 나라가 1997년 IMF가 옴으로써 일약 新自由主義 국가가 됐다. 그것은 큰 文化革命이었다. 이러한 체제변화 속에서 성장동력은 살아나올 수 없었다. 참여정부는 이제 실질적으로 반 년밖에 남지 않았는데, 'FTA 혁명'을 통해 그 존재의미를 찾으려 하고 있다. 이것 역시 일종의 文化革命이다. 문제는 혁명이 잦으면 잦을수록 장래가 보이지 않게 되며, 성장동력은 더욱 약화된다는 데 있다.

한국문화의 내부 파열*

　　나는 이 칼럼에서 한국경제가 방향을 잃고 있다는 것을 여러 번 지적했다. 그러나 경제의 저성장에 못지않은 심각한 문제는 文化 및 사회의 沈下 현상이다. 여기서 문화라 함은 음악이나 미술, 문학 등의 예술을 말하는 것이 아니라 국민의 知的, 道義的 성향, 사회통념, 관습, 가치관, 기호, 전통 등을 말하는 것으로 이해하고자 한다.

　　돌이켜 보면, 한국은 개발년대 이후 엄청난 경제발전을 이룩했다. 반면에 사회와 문화는 오히려 침하된 감이 있다. 경제가 방향을 잡지 못하고 있듯이 사회와 문화도 방향을 상실하고 있다. 한국의 사회 · 문화는 지금 일종의 '內部 破裂(implosion)' 을 겪고 있다고 나는 본다. 사회 내부에서 소리 없는 破裂이 때와 장소를 가리지 않고 일어나고 있다. 법규와 그 유권해석이 항상 달라지고 있기 때문에, 내부 파열의 파편이 어디로 튀느냐에 따라 멀쩡한 어제의 名士가 오늘의 죄인이 된다. 국민도 미디어도 내부 파열을 부추기고 있다. 그 과정에서 많은 사람들이 까닭없는 고통을 당한다. 사람들은 恒心을 잃고 매일 흥분에 들떠 있다.

---

* 2007년 5월 30일 『한겨레신문』에 기고한 글임.

이러한 내부 파열에 감염된 문화를 치유해야 한다. 이것을 방치하면 나라는 계속 침하한다. 경제의 방향 상실과 문화·사회의 방향 상실은 表裏의 관계에 있다. 정부는 이 두 가지의 방향설정을 확보할 종합대책을 수립해야 한다. '작은 정부'가 謳歌되는 시대라고는 하지만, 내부 파열이 일상적으로 일어나는 상태에 있는 사회와 문화를 속수무책으로 방관해서는 곤란하다. 모든 것을 市場에 맡기면 잘 된다는 환상 속에 안주해서도 안 된다.

정부는 앞으로 모든 정책기조를 물량보다는 사람을 중심으로 하는 人本主義的(humanistic) 견지에서 추진하는 것이 좋을 것이다. GDP 성장률을 지상목표로 하지 말고 불행한 사람이 늘어나는 사태를 막는 세심한 배려를 아끼지 말아야 한다.

우선 무엇보다도 중요한 것이 雇傭의 증대이며, 이것을 위해 인력수급의 균형을 가져오는 프로그램을 수립해야 한다. 단순히 케인즈식 總需要 조절로 고용을 늘리려 할 것이 아니라 수요와 공급의 구조적인 미스매치를 줄이도록 인력계획을 수립해야 하다. 이 인력계획에 따라 교육정책, 노동정책, 사회정책 등이 조절되어야 할 것이다.

경제의 지속적 발전을 위해서나 사회·문화의 향상을 위해서나 가장 중요한 것이 敎育이다. 불행하게도 한국의 교육산업은 그 양적 확대에 치중한 나머지 대표적인 부실산업이 되고 있다. 교육의 부실요인을 제거해야 한다. 가장 중요한 교육—가정교육—을 바로잡아야 한다.

우리나라가 동북아시아의 일각에서 높은 수준의 문화를 달성하고
경제경쟁에 있어서도 중국과 일본에 뒤지지 않기 위해서는 한글과 한
자를 並用해야 한다. 한글전용을 가지고는 우리의 경제와 문화는 중
국과 일본을 따라잡을 수 없다. 나도 한글을 존중하지만, 나는 文化
國粹主義를 가지고는 좋은 문화를 창조할 수 없다고 본다. 그러나 한
자 병용을 당장 시행하기는 현실적으로 어려울 것이기 때문에, 한자
를 가르치기를 선택하는 학교에는 그것을 허용하는 것이 좋을 것 같
다. 低級 학교에 있어서도 학생의 선택 여지를 넓히는 것이 바람직하
다.

우리나라에는 학교에 있어서나 가정에 있어서나 공장에 있어서나
너무나 規律이 부족하다. 규율 없는 문화 속에서는 경제발전도 지속
할 수 없고 문화의 성숙도 이루어지지 않는다.

한국 민주주의의 장래*

우리나라 정치는 지금 엄청난 도전을 받고 있다. 누가 어떤 도전을 누구로부터 받고 있는가.

이 물음에 대한 대답은 사람에 따라 다를 것이다. 여권 인사에겐 야당의 대두가 도전이고, 야당 인사에겐 여권의 '大統合'이 도전일 것이다. 야당의 대선주자들은 경쟁자의 검증 공세가 도전일 것이다. 그러나 국민의 입장으로 보면, 이 나라가 받고 있는 도전은 바로 민주주의이다. 이 나라는 과연 생산적인 민주주의를 할 수 있는 나라인가. 정치인은 입으로는 민주주의를 외치고 있지만 그것은 선거에 이기기 위한 기만에 불과한 것이 아닌가. 민주주의의 생산성이 이렇게 낮다면, 민주주의는 뭣을 하자는 것인가. 이 나라 민주주의는 거의 위기에 처해 있다고 해도 과언이 아니다.

80년대 우리나라 정치의 절대적인 화두는 민주주의였다. 많은 민주주의 투사들의 고귀한 희생을 통해 개발독재는 극복됐다. 그러나 대통령직선 이후 20년이 지났지만 민주주의는 과연 성공하고 있는가. 나라의 경제 사회 그리고 문화의 발전을 가져오는 데 민주주의는 과

---

* 2007년 6월 16일 *Better People, Better World*에 기고한 글임.

연 얼마나 기여했는가. 오늘의 정세는 그렇지 않다는 것을 보여주고
있다.

1990년대는 우리나라 민주주의를 상징하는 두 분이 연이어 대통령
이 됐다. 그러나 승리한 것은 민주주의라기보다는 地域이었다. 민주
주의의 생산성은 낮았다. 문민정부의 경제운영은 그 목표에 있어서나
방법에 있어서나 개발년대의 그것을 크게 벗어난 것이 없었다. 국민
의 정부의 기본방향은 IMF의 차관 조건을 강력하게 집행하는 것이었
다. 당시 이 나라 사람들은 IMF를 따르면 경제는 곧 순조로운 성장궤
도에 오를 것으로 보았지만, 그 기대에는 근거가 없었다. IMF 이후
우리 경제는 성장잠재력을 회복하지 못한 채 兩極化가 자리잡았다.

민주주의를 위해 온 몸으로 투쟁한 사람들이 가장 많이 직접적으로
국가운영에 참여한 정권은 참여정부이다. 따라서 이 정권은 이 나라
의 역사와 민주주의의 미래를 위해 막중한 책임을 지고 태어났다고
할 수 있다. 애석하게도 지난 4년 반 동안의 업적은 역사로부터 받은
사명과는 거리가 먼 것이었다. 이들이 그처럼 외친 민주주의는 생산
성을 발휘하지 못한 채 任期가 끝나가고 있다.

국민은 새로운 대통령이 강력하게 경제발전을 밀어붙일 수 있는 사
람을 바란다고 한다. 내가 보기에는 사실 그것은 말뿐이고 자기 지역
의 '이익'을 우선하는 사람을 바라는 것이 아닐까. 영남은 영남, 호
남은 호남의 이익을 우선하고, 충청이 캐스팅보트를 쥐는 기본구도가
되풀이될 것이 아닐까. 아! 이 나라 민주주의의 선택에는 고작 이것
밖에 없는가.

민주주의를 하겠다는 이 나라 정당들은 대선이 눈앞에 다가오고 있는데도 후보 하나 순조롭게 내지 못하고 있다. 민주주의의 생산성을 따지기 전에, 국민에게 도덕적으로 하자가 없는 인물을 내놓는 일조차 이렇게 어렵다.

야권에는 두 사람의 후보가 검증의 까다로운 기준을 넘기 위해 고생을 하고 있다. 여권은 어떤가. 앞으로 몇 달 동안 이 정권의 주역들이 해야 할 일은 모두 마음을 비우고 도덕적으로 하자가 없는 인물을 찾아서 내보내는 일이다. 이것이 여권의 이익을 위해 필요하다는 말은 아니다. 여권 인사들의 민주주의를 위한 지난날의 헌신은 나라를 위한 일이었지 일신의 영달을 위한 것이 아니었다는 것을 보여주는 마지막 기회를 살리라는 말이다.

改革, 先進化와 인물난*

한국은 지금 좋은 인물에 목말라 있다. 여당은 실질적으로 아예없는 상태에서 몇몇 走者들이 나서고 있다. 야권에서는 대선주자에 대한 검증작업에 여념이 없다. 과거에는 없던 사태이며, 모두 한국정치의 위기를 상징한다.

국민이 어떤 인물을 찾고 있는지도 분명치 않다. 그들을 편안하게 해주고, 고통 없이 잘 살게 해 줄 인물을 찾을 터이지만, 그런 인물은 없을 것이다. 지식인들은 앞으로 국정을 개혁하여 선진국으로 만들어야 한다는 비전을 내건다. '改革'과 '先進化'가 이번 대선의 비전이자 구호가 될 것이며, 다음 정권의 정책기조 역시 이 두 가지를 표방하면서 추진될 것이다. 그러나 과거에도 개혁과 선진화 비전은 번번이 알맹이 없는 공허한 구호로 끝났다. 앞으로도 그럴 가능성이 짙다. 왜 그런가. 다시 한번 짚어보자.

우리나라의 제도와 관행에는 고쳐야 할 점이 너무나 많아서 改革의 필요성은 절실하다. 개혁 없이 옳은 保守를 할 수도 없다. 그러나 나라가 필요로 하는 개혁이 무엇인지 똑바로 알고 사심없이 그것을 추

---

* 2007년 7월 8일 『한겨레신문』에 기고한 글임.

진할만한 인물은 보이지 않는다. 先進化를 위해선 거기에 필요한 정신적, 지적 기초가 있어야 하는데, 그것을 위해 산산조각이 난 교육의 실패를 만회할 인물이 보이지 않는 것이다.

불합리한 대학입시 제도를 완전히 잘 아는 사람은 오직 수험생의 母親뿐이라는 말을 들었다. 교육을 이렇게 만든 일차적인 책임은 역대 교육당국에 있겠지만, 나 자신을 포함한 각급 학교의 역대 교직원 및 국민에게도 책임의 일단이 있다. 한동안 理工學이 문제라고 하더니 이제는 아예 포기한 듯 그 목소리는 싹 가라앉았다. 어떤 이공학자의 말에 의하면, 톱(Top) 수준의 졸업생을 제외하면, 많은 공대에서는 미적분도 잘 모르는 쓸모없는 졸업생을 양산하고 있다고 한다. 이 말에 과장이 있는지 모르지만, 이공학의 위기가 해소됐다고 믿을만한 이유가 없는 것만은 확실하다. 요즘에는 人文學 위기론이 대두하여 교육부에서 인문학 지원에 나서고 있다. 그러나 돈만 가지고 인문학의 위기가 해소될 수 없다는 것은 이공학의 경우와 다름이 없다. 대학뿐 아니라 유치원에서부터 중고등까지도 교육개혁이 없이는 선진화는 없다.

나는 평소 平準化, 한글전용 등에 반대하고, 각급 학교의 자율화 확대를 주장해 왔다. 동시에, 우리나라의 교육문제는 입시제도 못지 않게 교육내용의 貧弱함에 있다고 주장해 왔다. 대학입시에 관해서는 모두 열을 올리면서 교육내용에 대해서는 국민도 교직원도, 당국도 매우 무관심한 것이 이 나라 교육의 왜곡된 가치관을 보여주는 것으로 나는 본다. 유치원 때부터 아이들이 규율 없는 과보호 속에서 당연히 체득해야 할 가정윤리와 사회도덕, 인문과 자연에 대한 기본소양이 소홀히 되고, 學力은 나이가 먹을수록 상대적으로 低下한다.

우리는 나라의 기본을 다지는 데에는 소홀히 하면서 선진국의 모양만은 열렬히 주장한다. 선진국이 되는 조건은 수출이나 산업의 실적보다도 오히려 교육, 가치관, 가정윤리, 사회도덕 등의 成熟 여부이다. 우리의 소비수준은 선진국에 비해 전혀 손색이 없다. 국민의 빚은 늘어만 가고 있음에도 국민의 쓰임쓰임이 너무 헤프다. 경제의 기본은 어디까지나 勤儉節約에 있는데도, 이 나라에서는 근검절약의 정신이 매우 엷어졌다. 물가와 임금수준이 세계 최고이다. 이것은 선진국이 될 기상이 아니다. 포퓰리즘이 판치는 사회에서 개혁의 고통과 선진화의 시련을 국민에게 요구할 만한 지도자를 국민이 찾을 수 있는가. 나라의 命運은 바로 여기에 달려 있다.

한국국제경제학회 30주년 기념논집 卷頭言*

한국국제경제학회가 창립된 지 이제 30년, 그 동안 한국경제는 桑田碧海의 큰 변화를 겪었다. 그것은 과거의 몇 世紀의 그것과 맞먹는 엄청난 변화였다.

30년 전의 한국경제정책의 基調는 자립경제의 달성이었다. 당시의 경제체제는 국가가 경제를 지휘하는 國家資本主義的인 성격을 띠고 있었다. 정부는 人的 物的 자원을 총동원하여 중화학공업을 육성하여 그것을 통해 수출과 성장의 목표를 달성하려는 重商主義的인 정책을 폈다. 정부는 경제 전반에 걸쳐 막강한 영향력을 행사하였고, 금융부문은 거의 완전히 官治下에 놓여 있었다.

이러한 정책기조는 '壓縮成長'이라고 불리는 많은 성과를 거두었으나 그 後遺 또한 적지 않았다. 거시적으로는 격화되는 인플레, 전반적인 저효율, 및 금융부문의 위축 등을 가지고 옴으로써 경제의 效率과 국제경쟁력을 저해하고 있었다. 이러한 때를 당하여 일부 중견학자들이 한국경제도 세계경제 속에서 운영되어야 하며, 경제의 自由化(우선 對內的인 자유화)를 통해, 인플레의 완화와 경제효율의 증대를

* 2007년 12월 14일.

이룩하기 위해, 새로운 방향을 모색하고자 국제경제학회를 설립하였다. 그 후 많은 유능한 소장학자들의 노력으로 이 學會는 큰 발전을 지속하면서 오늘에 이르고 있다.

80년대를 통하여 세계경제는 2차대전 이후 최대의 전환을 맞았다. 1979년 영국에서는 대처 정부가, 그리고 그 다음해 미국에서는 레이건정부가 出帆하여 그동안의 복지정책을 止揚하면서 자유화, 민영화, 작은 정부를 표방하는 新自由主義 정책을 펼침으로써 90년대의 호황을 이끌어냈다.

한국에서도 80년대를 통하여 인플레의 收束과 경제체질의 개선을 위한 여러 가지 시도가 이루어졌다. 그러나 경제체질의 개선은 단순한 量的인 조정만이 아니라 相當 幅의 제도적인 개혁을 필요로 한다. 80년대 한국의 경우, 開發年代의 압축성장의 '성공'의 기억이 국민의 의식 속에 깊이 박혀 있어서 체질개선 노력을 추진하기는 매우 어려웠다. 開發年代의 제도와 관행을 뿌리치지 못하여 弱化一路에 있던 한국경제의 체질은 동남아로부터 불어온 외환위기의 바이러스에 견디지 못하여 1997년 IMF의 '救濟'라는 응급처방을 받았다.

IMF의 救濟借款을 받기 전까지 국가 주도의 체제를 유지하던 한국경제는 하루아침에 180도 방향전환을 함으로써 新自由主義의 정책기조를 金科玉條로 받들게 되었다. 부채비율 200%, BIS 자기자본비율 8% 등의 생소한 기준을 달성하고자 한국경제는 전력을 경주하여 경제 전반에 걸친 구조조정을 추진, 2년이 채 되지도 않아 그 작업은 대부분 완료됐다. 그것은 일종의 文化革命이라 해도 과언이 아닌 '壓

縮' 改革이었다. 그 결과 換亂은 일단 수습되었고, 기업의 재무구조는 개선되었다. 그러나 여기에도 후유는 많았다. 투자의욕과 근로의식의 약화, 산업간 지역간 계층간의 소득격차의 확대, 투기의 만연 등 신자유주의 정책을 표방하는 많은 나라들에 공통적으로 나타나는, 성장잠재력의 약화 현상이 대두되어 경제는 低成長基調를 나타내기 시작했다.

지금, 한국경제는 국제경제학자에게 많은 재미있고 중요한 연구 소재를 주고 있다. 사실, 한국경제의 모든 문제는 국제경제적인 측면을 무시하고는 논의의 실마리조차 잡을 수 없게 됐다. 또 그것은 경제적 측면과 아울러 다양한 경제 외적인 측면을 가지고 있다. 이를테면, 한국이 동시다발적으로 추진하고 있는 여러 가지 FTA의 得失은 단순히 수출입의 전망만을 가지고 판단할 수는 없다. 거기에는 정치, 외교, 사회, 문화 그리고 나아가서는 나라의 正體性에 이르는 많은 문제가 내포되어 있는 것이다.

한국경제가 절실히 필요로 하는 것은 무엇인가. 그것은 앞으로 경제의 지속적인 발전을 이룩하기 위해 腐敗와 內部破裂, 便法과 不透明性을 청산하고 건전한 국민정신과 가치관의 확립, 건강한 가정과 가족, 견실한 공동체 의식의 함양 등 나라의 기본을 다지는 일일 것으로 보인다. 이런 것은 경제문제가 아니라고 할 수도 있으나, 글로벌시대의 경제이론과 정책은 이러한 문제의식이 없는 경제변수의 분석만 가지고는 그 유용성이 별로 없으리라고 생각된다. 우리 국제경제학도들은 정교한 이론 전개와 아울러 넓은 역사적 문화적 시야를 가지고 공부해야 할 필요가 절실할 것으로 보이는 것이다.

2008년

덕수궁 뒷길
세계경제의 새로운 패러다임

덕수궁 뒷길*

사람의 格調, 즉 人格의 尺度는 무엇인가. 돈이나 地位인가. 그렇지 않다. 인격의 척도는 그 사람의 말이나 행동, 몸가짐이나 판단력 등이라 할 수 있다.

도시의 격조의 척도는 무엇인가. 백화점, 할인매장, 호텔, 고층 아파트, 시민의 옷차림의 화려함인가. 그렇지 않다. 그런 것은 세계 어딜 가나 다 비슷하다. 도시 품격의 척도는 그 도시의 文化의 質일 것이다. 도시문화의 질은 눈에 띠는 화려한 곳에 나타나는 것이 아니라 오히려 뒷골목, 구석진 곳, 크고 작은 공원, 음식점, 도서관, 도시 시설의 편의성과 안전성, 공기와 소음의 정도 등이 아닐까 생각된다. 무엇보다 중요한 것이 신문, TV 등의 미디어나 出版物의 質일 것이다.

1996년 가을이었다고 생각되지만, 내가 서울시장 재직 당시, 서울시의 문화를 향상시키는 일에 몰두하고 있을 때였다. 어느 날 덕수궁 뒤의 돌담길을 지나면서, 그 길은 원래 호젓한 步行길이어야 함에도 불구하고, 차도에 비해 인도는 협소하여 걷기 불편하고 위험하다고 보았다. 그래서 시의 담당자들과 상의하여 대한문으로부터 정동교회

* 2008년 2월 3일 정동교회 뉴스레터에 기고한 글임.

앞 네거리에 이르는 약 300미터를 一方通行으로 개조하여 인도를 넓히고, 군데군데 넓은 곳에는 앉을 곳을 마련하여 휴식공간으로 쓰도록 조치했다. 그때 주변사람들이 잘하는 일이라고 환영하는 이가 많았다.

덕수궁 뒷길은 뒷골목이라 할 수는 없으나 역시 번화가는 아니다. 여기는 정동교회를 비롯하여 開化期의 국내외 인사들이 서로 교류하던 由緖 있는 곳이었다. 정동교회 주변에는 梨花學堂, 培材學堂 등도 있고, 1895년 乙未事變 직후에는 고종황제가 피신한 러시아 공사관도 있다. 이런 역사적인 사실도 시민들이 알면 알수록 자연히 거리나 건물을 사랑하게 되고, 이것이 직접 간접으로 市의 품격의 향상으로 이어진다. 市의 내력에 대해 아무것도 모르는 시민의 의식이 문화적일 수는 없다.

시장직을 사임한 후로 나는 이 길을 걸어다닐 기회가 거의 없었다. 그런데 최근 우연히 정동교회의 김영빈 편집장과 같이 이 길을 걸어다닐 기회를 가졌다. 이 길의 모습은 최근 십년 동안 면목을 일신하고 있었다. 일방통행 차도 좌우로 만들어진 아담한 인도에는 추운 날씨에도 불구하고 많은 사람들이 걸어다니고 있었다. 인도와 차도의 분계선에는 서양 투구 철갑의 모양을 한 조형물이 아름답게 줄을 서서 사람들을 지키고 있었다. 젊은 시민들이 서울현대미술관으로 올라가는 길을 가득 메우고 있었다. 딱딱한 벤치 대신 긴 타원형의 앉을 의자가 군데군데 놓여 있었다. 시민들이 이 길을 좋아하는 이유를 금방 알 수 있었다. 내가 듣기에는, 이 길에는 공예가인 최병훈 홍익대교수의 작품이 많다는데, 그것이 너무 인기가 좋아서 그런지 이 길이 '思索의 길'이 되기에는 오히려 사람이 너무 많아서 흠이 될 정도였다.

우리나라에는 산이 많고 물이 깨끗하여 예로부터 자연히 풍수지리의 '이론'이 발달해 왔다. 묘 터나 집터의 明堂에 관한 이야기가 지금도 사람들의 관심을 끌고 있다. 명당은 과연 있는 것인가. 어떤 자리가 명당자리인가. 내가 보기에는 명당은 있기는 있다. 그러나 명당은 사람이 만드는 것이라고 생각한다. 덕수궁 뒷길이 명물 거리가 되어 있듯이, 사람이 地形을 만들고 좋은 나무를 심고 잘 다듬고 가꾸면 평범한 곳도 명당이 된다. 반대로, 아무리 잘생긴 지형도 사람이 이리저리 자르고 뭉개버리면 추한 자리가 되고 만다. 거리도 마찬가지고 도시도 마찬가지이다. 서울은 天惠의 아름다운 고장이기는 하나 가꾸지 않으면 명당의 모습은 나타날 수 없다.

내가 市長으로 在職할 당시 서울 定都 600년을 맞이해서 기념행사도 했지만, 아쉽게도 이 도시에는 궁궐과 4대문 등 몇 개의 공공 건조물 이외에는 옛것이 거의 없다. 서울에는 名人도 많이 살았는데, 그들이 살던 흔적은 거의 완전히 없어졌다. 이 천혜의 아름다운 도시에는 빼앗긴 나라의 흔적은 일제가 개조한 대로 아직 좀 남아 있지만, 그 전의 500년을 기념할만한 私的 유물은 거의 없다. 참으로 아쉬운 일이다.

내가 市長으로 在職할 당시, 白凡 金九선생이 흉탄에 쓰러진 방이 있는 京橋莊 건물을 철거하려는 결재서류가 올라왔다. 나는 이것은 하나의 역사적인 사건이 일어난 곳이니 보존해야 한다고 보고, 병원은 주변의 땅에 짓되 그 건물과 방은 그대로 두게 하라고 지시했다. 특히 백범만을 위하자는 뜻은 아니었다. 그 후에 거기를 가보니 백범의 방은 병원으로 쓰여지고 있기는 하나 현대식 병원 앞의 그 건물은 그대로 있고, 그 내력을 적은 낮은 비 하나가 세워져 있었다. 그 건물을 헐어 버리는 것보다 그래도 그것이 남아 있어서 주변의 정서를 살리고 있었다. 由緖있는 옛 건물을 막 헐어내고 주저 없이 산천을 훼손하는 국민은 좋은 국민이라고 할 수는 없다. 이렇게 하면서 愛國을 한다? 나는 그럴 수 없다고 본다.

세계경제의 새로운 패러다임*

　경제위기가 가시지 않은 가운데 세계는 새해를 맞았다. 세계 어느 나라를 막론하고 어렵지 않은 경제가 없다. 새해가 되었다고 세상이 당장 달라질 수는 없다. 우리는 心機一轉, 새로운 활로를 찾아야 한다. 그러기 위해서는 이번 금융위기의 원인, 의미, 앞으로의 展望을 행할 필요가 있다.

I

　이번의 금융위기는 자본주의 경제사상 유례없는 사건이었다. 그것은 미국식 금융 모델의 붕괴를 의미하는 것이었다. 自由放任이 敎條的으로 경제정책에 적용될 경우 큰 재앙을 가지고 온다는 것을 보여주었다. 그것은 또 극단적인 자유방임의 폐해를 구제할 수 있는 것은 정부라는 것을 보여주었다. 이번의 위기는 그 본질에 있어 지난 250년 동안의 여느 금융붕괴1)와도 다른 것이었다.

　미국은 남북전쟁 이후 1920년대까지 자유방임 정책을 통해 경제를

---

* 2008년 12월 14일. 未發表.

1) Kindleberger, *Manias, Panics, and Crashes*, 1978, 참조.

세계 정상으로 올려놓은 적이 있다. 그러나 1990년대 이후에는 자유
방임을 가지고는 이미 체제를 유지할 수 없게 되었고, 사실 유일의
초강대국으로서의 지위도 유지할 수 없게 되었다. 자유방임을 경제정
책의 基調로 삼을 수 없다는 것은 케인즈(John Maynard Keynes)가 이
미 1925년에 확실하게 천명했고[2], 자유시장은 정부 없이는 그 기능
을 발휘할 수 없다는 것도 이론상으로 확실히 밝혀진 바 있다.[3]

　이번의 금융위기로 미국 국민은 우리가 상상하는 것보다 훨씬 더
큰 충격을 받았다. '이럴 수가!' 하는 허탈감이었다. 많은 사람들이
신속 과감하게 재정금융의 확대정책을 쓰면 경제가 되살아나고 세상
은 다시 옛날로 돌아온다고 보는 것 같다. 그러나 그럴 수는 없을 것
이고, 또 그래도 안 된다. 내가 보기에는 1990년대 금융이 미국경제
를 주도한 이후부터 미국이 고도성장과 호황을 누린 것은 幻想이었
고, 환상은 再演될 수가 없다.

　오바마 당선인은 앞으로 대대적인 사회간접자본의 확충을 포함하
는 일종의 '신 뉴딜' 정책을 구상하는 것 같다. 우리는 그가 教條的
이 아닌 開明된(enlightened) 자유경제정책을 채택하여 그동안 쌓인 거
시적 미시적 불균형을 바로잡기를 바란다. 동시에 교조적이 아닌 개
명된 국제경제정책을 써서 체제와 배경이 다른 나라들과의 共生을 도
모함으로써 세계경제의 지도력을 확보하기를 바란다. 단숨에 이번 위
기의 모든 것을 한꺼번에 치유할 통치약은 없을 것이고, 어떤 정책을
쓰든 수십 년에 걸쳐 쌓인 積弊를 쾌도난마로 다스릴 수는 없다는 것

---

2) John Maynard Keynes, 'The End of Laissez-faire', in *Essays in Persuasion*, 1930.

3) Karl Polanyi, *The Great Transformation*, 1943.

을 인식하고 인내심을 가지고 꾸준히 바른 길을 가기를 바란다.

Ⅱ

우리나라의 문제를 생각해 보자. 危機는 機會라는 말이 유행하고 있다. 무슨 기회를 말하는가. 방향전환을 옳게 하는 기회이다. 한국은 이제 어차피 경제운영의 패러다임을 다시 짜야 한다. 지금까지의 IMF식 패러다임 — 자유화, 개방화, 민영화, 작은 정부 — 을 무조건 수용하는 패러다임은 시대에 맞지 않는다.

한국은 한국에 독특한 문제를 안고 있다. 세계의 大勢에 조감하여 實事求是의 정신으로 국민의 여망을 수렴하여 開明된 방향을 잡아야 한다. 한국에서는 지난 반세기 동안 성장이냐 분배냐의 선택을 중심으로 많은 논의를 벌여 왔다. 그러나 이 두 가지는 양자택일의 문제가 아니다. 이를테면, 고용의 확대는 성장을 위해서나 분배를 위해서나 똑 같이 중요하다. 굳이 구별한다면, 성장은 기업의 몫이고 분배는 정부의 몫이 크다고 볼 수는 있다. 이제부터는 성장이냐 분배냐 하는 양분적 사고를 탈피하고, 좌파 우파의 편을 가르지 말고, 주어진 현실에서 무엇이 최선인가를 골라내야 한다.

가장 중요한 것은 정부의 능력을 높이는 일일 것이다. 앞으로 이 나라 경제의 문제는 거의 전부 정부의 개입 없이 해결할 수 있는 것이 없다. 그 동안의 세계경제의 패러다임이 작은 정부를 강조한 결과 세계의 모든 정부의 능력은 저하되었다. 우리에게는 아직 정책 당국이 그리는 장래에 대한 비전, 그리고 이를 실현하기 위한 전략이 없다. 우선 앞으로의 진로에 대한 확실한 방향 설정을 해야 한다.

재정금융의 확대를 통해 과감 신속하게 난국을 돌파하라는 요구가 강하다. 그러나 이미 위에서도 지적했듯이, 정부가 아무리 서둘러도 장래에 대한 패러다임의 설정 없이는 효과적인 대책은 나올 수 없다. 우리의 성장동력은 저하되고 있다. 그 이유는 정부의 태도, 기업과 금융의 현실, 국민생활의 관습 등에 문제가 있다는 것을 말해준다. 그 하나하나가 매우 풀기 어려운 것들이며, 이것을 도외시하고 무조건 速度戰을 시도할 경우, 아리랑 고개를 넘어 가더라도 십리도 못 가서 발병이 날 것이다. 신속 과감한 정책집행을 반대하자는 것이 아니다. 재정 금융상의 속도전은 역효과를 내서 문제를 풀기보다는 새로운 문제를 만들어낼 수 있을 것이다.

새로운 패러다임의 수립에 있어 강조하고 싶은 점은, 앞으로는 성장이냐 분배냐의 양분법적인 사고를 탈피하여, 인간을 중요시하는 人本主義的인 시각을 중요시해야 한다는 점이다. 사람의 能力을 기르고, 그 動機를 중요시하고, 사람들의 同意와 협력을 확보하는 것을 고려해서 경제를 운영하는 것이 좋을 것이다. 『大學』에, '정치의 도리는 밝은 德을 밝히고, 국민과 친하게 하는 데 있다(大學之道, 在明明德, 在親民)'라는 말이 있다. 정치의 大本은 국민을 존중하고 사랑하는 데 있다. GDP의 숫자를 중심으로 경제를 운영하는 결과는 항상 좋지 않을 것이다.

새로운 패러다임에서 중요시해야 할 점은 정부나 기업이나 국민이

제1부 寄稿文(2008년) / 243

나 모든 경제주체가 경제의 기본을 지키도록 정책을 시행해야 한다. 경제에는 便法이 없고, 공짜가 없다. 정부의 기본은 浪費를 줄이는 데 있다. 기업의 기본은 生産性을 높이는 데 있다. 국민의 기본은 勤儉節約하는 데 있다. 한국의 경우, 우선 당장 시한폭탄처럼 닥쳐올 문제는 늘어나는 민간의 빚에 대한 대책을 세우는 일일 것이다.

앞으로 內需를 늘리고 경제의 輸出 의존도를 늘리지 말아야 한다. 수출은 앞으로도 계속 중요하지만, 경제의 수출 의존도를 이 이상 늘리는 것은 좋지 않다.

새해의 德談이 적은 것 같지만, 내용 없는 巧言보다는 솔직한 말이 좋은 덕담이 될 수 있으리라고 보고, 생각나는 대로 몇 가지 말을 했다. 독자들의 海諒을 빈다.

2009년

성장과 복지의 調和로 새 출발을 하자
나의 교육과 인생
국가운영의 틀을 사람 위주로 바꾸자

성장과 복지의 調和로 새 출발을 하자[*]

I

내가 받은 제목은 '성장과 분배의 갈등 해소'이다. 개발년대부터 지금에 이르기까지 成長優先論과 分配優先論 사이의 갈등이 치열하게 전개되고 있다. '進步' 주의자들은 분배를, '保守' 주의자들은 성장을 외침으로써 국론이 분열 양상을 띠고 있다. 나는 이 글에서 격렬한 감정을 담은 추상적인 分配(distribution)라는 표현보다는 보다 구체적이고 현실적합성이 높은 福祉(welfare)라는 표현을 쓰고자 한다.

성장률은 높으면 높을수록 좋다는 것이 상식처럼 되어 있다. 그러나 앞으로 상당기간 동안 한국을 포함한 세계경제의 高度成長은 기대하기 어려울 것으로 나는 본다.

복지는 국민 개개인에게 일정 수준의 생활을 보장하는 목표를 말한다. 성장이 어려워지면 질수록 복지 향상을 위한 지출은 늘어나지 않을 수 없게 될 것이다.

경제발전 초기에 있어서는 성장이 강조되는 것이 보통이다. 경제

---

[*] 2009년 1월 『국회보』에 기고한 글임.

가 발전함에 따라서 성장과 복지의 구별이 흐려진다. 고용을 증대시키는 교육·의료 등의 서비스를 확충하는 정책은 성장정책인 동시에 복지정책이다. 빈곤층·노인·장애자 등의 생존을 돌보는 정책은 현대 국가가 책임져야 하는 복지정책이다. 이것이 없다면 성장의 보람이 없다.

Ⅱ

지금은 글로벌 시대인지라 미국의 문제가 곧 세계의 문제이며 동시에 우리의 문제이다. 미국과 세계경제의 대세를 도외시하고 우리 경제의 앞날을 논할 수 없다.

미국 발 '金融'危機는 당초의 예상과는 달리 금융만의 위기가 아니고 自由放任의 경제모델의 파탄을 의미한다. 자유방임 패러다임의 파탄이 글로벌 규모의 人工地震을 만들어냈다. 그 지진은 아직 끝나지 않았으며, 앞으로 많은 餘震이 있을 것이 예상된다.

미국 발 글로벌 인공지진은 무엇을 가지고 올 것인가. 첫째, 자유방임 경제의 모델이 무너져서 경제의 패러다임 轉換(paradigm shift)이 불가피하게 됐다. 둘째, 경제 파탄을 구제하는 책임을 정부가 맡았고 이제부터는 정부의 역할이 커졌다. 셋째, 새로운 패러다임이 정착되기까지는 오랜 시일이 걸리리라는 점 등이라 생각된다.

인공지진의 원인은 1990년대부터 미국의 경제정책이 均衡을 잃은데 있다. 경제정책이 금융에 치중된 나머지, 경제의 핵심이 되어야

할 거시, 미시, 對外收支 및 산업 등의 실물부문은 경제정책의 死角
地帶로 밀려남으로써 소득의 양극화, 중산층의 몰락, 실물부문의 부
실이 一般化되었다.

위기극복을 위해 신속´과감한 재정금융의 확대정책을 써야 한다고
주장하는 소리가 높다. 위기관리 차원에서는 이 주장은 타당하다. 그
러나 경기부양으로 부실기업을 褒賞하고 낡은 패러다임을 온존시킨다
면, 경기가 살아나겠는가. 앞으로도 계속 신속 과감한 경기부양이 반
복된다면, 더욱 많은 餘震이 일어날 것이다.

글로벌 경제체제는 유지돼야 할 것으로 보이지만, 그 내용은 서서
히 그러나 확실히 달라질 것이다. 무차별적인 자유방임은 자취를 감
추고, 산업보호를 포함한 國家主義가 강화될 것이다.

Ⅲ

한국경제의 기본체력은 튼튼하다고 보는 견해가 있다. 그러나 이것
은 진실과는 거리가 멀다. 오래 전부터 한국경제에는 여러 면에서 不
均衡이 심화되어 국제경쟁력이 추세적으로 떨어지고 있다. 한국은 경
상수지가 적자인 동아시아 유일의 나라이다. 이것이 글로벌 지진을
맞음으로써 혹독한 어려움을 당하고 있다. 환율 급등은 그 중 한 가
지에 불과하다.

위기는 기회라는 말이 유행하고 있다. 무슨 기회를 말하는가. 다시
고도성장을 회복할 기회를 말하는 것이라면, 아마 실망할 것이다. 지

금의 취약한 체질을 강화하는 새로운 패러다임을 만들어내는 기회라야 한다. 지금까지의 IMF식 패러다임 — 자유화, 개방화, 민영화, 작은 정부 — 을 그대로 수용하면서 성장촉진을 도모한다면, 위기는 반복될 것이다.

정부가 경제의 方向舵를 잡은 이상 정부의 능력을 높이는 일이 가장 중요하다. 정부의 크기가 문제가 아니라 능력이 있느냐 없느냐가 문제이다. 유능한 정부 없이 자유시장만으로 경제가 잘 될 수는 없다.

세계경제가 어디로 가든, 가능한 成長과 安定을 동시에 확보하는 장래의 비전, 그리고 이를 실현하기 위한 기본방향을 찾아야 한다. 고정관념을 탈피하여 앞으로의 방향을 설정해야 한다.

불가피한 저성장을 감내하고 경제의 안정을 확보하는 방안을 강구해야 한다. 이것이 경제를 살리는 길이다. 성장이냐 분배냐 하는 양분적 사고를 탈피하고, 좌파 우파의 편을 가르지 말고, 人工地震의 피해를 최소화해야 하며, 餘震을 미연에 방지해야 한다.

재정금융의 확대를 통해 과감 신속하게 難局을 돌파하라는 요구가 강하다. 그러나 아무리 빨리 뛰어도 목적과 방향이 잘못되어 있다면 소용이 없지 않을까. 낡은 패러다임을 가지고 무조건 速度戰을 시도할 경우 지진이 또 일어날 것이며, 그럴 때마다 경제는 약화될 것이다.

새로운 패러다임은 GDP의 숫자보다는 인간을 중요시하는 人本主

義的인 視角을 중요시해야 한다. 사람들의 능력을 기르고, 그들의 동의와 협력을 확보하는 것을 경제운영의 기본으로 해야 한다. 무릇, 정치의 大本은 국민을 사랑하는 데 있다. 和合의 政治 없이 경제난국을 돌파할 길은 없다.

정부, 기업, 국민 등 모든 경제주체가 過慾을 버리고, 경제의 기본 —근검, 절제, 균형 등— 을 지켜야 한다. 경제에는 편법이 없고 공짜는 없다. 정부, 기업, 개인이 모두 자기의 몫을 다해야 한다.

우선 당장 시한폭탄처럼 닥쳐올 문제는 늘어나는 민간의 빚에 대한 대책을 세우는 일일 것이다. IMF사태는 소수의 기업이 과다한 빚을 짐으로써 일어났다. 지금은 개인이 과다한 빚을 지고 있어서 이것이야말로 신속 과감한 대책을 기다리고 있다.

이 이상 경제의 輸出 의존도가 늘지 않도록 內需를 개발해야 한다. 수출은 앞으로도 계속 중요하지만, 수출 의존도가 계속 늘어난다면 경제의 불안정은 견디기 어려워진다.

나의 교육과 인생*

    사람의 一生이란 배우는 과정이다. 책에서만 배우는 것은 아니다. 일상생활에서 보고 듣고 느끼면서 생각과 행동의 방향을 잡는 것, 그것이 배우는 것이다. 잘 배우느냐 못 배우느냐의 차이는 있지만, 산다는 것 자체가 배우는 과정이다.

    내가 살아온 지난 80여년은 격변의 시대였다. 다양한 학교교육을 받았다. 일본학교, 한국학교, 미국학교를 다녔다. 독특한 가정교육을 받았다. 이 네 가지 교육은 각기 다른 문화적 배경 위에 서 있다. 내게는 자연히 이 네 가지 문화가 자리잡고 있다.

    일제시대 때 초등학교와 중학교에서 일본교육을 받았다. 한국 학교에 다녔으나 선생은 대부분 일본인이었기 때문에 일본교육을 받은 것이다. 그 교육은 크게 보면 皇國臣民을 만들기 위한 교육이었지만, 일본인 선생 중에는 성의를 다하여 학생을 가르친 이도 많았다. 나는 그 학교에서 고급 수준의 日本語의 口語體, 文語體를 배웠다. 지금도 똑같은 내용의 책이라면, 한글 책보다는 일본 책이 내게는 훨씬

---

* 2009년 9월 25일 『조선일보』 칼럼에 기고한 글임.

편하다.

나는 일본의 帝國主義는 배격하지만 내가 일본어를 알게 된 것은
다행이라고 생각한다. 그 이유 중의 하나는 일본의 서점들이 내가 읽
고 싶은 英語 이외의 외국어로 된 新刊을 항상 잘 번역하여 공급해
주는 데 있다. 신간뿐만이 아니다. 동서양 고전의 번역 역시 日譯은
대체로 정확하고 수준이 높아서 좋다.

중학교 4학년 때 학교를 그만두고, 先親으로부터 漢文을 배웠다.
일본은 패할 것이고, 패전 전에 학교에서 너희들에게 무슨 짓을 할지
모르니 강릉에 내려와 있으라는 선친의 판단에 따른 것이다. 선친은
고루한 면이 전혀 없는 開明한 분이었다. 강릉 집에 있는 동안 선친
은 나에게 한문의 기초를 가르쳐주었다. 그것은 선친이 나에게 물려
준 가장 귀중한 유산이었다. 그것을 통해 나에게는 아시아 반만년의
역사와 문화를 접할 수 있는 어느 정도의 능력이 생겼고, 훗날, 미국
과 서양에 대해 나름대로 균형있는 시야를 갖게 해주었다. 나는 최근
이승만 박사의 漢詩集을 입수하여 읽었다. 젊었을 때 그의 漢文 실력
이 대단히 높은 수준에 있었다는 것을 확인하고 나는 깜짝 놀랐다.
50년대 후반부터 그는 漢詩를 포기한 것 같은데, 그의 정치적인 행보
와도 무관하지 않은 것 같아 아쉬웠다.

나는 나이가 30이 된 1957년, 미국 동부 메인주의 작은 대학
Bowdoin College에 1학년생으로 입학했다. 단풍으로 빨갛게 물든 교
정에 가을비가 내리고 있었다. 안내자가 인도하는 대로 조그만 가방
하나를 들고 내 방에 들어가니, 거기에는 깨끗한 침대에 침구가 준비

되어 있었다. 룸메이트는 랜킨이라는 2학년 학생이었다. 나는 그 후 매년 기숙사 방을 옮겼는데, 방을 옮길 때마다 그 침구를 가지고 다녔다. 학교의 배려에 의해 나는 4년의 과정을 3년에 마치고 졸업했다. 졸업 날, 이제는 구면이 된 랜킨 군의 부모가 와서 나의 조기 졸업을 축하하면서 내가 사용하던 침구를 가지고 갔다. 나는 3년 동안 그것이 랜킨 군의 부모가 나에게 빌려준 것인 줄을 전혀 모르고 있었다. 나는 이 학교 3년 동안 이와 같은 감동적인 일들을 많이 겪었고, 버클리 대학원 당시에도 이와 비슷한 일이 꽤나 있었다.

미국대학 學部에서 나는 經濟學을 전공했다고는 하나, 내가 이수한 경제학 과목은 네 개뿐이었다. 버클리에서 박사학위를 받기는 했으나, 그 당시 내가 배운 과목 중에 나에게 감동을 준 것은 솔직히 없었다. 모두 學位를 받기 위한 것이었기 때문이다. 내가 감동을 받은 것은 내가 혼자서 읽은 책들에서였다. 나는 경제학의 巨星들의 著作들을 혼자서 이것저것 많이 공부했다. 읽을 때마다, 이들이 모두 일면의 진리를 담고는 있으나, 경제학에는 時空을 초월한 만고불변의 진리는 거의 없다는 것을 느꼈다. 경제학이 아무리 物理學처럼 되려고 해도 그것은 무리이다. 그렇게 돼서도 안 된다.

지금 회고해 보면 60년대까지는 케인즈의 전성시대, 70년대는 인플레와 通貨論者들의 시대였다. 80년대는 레이거노믹스의 대두, 90년대는 소련의 붕괴와 IT혁명에 힘입은 '新經濟'라는 幻想의 시대였다. 2000년대는 신자유주의와 신보수주의가 테러와의 전쟁과 맞물려서 미국의 세계전략이 차질을 빚기 시작한 시대이다. 그 負의 遺産을 물려받은 오바마 시대는 어떤 것이 될지 아직은 불확실하다.

金融危機가 나타났을 때, 그것은 금융위기가 아니라 經濟危機라고 보았다. 그것은 아주 크게 보면 文明의 危機이기도 하다. 대량생산, 대량소비, 대량폐기를 경제발전이라고 구가하면서 고용의 감소, 중산층의 몰락, 사회의 양극화, 지구의 온난화를 가지고 오는 文明, 여기에 위기의 뿌리가 있다. 지난 1년 동안 세계는 케인즈를 들먹이면서 재정금융의 확대에 전력을 기울여왔다. 그 결과 금융부문이 활성화되고 있다. 實物 部門에서는 아직 케인즈 효과는 나타나지 않고 있다. 금융의 잘못으로 녹초가 된 국민의 돈으로 금융을 살리고 있다. 계속 재정금융을 풀면 實物이 활성화되기 전에 인플레가 나타날지도 모른다. 出口戰略은 언제 나올 것인가. 세계는 케인즈에만 매달리고 있으니, 걱정이 된다. 어쨌든, 나는 쉬지 않고 배우고 있다.

국가운영의 틀을 사람 위주로 바꾸자[*]

지난 연말 우리나라에는 좋은 일이 많았다.

그 중에서도 특히 아랍에미리트(UAE)에서 400억 달러 원전 수출이 이루어졌다는 것은 엄청난 뉴스였다. 프랑스를 물리쳤다니, 격세지감을 금할 수 없었다. 우리의 실력이 상승한 것은 가슴 설레는 일이었다. 그에 못지않게 유럽의 대국 프랑스의 位相 沈下가 많은 것을 일깨워 준다. 세상은 번개같이 빠르게 달라지고 있다.

용산 참사의 후유가 타결되었다는 것은 작은 일 같지만, 실은 큰일이었다. 멀고 멀었던 두 마음이 합쳐졌다는 것, 이것이 중요하다. 이런 일이 쌓임으로써 나라가 좋아진다.

이에 비해 국회가 보여주는 그림은 달랐다. 거기 분들은 모두 다 민심을 읽는 전문가들인데, 쌍방이 다 그런 모습을 보여야 민심을 얻으리라고 본 것이 아니겠는가. 국회의 모습이 바로 우리의 自畵像이라 생각하니 마음이 어둡다.

---

[*] 2009년 12월 26일 『매일경제신문』에 기고한 글임.

어느 쪽이 우리의 正體인지 알 수는 없다. 분명한 것은 우리나라는 좀 더 기초를 닦아야 한다는 것이다. 기초는 무엇인가. 그것은 사람이다. 나라의 기초는 그 나라 사람의 마음과 능력이다.

新年을 맞아 나는 우리나라가 사람을 소중히 여기는 나라가 되기를 원한다. GDP 성장률도 중요하지만 정작 중요한 것은 GDP보다도 사람이다.

모든 일은 사람이 한다. 사람은 나라의 근본이며 목적이다. 物量을 늘리기 위해 무리를 할 것이 아니라, 사람을 아껴서 그들의 氣를 살려야 한다. 나는 앞으로 국정의 중점이 사람을 기르고 쓰는 데에 두어져야 한다고 생각한다. 사람을 중요시해야 민주주의 정치가 성공하고, 경제의 균형발전이 이루어지며, 사회정의가 살고, 교육이 인재를 기를 수 있다.

경제정책의 중점은 1인당 소득증대보다도 고용증대에 두어져야 한다. 소득이 높아도 실업이 많은 나라는 좋은 나라일 수가 없다. 반면에 소득이 낮아도 실업이 적은 나라는 좋은 나라이다.

재정수단을 동원해서 고용을 늘리는 방법은 단기적으로는 유효할 수 있으나 그 방법은 오래 가지 못한다. 장기적으로 고용을 늘리기란 쉽지 않다. 경제발전은 노동절약적인 기술발전 없이는 이루어지지 않기 때문에, GDP가 증가하면 고용은 오히려 감소한다. 그것이 글로벌 경제의 가장 큰 문제이다. 작년 말, 우리나라 유수 기업들이 일제히 종업원으로부터 명예퇴직 신청을 받았다. 금년 GDP성장이 5%가 된다는데, 기업은 일자리를 줄이고 있는 것이다.

노동시장의 유연성을 늘여서 日傭職의 고용을 통해 실업률을 감소시킬 수는 있지만, 일용직을 계속 늘리는 것은 좋은 인력정책이 아니다. 한편으로는 인력을 많이 쓰는 업종을 만들어내야 하며, 다른 한편으로는 경제사업 이외의 사업을 많이 만들어, 이런 사업에 대한 인력 공급을 늘려야 한다. 산업경제의 모순을 극복하는 일은 쉽지 않지만, 우리는 그런 방도를 찾아내야 한다.

오바마 대통령이 무엇이라고 하든, 우리나라 교육은 길을 잃고 헤매고 있다. 대학이 너무 많아서 쓸데없는 '高級' 인력이 양산되고 있다. 반면에, 목표와 철학이 분명치 않은 대학이 많아서 사회를 이끌어갈 엘리트를 길러내지 못하고 있다.

가정, 학교, 사회에서 아이들에게 무조건 부자가 되어야 한다고 가르치면서 人性과 道德은 도외시한다. 獨島를 우리 땅이라고 외치고 중국의 동북공정을 비난하면서도 歷史는 가르치지 않는다.

세계경제 발전의 중심이 되고 있는 동북아시아의 중심국가가 된다고 호언하면서도, 알토란 같은 젊은이들을 漢字文盲으로 만들고 있다. 우물 속에 앉아서 하늘을 보는 格이 아닐까.

아이들이 말을 함부로 만들어내니, 아이들과 어른의 말이 달라지고 있다. 아파트의 이름은 거의 모두 외국어 낱말로 바뀌고 있다. 말로는 한글이 세계 최고라고 하면서도 속으로는 한글이 창피하다는 것인가.

젊은 세대에 理想과 野性的 勇氣(animal spirit)가 충분한지 모를 일이다. 小成에 만족하지 않고 미래에 도전하는 氣魄이 있는가. 자연계의 최고 수재는 醫科로 가니, 과학기술이 잘 되겠는가. 인문계의 최고 수재는 法科로 가고 文史哲은 외면하고 있으니, 知性과 德性을 어떻게 기르겠는가.

세계의 모든 나라가 국가경영의 새로운 패러다임의 도입을 필요로 하고 있다. 나는 한국은 높은 차원의 '人力計劃'이 필요하다고 본다. 정부가 교육을 통제하라는 말인가. 그것은 아니다. 제대로 된 교육자가 있다면 교육은 교육자에게 맡겨야 한다. 나라의 인력을 개발하고 시대의 대세에 부합하도록 인력수급의 기본 틀을 마련하는 것은 정부의 몫이다. 인력의 양성과 사용을 전적으로 자유시장에 맡기거나 공무원의 재량에 일임해서는 안 된다.

| 제 2 부 |

강연 요지

·
·
·
·

中國이 보인다, 아시아가 보인다, 세계가 보인다.*

지금 전세계가 격동하고 있다. 소련이 붕괴한 후로 미국 一極體制下의 세계는 '歷史의 終焉'을 告하리라고 전망한 사람도 있다. 그러나 이와는 달리, 21세기에 접어든 후로 역사는 끝나기는커녕 세계는 오히려 더 빨리, 더 새롭게 변화하고 있다.

I. 中國이 보인다

첫째, 중국을 보라. 여러분은 무엇을 보는가. 나는 무엇보다도 하나의 奇蹟을 본다. 13억의 인구를 가진 나라가 있다는 것이 기적이 아니고 무엇인가. 19세기 중엽부터 갈래갈래 찢긴 老大國이 다시 통일되더니, 大躍進, 文化革命을 거쳐 開放·改革으로 二轉三轉한 것도 기적이었고, 지난 20년 동안 年平均 9%대의 성장을 이룩한 것도 소련과 동유럽 나라들과 비교할 때 기적이라고 하지 않을 수 없다.

1978年 開放改革 路線이 천명된 이후로 엄청난 우여곡절을 겪으면서도 중국은 主要 物資 不足國의 처지를 벗어났다. 1999년에는 여러 가지 物資의 초과공급 상태에 접어들어 物價가 떨어지고 投資가 줄

---

* 2001년 5월 18일 중국 청도투자기업인 초청 포럼에서 행한 강연 요지임.

고, 外資導入도 不振해지는 등 deflation의 조짐이 보였다. 그러나 그 다음해 2000년에는 西部地域 개발과 소비지출 장려, 腐敗 一掃 등의 정책으로 경제가 다시 活力을 되찾는 것을 보고 적지 않게 놀랐다.

중국경제의 문제는 한두 가지가 아니지만, 나는 朱鎔基 총리가 말한 대로 앞으로 상당기간 동안 年平均 7% 대의 성장을 달성할 것이며, 2010년에는 지금의 GDP의 倍를 무난히 달성할 것으로 생각한다. 유럽의 전문가들 사이에는 중국경제에 대해 이보다 훨씬 더 낙관적으로 보는 사람들도 많다. 2020년까지는 日本의 경제규모를 확실히 따라잡고, 머지않아 미국을 따라잡는다는 전망도 있다. 그러나 나는 중국의 경제발전은 아직도 아주 初期 段階에 있고, 앞으로 名實相符한 경제대국이 되자면 긴 '長征'을 겪어야 한다고 본다.

나는 중국과 같은 나라의 경제를 西歐式 경제분석만으로 이해할 수는 없다고 본다. 마치 중국의 정치와 문화를 서구식 이론만을 가지고 평가할 수 없는 것과 같은 이치이다. 서구식 경제학자가 경제발전 문제를 생각할 때는 언제나 소득과 저축, 투자, 자본, 노동, 국제수지 등의 經濟變數를 중심으로 분석을 시도한다. 나는 이런 분석보다도 훨씬 더 중요한 것은 그 나라 사람들에 관한 고찰이라고 생각한다. 따라서 중국 경제를 생각할 때에는 중국 사람들이 어떤 사람들인가를 알아야 한다고 본다.

중국의 어떤 사람들을 보라는 말인가. 첫째, 나라의 최고 지도자들, 둘째, 각 지방의 지도자들, 셋째, 기업인과 학자들, 넷째, 일반 국민들을 말한다. 이러한 관점에서 중국의 최고 지도자들을 볼 때,

모두 다년간 지방과 중앙의 정치·행정에 종사하는 과정에서 능력을
검증받은 유능한 人材들이다. 이들은 중국의 장래에 관한 遠大한 비
전과 現實性 있는 戰略을 성공적으로 추진함으로써 국민의 기대에 부
응하고 나라를 안정적으로 영도해 왔다.

78年 이후로 많은 우여곡절을 겪으면서도 지방의 지도자들은 모두
유능한 젊은이들이다. 가끔 부패한 사람도 있지만, 이들은 대부분 모
두 능력과 전문지식을 검증받은 사람들이다.

가장 劃期的인 사실은 長期 執權의 타성을 물리치고 새 시대를 여
는 돌파구를 마련하고자 2002年 가을부터는 中央 지도자들은 모두 물
러나고 2003年부터 전반적으로 중국 지도부는 대폭 젊어지도록 되어
있다. 이와 같이 후계의 시기가 미리 정해지고 權力承繼의 룰이 客觀
化되고 있다는 사실은 지금까지 '共産' 국가에서는 볼 수 없던 특이
한 일이다.

지도자에 못지 않게 중요한 것이 일반 국민의 性向이다. 중국 국민
들은 어려운 일을 당하면서도 큰 不平 없이 忍耐心을 가지고 지도자
들의 방침에 따름으로써 나라의 발전에 결정적인 역할을 수행해 왔다.

중국의 경제경영 방식에는 눈에 띄지 않는 創意性이 있다는 것을
看過할 수 없다. 중국은 수천 년의 역사를 통하여 엄청난 帝國을 몇
번이고 만들어 낸 경험이 있고, 異民族의 지배를 받으면서도 文化의
힘으로 정복자들을 同化한 특이한 과거를 가지고 있다. 지금의 중국
의 創意力의 원천은 이러한 歷史的 경험에 있다고 본다. 중국의 국가
경영 방식에는 중국인의 경험과 상식에 맞는 合理性이 자리잡고 있기
때문에 중국인들은 지도자들이 創案한 국가경영의 方式을 거부감 없
이 자기의 것으로 받아들일 수 있는 것이다.

중국에는 훌륭한 企業家들이 있고 企業情神도 풍부하다는 것이 중국을 잘 아는 서양인들의 공통적인 관찰이다. 나는 중국의 企業 패턴은 臺灣에서와 같은 방향으로 발전하지 않을까 생각한다. 즉, 처음에는 가족 단위의 소규모 기업으로부터 시작하지만 점점 커짐에 따라 內實이 있고 加速的으로 실력이 붙는 패턴으로 되지 않을까 생각한다. 중국인에게는 集團意識도 있지만 그들 특유의 個人主義도 있기 때문에, 그 국민성은 情報化 時代가 필요로 하는 個人企業에 유리한 측면이 있다고 생각된다.

중국의 科學技術 水準은 어느 정도인지를 평가할 능력은 나에게 없지만, 내가 읽은 믿을 만한 연구에 의하면 1966~1976年의 십 년 동안의 文化大革命의 空白期를 겪으면서도 현재 중국의 理工學部의 學生 數는 서구 제국의 그것을 합한 수보다 많다고 하며, 淸華大學이나 北京大學의 교육내용은 세계 일류 수준이라고 한다.

중국경제 발전을 뒷받침하는 보다 경제적인 요인은 무엇인가. 외국인과 해외에 거주하는 중국 교포들의 직접투자는 중국의 경제 발전에 큰 기여를 했고 앞으로도 그럴 것이다. 중국은 미국 다음으로 외국투자가들의 투자 대상국으로 選好되고 있는데, 그 이유는 이 나라의 경제전망에 대해 낙관적으로 보고 있기 때문이다. 특히 중요한 것은 東南亞 나라들에 거주하는 華僑들의 역할이다. 2000年 말 현재 2,900萬 名에 달하는 동남아 5개국(태국, 말레이시아, 필리핀, 싱가포르, 인도네시아)의 華僑들은 이 나라들의 전체 인구의 6%밖에 안 되지만 이들이 가지고 있는 富는 전체 民間 法人企業 자본의 70%에 달하고 있다. 이들의 자본동원 능력은 생각보다 훨씬 큰 것으로서, 이들의 母國 투자는 중국의 경제발전에 결정적인 기여를 하고 있다.

중국의 경제발전에 걸림돌이 되는 요인도 많고 그것을 알면 알수록 도저히 극복할 수 없을 것만 같은 느낌이 들 수도 있다. 우선 국가소유 기업체들의 非效率性은 누구나 다 아는 일이다. 그러나 1997年 10月 제15次 黨大會에서 '큰 것은 잡아두고, 작은 것은 처분' 하는 원칙이 천명됨에 따라 약 1,000개의 큰 企業은 業種에 따라 여러 개를 統合 合倂하여 마치 한국의 재벌그룹처럼 만들고 작은 기업은 매각한다는 방침이 추진된 후로 국유기업 처리에는 많은 진전이 있는 것으로 알고 있다. 또 국가소유 기업이 만들어내는 損失을 줄이기 위한 年次計劃을 수립하여 엄격히 준수하도록 함으로써 이 기업들의 손실은 크게 줄고 있다고 한다.

중국의 경제발전에 큰 걸림돌이 될 것은 石炭·石油 및 天然가스의 사용으로 말미암은 공기오염 및 水資源의 절대부족이다. 전자에 대해서는 중국 당국이 水力 및 原子力 발전으로 어느 정도 해결될 수 있다고 생각되나 後者, 특히 華北 地方에 있어서의 河川의 枯渴, 늘어나는 沙漠化 현상 등은 엄청나게 심각한 문제가 될 것으로 보인다. 이 문제를 해결하기 위하여 중국은 앞으로 楊子江 물을 運河를 통하여 黃河로 연결하는 구상을 하고 있다는 보도를 보았는데, 중국은 水資源 문제를 해결하는 데에 萬里長城이나 大運河 건설과 같은 엄청난 인프라를 마련하여야 할 것으로 보인다.

이밖에도 奧地 개발 문제, 都農격차 문제, 失業문제, 부패방지 문제, 財産權정비 문제, 中央政府의 財政能力이 상대적으로 약화되는 문제 등이 山積해 있다. 나는 중국이 이런 문제들을 능히 해결할 수 있으리라 믿는다.

이런 個別的인 문제보다도 중국 지도자들이 염려해야 할 것은 세계 속에서의 중국의 위치와 역할, 경제, 정치 등에 대한 장기적 비전과 그 비전을 실현시킬 수 있는 전략이라고 본다.

최근 들어 중국이 당면하고 있는 가장 어려운 문제는 미국과의 관계가 아닌가 생각된다. 미국에 신행정부가 등장한 이후로, 미국의 對中國 政策은 중국을 戰略的 競爭國으로 규정하고 軍事 및 外交의 힘으로 중국을 壓迫하는 방향으로 치닫고 있다. 이러한 정책을 펴는 동기가 어디에 있는지는 알 수 없으나, 추측컨대 (1) 레이건 대통령 때 미국의 군사적 압박이 소련의 붕괴를 촉진시켰듯이 중국에 대해서도 군사적으로 압박하면 중국의 추락을 가지고 오리라는 기대와, (2) 미국과 異質的인 가치관 및 文化를 가진 나라가 미국과 比肩할 만한 국력을 가지게 되는 상황을 心理的으로 용납할 수 없는 强者의 傲氣가 작용한 것으로 생각된다.

미국의 도전으로 중국은 단기적으로는 많은 어려움을 겪게 될 것은 확실하다. WTO 가입의 좌절, 올림픽 개최의 좌절, 臺灣의 도전 등이 중국의 발전에 걸림돌이 될 수도 있을 것이다. 그러나 이러한 밖으로부터의 挑戰은 오히려 중국의 발전과정에서 중국이 필요로 하는 숨고르기의 기회를 줄, 轉禍爲福의 계기가 되리라 생각한다. 모든 것이 너무 순조로우면 중국은 고도성장을 달성하겠지만 그 대가로 중국경제는 地域間, 階層間, 産業間의 均衡을 잃고, 自體調整能力을 완전히 상실할 위험도 있을 것이다.

나는 평소 중국경제 발전의 의의가 어디에 있는가에 관해 여러 가지 생각을 해 왔다. 중국은 앞으로 머지 않아 미국을 따라잡아 세계 제1의 경제대국이 된다고 믿는 사람도 있다. 鄧小平은 2050년이 돼야 비로소 中進國의 앞자리 정도에 설 수 있다고 말한 적이 있다. 그러나 빠르든 느리든, 중국이 미국이나 일본과의 경제성장 경쟁에서 '승리'를 거둔다 한들 그 자체가 대수로울 것은 없을 것이다. 「殷鑑不遠」이라, 이웃나라 일본을 보면 좋을 것이다. 성장 경쟁에서 이김으로써 일본은 경제대국이 되었지만, 그 의미가 어디에 있는가. 자기 나라를 좋은 나라로 만든 것도 아니고, 세계의 발전을 위해 남의 모범이 될 만한 普遍妥當한 모델을 보여준 것도 없었다.

중국은 앞으로 경제성장 경쟁에만 몰두하지 말고 이 나라가 궁극적으로 어떤 나라가 될 것인가를 생각해야 한다고 보며, 중국의 지도자들도 그것을 염두에 두고 있으리라 믿는다. 중국경제 발전에 의미가 있으려면, 상당한 경제발전을 이룩하면서도 環境과 自然이 보존되고, 건전한 도덕과 倫理가 있고, 勝者만이 살아남는 것이 아니라 모든 사람이 다 제각기 최소한의 陽地를 나누어 가질 수 있는 발전모형을 만들어내야 할 것이다. 强者만 살아남는 適者生存의 모형이 아니라 大同社會를 이룩하기 위한 調和와 均衡의 모형을 만들어내는 데에 중국 발전의 의의를 찾아야 할 것이다.

Ⅱ. 아시아가 보인다

여러분은 이곳 靑島에서 우리나라, 일본 그리고 동부 아시아를 볼 때 무엇이 보이는가. 나에게는 우선 무엇보다도 혼란과 좌절이 보인다.

IMF가 아시아를 강타하기 전까지만 해도 21세기는 아시아의 세기라는 말에 說得力이 있는 것 같았다. 그러나 지금은 그런 소리가 다 사라졌다. 앞으로도 그런 소리는 나오기 어려울 것이다. 일본, 한국, 북한, 아세안 등 모두 亂氣流에 휩싸여 있다.

우선 經濟大國 일본을 보자. 일본은 2차 대전에 敗北한 후로 安保와 外交는 미국에게 맡기고 경제발전에 국력을 기울인 결과 세계 제2의 경제대국이 되었다. 1980年代 末까지만 해도 일본은 국민경제 次元에서는 政·官·財의 국가경영 방식이 기업경영 次元에서는 年功序列·終身雇傭 등의 기업경영 방식이 세계적으로 칭찬을 받았다. 그러나 90년대 초부터 이른바 globalization의 시대에 접어들면서 일본경제는 活力을 잃기 시작하여, 잃어버린 10년(lost decade)이라는 선진권에서는 볼 수 없는 장기침체의 늪에 빠진 채 아직도 헤어나지 못하고 있다.

거시적으로나 미시적으로나 일본경제는 많이 약화되었다. 선진국 중에서 가장 적은 재정적자, 가장 낮은 失業率, 가장 均衡的인 소득분배, 가장 깨끗한 公務員像 등 일본이 자랑하던 것이 이제 사라져가고 있다. 일본경제가 이렇게 나빠지자 일본경제를 그렇게도 칭찬하던 경제학자, 정치학자들이 이제는 입을 모아 일본의 경제구조, 경제운영, 산업구조, 기업운영 등을 폄하하기 시작했다. 政·官·財의 유착관계, 종신고용제, 연공서열제가 이제는 칭찬의 대상이 아니라 공격의 대상이 되었다.

정치 리더십이 없어서 그렇게 되었다는 소리가 높다. 그러나 내가 보기에는 역대 일본 首相들은 탁월한 사람들은 아니었을지언정 그리

못난 사람들도 아니었다. 그들은 경제에 대해서는 미국의 정부나 학자들이 주장한 것을 궁극적으로는 다 받아들였다. 그들의 권고에 따라 추진한 円高 정책의 결과로 일본은 거품경제를 만들어냈고, 그것을 치유하기 위하여 그들이 권고한 內需振作 정책을 집행한 결과 재정에 있어서는 정부의 부채가 GDP의 180%에 달하는 상식적으로 생각하기 어려운 수준에 달하게 되었으며, 금융에 있어서는 금리가 0%라는 역시 상식적으로 생각하기 어려운 현상이 벌어지고 있다. 그러나 세계 어디에도 없는 경기부양책에도 불구하고 일본의 경기는 꿈쩍도 하지 않고 있다. 사실 일본이 서구 제국의 정책 권고에 충실히 따르다가 결과적으로 실패하고 만 것은 아이러니가 아닐 수 없다.

구미의 학자들과 언론은 이제 일본경제의 구조개혁을 탓하기 시작했다. 서구의 論調에 민감한 일본은 드디어 개혁을 외치는 小泉純一郎을 首相으로 뽑았다. 그의 철학은 지금까지 보도된 바에 의하면 정치적으로는 右傾, 경제적으로는 財政ㆍ金融의 구조개선, 그리고 安保的으로 보다 自主的인 국방, 外交的으로는 미국 추종인 것 같지만 아직 그가 추진하는 戰略이 구체적으로 어떤 것인지 확실히 드러나지 않고 있는 상태이다.

小泉씨는 앞으로 그가 주장하는 改革政策의 추진 과정에서 몇 개의 矛盾에 부딪치게 될 것 같다.

경제에 관해서는, 그가 주장하는 財政의 健全化, 금융의 正常化 등은 모두 필요한 개혁이기는 하지만 일본경제의 活性化에는 도움이 될 수 없으리라는 것이 그가 당면하는 큰 矛盾일 것이다.

국내정치에 관해서는, 自民黨의 파벌을 없앤다는 그의 소원과 파벌로 생긴 당이 바로 自民黨이라는 현실 사이에는 해결하기 어려운 모순이 있을 것 같다.

국제정치 및 外交에 있어서는, 일본이 東아시아 地域에서 보다 獨自的인 外交 및 軍事上의 역할을 하겠다는 首相의 의욕과 外交의 기본 路線은 미국의 그것을 벗어날 수 없다는 입장 사이에는 메우기 어려운 균열이 있을 것 같다. 이 모순은 이미 왜곡되어 있는 일본 국민의 의식을 앞으로 더욱 더 歪曲시키지 않을까 걱정된다. 우리는 오히려 일본이 지난날의 歷史上 과오를 진정으로 인정하고 한국이나 중국 등의 이웃 나라들과의 유대를 바로 설정하는 것이 일본의 正體性을 바로 세우고 經濟를 활성화하며 국민 의식을 正常化하는 데 필요하다고 생각한다.

우리 한국은 아시아의 4龍 중에서 유일하게 IMF를 맞았다. IMF의 구제금융을 받았다는 사실은 단순한 不名譽가 아니고, 우리 경제에게 항구적인 깊은 상처를 입혔다는 의미에서 엄청난 불행이었다. IMF가 옴으로써 한국은 한국의 필요에 의해서가 아니라 IMF의 필요에 따라서 구조조정을 하고 금융 및 자본 시장을 개방했다.

IMF의 목적은 원래 어디에 있는가. 그것은 모든 나라의 자본시장, 자산시장을 개방시킴으로써 세계경제를 一元化시키는 것을 목적으로 하고 있다. IMF가 세계의 모든 나라들로 하여금 이른바 '워싱턴 合意(Washington Consensus)'의 정책을 채택하도록 하는 이유는 그것이 이 나라들의 경제를 globalize, 즉 세계경제에 편입시키기 위하여 필요한 것이기 때문이다.

IMF는 지난 3년 동안 한국에 구제금융을 제공함으로써 한국경제를 단숨에 globalize하는 데 성공했다. 외국 투자자들은 한국의 주요 기업의 소유권의 50~60%를 소유하게 되었고, 한국의 은행은 이제 그

절반 이상이 외국인의 수중으로 들어갔다.

IMF는 한국에서 엄청난 성공을 거두고 한국은 IMF의 우등생이 되었다. 반면에 한국은 큰 대가를 치르면서도 아직도 크게 시달리고 있다. IMF식 정책 패키지는 한국경제의 입장으로서는 처음부터 문제가 있었던 것이다. 3년이 지난 오늘에 있어서도 기업의 부실은 개선된 것이 별로 없고, 주식시장은 외국인의 장단에 따라 춤추고 있는 데다, 간접금융 기관들은 금융의 중개역할을 제대로 하지 못하고 있다는 현황이 이것을 입증해 주고 있다.

현재 경기는 內需의 침체 및 수출의 不振으로 어려운 상태에 있으나 물가는 올라가는데 성장률은 떨어지는 이른바 stagflation의 상태를 나타내고 있다. 南美의 경험을 보면 워싱턴 슴意를 따른 나라들(멕시코, 아르헨티나 등)은 대부분 이와 비슷한 경험을 했다.

한국경제가 가장 필요로 하는 것은 무엇인가. 한국의 경우에도 그 첫번째는 역시 사람이다. 최고 지도층의 리더십 및 그들의 비전과 戰略이다. 다음으로 정치권과 행정기구의 獻身性과 창의성, 그리고 국민의 信賴와 自信感이다. 이런 것이 있어야 한국경제가 안고 있는 문제가 풀릴 수 있다.

한국경제의 근본적인 문제는 어떤 것인가. 내가 보기에는 종래 한국경제를 주름잡던 대기업들이 힘을 잃고 있는데, 이를 대체할 만한 産業群이나 기업군들이 아직 나타나지 못하고 있다는 점, 둘째, 정부, 지방자치단체, 공기업 및 민간기업 그리고 심지어 家計에 있어서도 모두 너무 많은 빚을 지고 있는 반면, 그 빚을 갚을 수 있는 원천이 되는 수익 기반이 약해서 앞으로 流動性 危機가 반복될 우려가 있다는 점, 그리고 여러 가지 까다로운 규제 때문에 기업하기가 대단히 어렵다는 것 등을 들 수 있다고 본다.

한국의 경제(그리고 정치와 사회)를 생각할 때 빼놓을 수 없는 것이 北韓의 존재이다. 한국은 이제 북한에 관한 일을 남의 일로 치부할 수 없게 되었다. 兩側은 싫든 좋든 서로를 살펴야 할 同伴者가 되었다. 지금 전세계가 이웃 나라들과 지난날의 적대관계를 넘어선 우호관계를 맺으면서 서로 win-win 정책을 펴고 있다. 미국의 전략을 견제하기 위하여 EU에서 스웨덴 수상이 평양을 방문하여 남북간의 대화를 종용하였다. 모처럼 이룩한 남북간의 대화의 기회가 미국의 말한 마디로 무산되어 한반도가 또다시 열강의 싸움터가 된다면 한민족은 앞으로 민족으로서 正體感(sense of identity)을 찾을 수 없을 것이고, 끝내는 19세기 말의 비극을 되풀이하게 될 것이다. 역사를 바로 세운다는 구호가 있지만, 南北問題의 自主的인 입장도 못 가진다면 역사가 어떻게 바로 설 수 있겠는가. 자기들끼리 대화도 제대로 못하면서 남의 나라의 역사 교과서 訂正을 요구할 염치와 명분이 있을 수가 없다.

Ⅲ. 세계가 보인다

여러분은 여기서 세계를 내다볼 때 무엇이 보이는가. 나에게는 엄청난 변화와 大規模의 地域統合體의 결성을 본다.

미국은 물론 앞으로도 세계 유일의 超大國으로 군림할 것이다. 그러나 정보화 시대에는 작은 나라들도 중요해진다. 한 가지 확실한 것은, 오늘날 확실하고 恒久的이라고 생각했던 것들이 금방 사라지고

10년 후의 세계는 지금 전혀 예상할 수 없는 모양을 하고 있으리라는 점이다.

세계는 globalize되고 있으면서도 다른 한편으로는 regionalize되어 가고 있다. 한두 나라의 자유무역협정이 아니라 세계 몇 개 지역에서 大單位 地域統合體가 결성될 氣運이 있다.

지금까지의 추세로 보아 EU는 앞으로 훨씬 더 강한 하나의 정치적 연합체가 될 것으로 보인다.

경제적으로 EU는 그동안 活氣를 잃고 있었는데, 최근에 와서는 미국에 못지 않은 活力을 가지게 되었다. 그리하여 줄곧 下落을 거듭하는 유로貨의 市價는 최근 下落추세를 멈추고 안정세를 유지하고 있다. 經濟政策에 있어서도 유럽 中央銀行은 미국으로부터의 압력을 물리치고 독자적인 방향을 추구하고 있다.

한 나라의 경제는 다소 좋아질 때도 있고 침체될 때도 있겠지만, 중요한 것은 그 나라 사람들이 얼마나 前向的으로 각자의 능력을 발휘하고 있는가가 아니겠는가. 어떤 시대, 어떤 나라의 경제에도 가장 중요한 것은 사람이다. 이러한 의미에서 유럽 연합(E.U.: European Union)의 동태는 대단한 의미를 갖는다고 보아야 할 것이다. EC의 前身인 EEC(European Economic Community)가 1958年에 구성되었을 때에는 그 目的은 거의 순전히 加盟 6개국의 경제발전에 있었다. 그래서 로마條約의 내용은 自由貿易地域 내지 關稅同盟을 추진하는 方法을 명시하는 데 국한되어 있었다. 그 후 EEC는 EC로 발전하는 과정에서 회원국의 수가 늘어 점차 협력과 통합의 분야가 확대되고, 끝내는 유럽 單一通貨의 창설까지 보게 되었다.

EU는 앞으로 동유럽의 나라들을 포괄하게 될 것이 확실시되며, 아

주 가까운 장래에 EU憲法이 제정될 전망에 있다. 지금처럼 通信交通
이 발전하여 국경이 없어지는 시대에 있어서는 경제운영이나 사회운
영에 있어서도 국가의 主權이라는 것은 어차피 그 의미가 적어질 것
이 분명할 것이므로, 유럽의 나라들은 이것을 미리 알고 우선은 국가
연합의 형태로 통합체를 만들 것을 시도하고 있는 것이다. EU 각국
은 배경이 엄청나게 다른 나라들임에도 불구하고 서로 공통적인 운명
을 가지고 있다는 것을 인식하고 있다. 유럽은 이러한 정신을 가지고
미국과 더불어 세계를 이끌어 나갈 것으로 생각된다. 이번에 스웨덴
首相이 평양과 서울을 방문하여 北美 대화의 물꼬를 튼 것은 의미심
장한 일이다.

美洲를 내다보아도 地域統合體의 結成 움직임이 돋보인다. 바로
지난 달, 쿠바를 제외한 北南美의 여러 나라 首腦들이 캐나다의 오타
와에 모여 北南美 自由貿易地域 協力體(Free Trade Area of the
Americas)를 2005년까지 결성한다는 合意를 한 바 있다. 현재의 추세
로 보아 이것의 결성은 성공할 것이 분명하다고 보고, 이것이 결성되
면 그 경제규모 면에서 EU를 능가하는 큰 블럭이 될 것이다.

이러한 여타의 세계의 움직임을 보면서 우리가 사는 아시아를 뒤돌
아 볼 때, 여기에는 혼란과 분열 그리고 不信이 아직도 짙게 깔려 있
어, 자칫 100여 년 전 지리멸렬하던 무서운 역사의 再演을 염려하지
않을 수 없다. 아시아 중에서도 정치 의식상 가장 낙후되어 있는 지
역이 바로 한국과 일본이 아닌가 생각된다. 일본은 경제협력에 대해
서는 소극적이며, 右傾化의 추세 속에서도 미국을 등에 업고 아시아
와는 거리를 두는 자세를 가지고 있다. 한국은 IMF를 맞은 이후로 추

진한 개혁정책이 흐지부지할 조짐을 보이는 가운데, 政權의 創出 또는 再創出에만 열중하는 정치권은 세계의 大局에는 둔감한 것 같다. 세계 유일의 分斷國이면서도 아직 동족끼리의 對話조차 원활히 이루어지지 못하고 있다.

이 와중에도 그동안 비교적 개방적인 비전을 지녀온 아세안(동남아국가연합)이 아세안과 韓中日을 合하여 自由貿易地域 協定을 하자고 제안한 것은 그나마 前向的인 자세라고 평가된다. 아세안은 이미 호주와 뉴질랜드와 자유무역지역을 결성한 바 있다. 그런데 일본은 아세안의 제의에 참가하지 않을 것으로 생각한다. 일본의 유명한 경제학자인 森嶋通夫(모리시마 미찌오) 교수는 1995년에 이미, 1994년부터 거품이 터진 후의 일본경제를 구할 수 있는 유일한 방법으로 일본, 남북한, 중국, 대만을 포괄하는 '東北아시아共同體'를 만들 것을 제안한 바 있다. 모리시마 씨의 이 제안은 내가 보기에는 卓見이라고 생각하지만, 일본 사람들은 아무런 반응을 보이지 않았다. 아마 이제쯤은 그때보다도 오히려 더 冷淡해지고 있을 것이다. 그러나 일본 사람들이 어떻게 반응하든 나는 한국경제의 침체의 돌파구를 찾기 위해서는 아세안의 제안을 수용할 필요가 있다고 본다. 이 협력체에 일본이 참가하면 좋겠지만, 그렇게 하지 않는다 하더라도 그 눈치까지 볼 필요는 없다고 본다.

Ⅳ. 다시 우리를 돌아보자

자, 이제 우리는 走馬看山格으로나마 중국을 보고, 아시아를 보고, 세계를 보았다. 이 넓고 격동하는 세상을 나나 누가 본다 한들 얼마나 볼 수 있겠는가. 그러나 인간은 결국 미숙하고 불확실한 것을 토대로 의사결정을 하고 앞으로의 진로를 선택할 수밖에 없는 것이다.

바깥 세상을 내다보고 남의 모양을 살펴보는 것이 필요한 이유는 그것을 통해 자기 자신을 알고 자기의 문제를 해결하며 자기의 갈 길을 찾기 위해서이다. 여러분은 바다 건너 우리의 모습을 보고 무엇을 느끼는가.

나는 우리나라가 세계 어느 나라에 비해서도 풀기 어려운 많은 문제를 안고 있다는 것을 확인했다. 흔히 중국은 엄청나게 복잡한 문제를 많이 가지고 있다고들 한다. 일본도 또한 그렇다. 그러나 우리나라가 안고 있는 문제와 비교하면 그것은 모두 약과이다.

우리나라의 경제에 대해서는 위에서 좀 살펴보았다. 정치문제는 어떠한가. 한마디로, 우리 정치권의 행태를 가지고 풀 수 있는 문제가 많으리라고는 생각되지 않는다. 남북관계에 있어서도 이제 북이나 남이나 보다 확실한 선택을 해야 할 때가 왔다. 북한은 앞으로도 벼랑 끝 외교의 방법으로 미국을 대하면서 시간을 벌 수는 없을 것이다. 남한도 마찬가지이다. ABM, NMD 및 그밖의 문제에 대해 보다 확실한 입장을 취할 때가 왔다고 본다. 우리가 선택을 하지 않으면 남들이 우리의 입장을 선택해 줄 것이다. 그때가 되면 우리는 우리의 의사를 표시할 기회조차 잃은 채 國運의 向方은 그들에 의해 결정될 것이다. 우리는 도외시된 채 한반도는 다시 그들의 싸움터로 말려들어 갈 것이다.

지금 우리나라는 우리의 문제를 찾고 해결하려는 진지한 노력을 절실히 요구하고 있다. 남의 눈치를 보고 적당히 모양새를 갖춤으로써 남의 信認을 얻으려는 자세로는 우리의 문제는 찾아지지도 않고 풀리

지도 않을 것이다. 우리의 문제를 해결하는 방법은 교과서에 있는 것도 아니고 외국인이 찾아주지도 않을 것이다.

國難을 극복하자면 무엇이 필요한가. 역시 사람이 필요하다. 좋은 지도자가 필요하다. 비전과 戰略, 그리고 용기를 가진 지도자가 필요하다. 이 어려운 때에 좋은 사람이 나오지 않는다면 희망은 없다. 좋은 지도자를 만들어내는 것은 역시 국민의 知力이자 力量이다. 그런 의미에서 '國家興亡, 匹夫有責'이라는 말이 오늘처럼 절실한 의미를 지니는 때는 일찍이 없었다.

역사, 교육 및 문화의 질[*]

I

역사는 인간 지식의 시발점인 동시에 인류의 경험의 박물관이라 할
수 있다. 역사에는 여러 가지 측면이 있으며, 보는 사람의 관점에 따
라 여러 가지 效用이 있다. 저명한 사상가들의 몇 가지 견해를 들어
보자.

경제학자 J. A. Schumpeter는 一國의 경제를 이해하기 위해서는 역
사 지식이 가장 필요하다고 했다(History of Economic Analysis). 이 견
해에는 상당한 타당성이 있다. 경제이론만 가지고는, 이를테면, 중국
의 경제와 그 장래를 이해하기는 어렵다. 한국경제에 관해서도 거의
마찬가지이다. 한국경제의 현황을 진단하고 정책방향을 알기 위해서
는 역사의 眼目이 있어야 한다.

물론, 역사를 濫用해서는 안 된다. 過信해서도 안 된다. 역사를 濫
用하거나 過信하는 思想의 예로 여러 가지 형태의 歷史決定主義
(Historicism)를 들 수 있다.(例: Karl Marx의 Economic Interpretation of
History: 그는 역사를 階級鬪爭의 기록으로 보았다.)

---

[*] 2004년 2월 26일 '역사를 사랑하는 모임'에서 행한 강연 요지임.

많은 경우에 애국적인 動機에서 역사를 왜곡하는 경우가 있다. 石器時代의 유물을 捏造하여 발굴한 일본학자들의 예가 있다. 이것은 물론 역사학자로서의 소행이라고 볼 수는 없지만, 역사학자 중에는 이와 비슷한 행동을 하는 예가 없지 않다.

독일의 Friedrich List는 후진국의 발전을 위한 정책의 개발을 위하여 역사에 많은 관심이 있었고, 그의 이론에는 史實을 많이 인용하였다. 이것은 타당한 역사의 活用이라고 본다.

정치를 잘하기 위하여, 그리고 확고한 인생철학을 가지기 위하여 역사를 강조한 경우는 동양에 대단히 많다. "溫故而知新", "好古, 敏而求之"를 강조하고 『春秋』를 편찬한 孔子, 294권의 역사책 『資治通鑑』을 쓴 司馬光 등이 그 예이다.

世界文明의 성격을 알기 위하여 역사를 연구한 Arnold Toynbee는 "역사는 반복하느냐"의 문제에 깊은 관심이 있었다. 그는 역사는 반복된다는 의견에 많이 경도되었던 것 같다.[1]

Ⅱ

현실적으로 중요한 문제는 어떻게 나라가 잘 될 수 있는가의 문제이다. 나라가 잘 된다는 것은 무엇을 의미하는가. 문화가 높은 수준으로 발전한다는 것을 의미한다. 문화가 높은 수준에 도달하자면 그 공동체의 구성원들에게 역사의식이 있어야 한다. 왜냐하면, 역사는

---

[1] A. J. Toynbee, *Civilization on Trial*. Oxford Univ. Press, 1948. 日譯. 『試練に立つ文明』(深瀨基寬譯) 社會思想社, 1956, 第3章 「歷史는 반복되는가」 참조.

그 나라 문화 발전의 이야기(story)이며, 그것은 결국 그 나라의 지식 내지 지혜의 원천이기 때문이다.

사회과학자들 중에는 그들의 학문을 純粹科學으로 만들기 위한 노력을 한 사람들이 많다. 그러나 그런 노력들은 F. A. Hayek(The Counterrevolution of Science)나 K. R. Popper(The Poverty of Historicism)가 지적한대로 모두 실패했고 앞으로도 실패할 것이다. 사회과학은 순수과학이 될 수 없다. 때문에 사회과학자가 제대로 된 학문을 하고 사회의 발전에 기여하려면 역사의식을 가지고 있어야 한다. 역사의식을 가지지 않은 사회과학자가 오로지 경제이론(예를 들어 국제무역이론이나 산업조직론)이나 사회학의 이론만 가지고 경제정책 내지 사회정책을 입안하고 집행하려 드는 것은 매우 위험하다. 고르바초프 시대 때, 소련의 경제정책이 이런 類의 이론가들에 의하여 입안되고 추진되었기 때문에 실패했다. 흔히 소련의 Glasnost나 Perestroica가 실패한 것은 그것이 너무 급진적이었고, 혹은 경제의 자유화에 앞서 정치를 자유화했기 때문이었다고 하는 주장이 있으나, 나는 그런 이유보다는 당시의 소련의 이론가들이 경제나 사회가 무엇인가에 대한 이해가 매우 부족했기 때문이었다고 본다. 왜 그들에게는 그런 이해가 부족했는가. 그들에게 올바른 역사의식이 없었기 때문이다.

Ⅲ

어떤 나라를 막론하고 나라의 발전을 위해 가장 필요한 요소는 사람(특히 지도층의 사람)과 制度(Institution)이다. 현재 우리나라가 당면하고 있는 가장 큰 문제는 (1) 사람을 제대로 기르지 못하고 있고, 잘 쓰

지도 못하고 있다는 것과, (2) 制度의 틀이 좋지 못하다는 데 있다. 이
두 가지 요소가 부족한 이유는 敎育이 잘못돼 있기 때문이다.

사람이 잘 길러지지 못하고 있기 때문에 항상 지도층이 약하다. 지
도층에 力量이 갖추어지기 위해서는 역사와 철학이 잘 가르쳐져야 하
는데, 그렇지 못하다. 특히 동북아시아의 역사와 동양철학에 대한 교
육이 매우 취약하다. 아시아의 중앙에 서서 동북아 중심국가가 되겠
다는 나라에서 역사의식과 경륜이 없는 지도층이 나라를 이끌고 있으
니 잘 될 리가 없다. 우리나라에서는 이공계에 지원자가 부족하다고
하나, 문제는 이공계에만 있는 것이 아니라 인문계·사회계에 오히려
더 큰 문제가 있다.

우리나라의 사회제도(institution)는 극히 열악하다. 국가의 거의 모
든 제도의 틀이 무너지고 있다. 정치의 틀을 보면, 한 마디로 정치가
실패하지 않을 수 없는 틀이다. 경제의 틀도 경제를 실패로 이끄는
틀인데, 이것을 고치기 위하여 1997년에 IMF가 왔다. IMF를 졸업했
다고는 하나 실패의 틀은 여전히 건재하다. 사회의 틀은 끝없는 분열
과 갈등의 틀이다. 교육의 틀도 교육을 실패로 이끄는 틀이다. 이 모
든 틀들은 조만간 완전히 무너져 내릴 것이다. 그러나 새로운 틀이
나오기는 쉽지 않다.

IV

한국의 교육은 한국이 필요로 하는 인재를 길러내지 못하고 있다는
점에서, 이것은 산업으로 비유하자면, 하나의 거대한 부실산업이 되
어 있다. 이 교육은 지도자(leader)도 만들어내지 못하고 있고 추종자

(follower)도 못 만들어 내고 있다. 그 이유는, 학교 교육에 있어서는 (1) 평준화, (2) 한글전용, (3) 행정의 편리를 위한 획일적 교육, (4) 대학의 과다 설립 등을 들 수 있다. 여기에 가정교육이 좋지 않으니 차세대에 올바른 가치관이 설 수 없다. 이런 나쁜 교육을 고치는 방법은 (1) 평준화 폐지, (2) 교육의 자율화 내지 "민영화", (3) 학교장의 권한의 확대, (4) 대학의 모집 인원의 축소 등이라 할 수 있다.

V

앞으로의 교육은 어떻게 해야 하나. 위의 네 가지를 고쳐야 한다. 다음과 같은 방향이 필요하다.

1) 대학의 수를 줄여야 한다. 부실한 대학, 부실한 학과를 퇴출시켜야 한다. 모집학생의 수를 줄여야 한다. 학생의 질은 모집학생 수에 반비례한다. 한국의 이공계가 죽어가고 있는 이유도 이공계의 모집학생수가 이공계졸업생의 수요에 비하여 너무 많다는 데에 있다. 이공계가 살자면, 이공계를 산업과 연결시키고 돈도 더 많이 들이고 모집학생수를 줄여야 한다. 기업에서 말하는 '減量經營'이 필요하다. 수요가 공급을 초과하는 상황이 일어나게 되어야 이공계가 산다.

2) 平準化를 폐기해야 한다. 學群制를 없애야 한다. 교육부문에 필요한 것은 건전한 룰에 의한 경쟁이다. 이 치열한 경쟁시대에 학생의 要求(need)를 위하고 시대의 추세에 맞는 교육을 해야 한다. 대학 입시는 대학에 맡겨야 한다. 학생 선발은 그 대학에 맡겨야 한다.

3) 한글전용을 폐기하고 漢字를 배우고 싶은 학생에게는 그 기회를 주어야 한다. 한자를 가르쳐야 한다. 개인의 발전에는 물론 나라의 발전에 도움이 될 것이다. 아시아 다른 나라들과의 협력이나 경쟁에도 도움이 될 것이다. 앞으로 머지않아 아시아가 세계의 큰 軸의 하나가 된다. 아시아 中心國家가 되겠다는 것이 抱負라면, 漢字부터 가르쳐서 중국이나 일본과의 접촉을 쉽게 해야 한다.

4) 한마디로, 自由化 및 民營化에서 해법의 실마리를 찾아야 한다. 韓電이나 浦港製鐵의 민영화보다 학교의 자유화가 더 아쉽다.

　　우선, 대학의 총장에게 학생선발, 교과내용, 학사운영, 교원채용 등에 관하여 광범위한 자유를 주어야 한다. 고등학교와 중학교에도 校長에게 교과목 및 기타 학사 운영에 상당한 자유와 권한을 확대해야 한다. 초등학교 때에 일정한 漢字를 가르쳐야 한다. 정 어렵다면 가르치고 싶다는 학교에서는 가르칠 수 있는 기회는 줘야 한다. 학부모의 학교운영에 대한 간섭을 못하도록 해야 한다.

5) 학교의 自由化가 교육부의 존재를 불필요하게 하는 것은 아니다. 교육부는 오히려 보다 높은 차원에서 교육의 질과 균형을 확보하는 역할을 담당해야 한다. 자유시장에도 정부의 監視와 統制가 필요하듯이, 자유교육에도 監視와 規律이 필요하다.

　　이상의 방향을 전국적으로 한꺼번에 실시하지 말고, 개혁을 원하는 학교를 지정하여 시험적으로 몇 해 동안 실시하여 그 결과를 분석한 후에 개혁의 범위를 넓히는 것이 좋다.

韓中日 경제의 현황과 장래[*]

Ⅰ. 槪觀

앞으로 5~10년간은 世界史的으로 획기적인 전환이 이루어질 것이 예상된다. 특히 동북아시아에서 큰 변화가 일어날 것이다. 글로벌 경제의 진전과 함께 모든 경제주체는 국제적 視野를 가져야 한다. 아시아의 경제는 비단 量的으로뿐만 아니라 質的으로도 크게 변화하고 있다. 불완전하나마 하나의 經濟圈이 이루어질 날이 멀지 않을 것이다. 다만 정치가 경제에 따라오지 못함으로써 韓中日 세 나라는 앞으로도 마찰을 빚을 것이다. 동북아시아는 앞으로 많은 어려운 정치적인 문제를 해결해야 한다. (1) 남북한, (2) 대만, (3) 일본의 脫亞思想, (4) 미·중 사이의 不協和 등 어려운 문제들이 많다. 그러나 현재의 추세와 기왕의 역사를 미루어, 다소의 전망은 가능하다.

Ⅱ. 중국

좋건 싫건 간에, 중국의 부상은 21세기의 세계사에서 가장 특기할 만한 일이 될 것이다. 아시아 경제의 장래는 중국경제의 성패에 의해 좌우될 것이다.

---

[*] 2004년 12월 2일 SK 강당에서 행한 강연 요지임.

글로벌 시대의 최대의 受惠國은 중국이다. 글로벌시대는 주로 미국에 의해, 미국의 필요에 따라 열렸지만, 미국에 못지않게 중국이 그혜택을 받아 왔다. 중국은 글로벌 시대가 아니라면 오늘과 같은 발전은 기대하기 어려웠을 것이다. 앞으로도 중국은 글로벌체제를 따르고옹호할 것이다. 역으로 글로벌시대가 지속되는 한, 중국은 발전할 것이다.

중국이 글로벌시대의 受惠國이 된 이유는 중국의 傳統과 文化에서찾을 수 있다. 중국은 원래 개방된 나라이며, 여러 문화가 어울려 중국의 문화를 형성해 왔다. 인종적으로 단일 민족이 아니다. 중국은漢, 唐, 明, 淸 등 大帝國 때에 문화의 발전이 비약적으로 이루어졌다. 이 제국들은 당시의 글로벌 제국이었다. 이 제국들은 모든 문화를 받아들임으로써 중국의 문화를 넓혔다. 중국은 원래 강한 쇼비니즘은 없다. 인종차별도 그리 없다. 다만 문화적인 차이로 중국과 다른 나라를 구별하는 경우는 있다. 중국인들은 어떻게 보면 애국심이약한 것처럼 보이기도 하지만, 사실은, 은근히 애국심이 강하다.

(1)

중국경제의 강점은 사람, 文化 등에 있다. 지금까지 공산당이 개혁정책을 주도해 왔다. 중국공산당은 공산주의를 포기하고 시장경제를추진함으로써 나라를 발전시키고 있는 유일한 공산당이다. 문제도 많았지만 현재까지 발전을 잘 지도해 왔다. 앞으로 발전이 이루어짐에따라 공산당의 힘도 변질될 것이다. 그러나 서양식 민주주의체제가채택되리라고는 보이지 않는다.

중국공산당은 지금까지 우수한 지도자 및 지도층을 배출해 왔다. 중국의 지도자들은 모두 수 십 년의 경력을 통하여 선발된 인물, 즉 검증된 인물들이다. 하루아침에 높은 지위에 오른 것이 아니라 百戰老將들이다.

중국은 개인 독재체제가 아니다. 집단 지도체제이다. 개인 독재체제가 가지는 폐해는 그리 없다. 중국사상의 기본은 人本主義이며, 인본주의는 모든 가치를 인간을 중심에 두는 사상이기 때문에 平等을 존중하는 면도 있기는 하지만, 평등의 의미는 인간으로서의 평등이지 능력과 대우가 평등해야 된다는 의미는 아니다. 중국에는 서양식 평등사상은 강하지 않다. 사실 전통 중국어에는 평등이라는 말 자체가 없다. 중국인은 항상 경쟁 속에서 살아온 사람들이다. 이 점이 중국을 글로벌 시대의 수혜국으로 만들고 있다.

나라의 지도자들뿐만 아니라 기업하는 사람, 상인, 일반 국민에 이르기까지 다양한 분야에서 훌륭한 능력을 가진 사람이 많다. 끊임없는 전란과 나쁜 환경 속에서 살아온 사람들에게 있는 인내심과 주관을 가지고 있다. 닉슨 대통령은 그의 저서에서 중국인을 "world's ablest people"이라고 말한 적이 있다.

중국 문화의 특징은 강한 同化力에 있다. 가난한 나라이면서도 동화력을 가지고, 글로벌 시대를 맞이하면서도 소련처럼 분열되지 않고 凝集力을 발휘하는 이유는 그 同化力 때문이다. 어떤 사람은 중국이 소련처럼 해체될 것이라고 보는 견해도 있다. 그러나 그런 일은 없을 것이다.

중국인은 現世的이고 樂天的이다. 지금의 세상이 곧 極樂이요 天堂이라고 생각하기 때문에 현실을 중요시하고, 모든 일을 실용적(pragmatic)으로 생각한다. 實事求是, 이것이 중국 사상의 기본이다. 이 사상이 중국의 개혁을 성공시키고 있다. 이론보다도 현실을 중요시한다.

(2)

중국 경제에는 약점이 많다. 최대의 약점은 자연에 있다. 특히 물, 에너지의 부족 및 환경의 악화 등의 문제들이 엄청나게 심각하다. 무슨 일인가를 하기를 즐기는 중국인들은 이런 약점을 보완하고자 萬里長城을 쌓던 인내심으로 자연을 개조하려 할 것이다. 부분적으로는 성과를 거둘 것이다.

전문인력(과학기술자, 경영능력, 행정능력 보유자 등)의 부족이 현재 중국의 큰 약점이다. 사회적인 문제도 많다. 부패, 사치, 가치관의 頹廢 등이 염려된다. 국영기업의 非效率이 중국의 큰 약점이라고 하는 이론이 많고, 사실이 그렇기도 하지만, 이 문제는 생각하는 것보다 중요하지는 않을 것이다.

농업의 문제도 심각하다. 중국은 건국 이후 농산물의 자급을 달성한 바 있다. 그러나 90년대 후반부터 경지면적이 크게 감소하고 생산량도 줄어서 수입국으로 轉落하려는 刹那에 있다.

중국은 붕괴하리라고 보는 사람도 적지 않다. 사회과학적인 시각으로 보면, 그런 결론을 얻기 쉽다. 그러나 중국은 사회과학적인 시각만 가지고 이해할 수는 없는 나라이다.

중국은 文化史的인 시각으로 보아야 한다. 이 시각으로 보면, 중국은 앞으로 잘 될 나라로 비친다. 중국은 앞으로 많은 발전을 하고, 그 나라의 전통문화를 활용하여 세계의 발전과 평화에 기여할 것으로 나는 본다. 발전을 계속하지 않을 이유가 없다. 중국은 지금까지 實事求是的인 개혁 과정을 가지고 점진적이면서도 부단히 발전해 왔다. 앞으로 제조업 부문에서 세계의 공장이 될 것이며, 금융, R&D 등을 포함한 서비스 분야에서도 많은 발전을 할 것이다.

(3)

중국경제에 관한 몇 개의 질문과 이에 대한 대답을 해보자. 첫째, 중국은 사회주의를 포기할 것인가. 대답은 "否"이다. 시장경제를 하기는 하지만 중요 산업을 모조리 民營化하지는 않을 것이고, 공공기업(public utilities)은 계속 공영으로 남을 것으로 나는 본다. 뿐만 아니라 중요 산업, 이를테면 에너지, 수송, 철강 등에 있어서는 완전한 민영화는 없을 것으로 본다.

중국은 앞으로 미국과 같은 수준의 一人當 소득을 이룩할 것인가. 대답은 "否"이다. 그것을 하기 위한 자원이 부족하고, 이에 수반하는 환경의 파괴를 감당할 수 없을 것이기 때문이다. 미국과 같은 수준의 일인당 소득을 달성하지 않는 것이 중국을 위해서는 오히려 더 건전할 것이다.

중국은 경제발전 과정에서 독자적인 발전모형을 마련할 것이다. 세계는 아직 중국과 같은 큰 나라가 고도의 경제발전을 하는 것을 경험하지 못했다. 미국식, 독일식, 일본식 등으로는 중국은 발전할 수 없다. 독자적인 모델을 實事求是의 방법으로 발견하게 될 것이다.

(4)

중국은 경제적으로도 미국으로부터 많은 견제를 받을 것이다. 그러나 크게 보면 두 나라는 보완관계에 있기 때문에 양국관계는 그런대로 유지될 것이다. Samuel Huntington이 상정한 바와 같은 문명간의 전쟁은 美·中 간에는 일어나지 않을 것을 바란다.

중-ASEAN 경제협력기구는 이미 발족됐다. 이것은 아시아의 모든 나라에 대해 엄청난 충격을 주고 있다. 이미 한국, 호주, 뉴질랜드가 2년 이내에 비슷한 경제협력기구를 ASEAN과 맺을 것을 합의했다. 앞으로 중-ASEAN 간의 FTA가 2010년대에 성립할 것으로 본다.

중국은 주변국가들과의 우호관계를 중요시하고 가급적 그것을 유지하기 위해 노력할 것이다. 특히 한국과의 경제관계를 매우 중요시하여 유대관계를 유지 발전시키기 위해 힘쓸 것이다.

중국경제는 아시아경제와 나아가서는 세계경제의 견인차 역할을 담당할 것이다. 人民幣의 切上은 하지 않겠다고 溫家寶 首相이 천명했다. 미국의 압력은 있을 것이나, 중국은 미국 스스로의 노력을 강조할 것이다.

Ⅲ. 일본

明治維新 이후 富國强兵의 기치를 들고 일본은 서양의 선진국을 catch-up하기 위해 전력을 다했다. 그러나 catch-up한 부문은 경제가 아니라 군사부문이었다. 군사대국이 되어 주변의 나라들을 침략했다.

二次大戰 이후 일본은 또 한 번의 catch-up을 시도하여, 또 한번 크게 성공했다. 냉전이 끝나고 글로벌시대가 된 이후 일본경제는 활력을 잃고 있다. 앞으로 일본경제가 활력을 되찾고 경제대국다운 역할, 즉 일본이 가지고 있는 상당한 창의력으로 세계문명 발전에 기여하기 위해서는 보다 적극적으로 주변 나라들과의 관계를 개선하고 상호 협력하는 것이 바람직할 것이다.

(1)

일본은 1950년대로부터 1980년대까지 고도성장 기조를 유지함으로써 세계 제2의 경제대국이 되었다. 일본은 냉전체제의 최대의 受惠國이었다.

일본은 왜 냉전시대 최대의 수혜국이 되었는가. 안보와 외교 문제를 미국에 맡겨놓고 정부 주도의 重商主義的인 정책을 쓸 수 있게 한 체제였기 때문이다. 냉전체제는 일본사람들의 폐쇄적 성향, 관료주도 하에 단결하는 성향, 일단 목표가 주어지면 국력을 다 동원하여 그 목표를 달성하는 성향 등을 가장 잘 발휘할 수 있는 조건을 갖다 주었다.

냉전체제 하에서 일본체제는 정부-관료-대기업이 협력하는 이른 바 日本株式會社 체제를 구축했다. 일본의 산업정책은 정부의 지도하에 戰前의 재벌체제의 장점을 살린 船團式 구조를 이룬 大企業(系列기업)을 나타나게 하여, 이것이 일본의 경제발전의 牽引車가 됐다. 기업경영에 있어서는 종업원의 능력과 충성을 보장하는 終身雇傭制, 年功序列制 등의 일본 특유의 시스템을 갖추게 했다. 이러한 구조가 일본의 고도성장을 뒷받침했다. 이 시스템이 일본인의 성향, 일본의 전통에 가장 알맞은 제도였기 때문이다.

일본의 산업능률을 지탱한 이 제도는 진정한 시장경제체제가 아니었다. 진정한 의미의 경쟁체제도 아니었다. 하나의 官營經濟였다. 이체제의 전신은 戰前의 통제체제였고, 이 체제하에서 고도성장을 달성한 사람들은 2차대전을 견디어낸 世代의 사람들이었다.

그러나 일본경제는 지나치게 큰 성공을 했다. 일본의 수출을 담당한 대기업들이 엄청난 능률을 발휘한 이면에서 중소기업이나 서비스업종의 생산성은 매우 낮은 상태에 있었다. 대기업과 중소기업의 격차, 수출과 내수산업의 엄청난 격차로 일본경제는 심각한 二重構造를 내포하고 있었다. 대기업의 성공은 중소기업의 "희생"으로 이루어지는 까닭에, 이런 시스템은 언젠가는 위기를 몰고 오지 않을 수 없는 구조를 가지고 있었다. 수출 자체도 점차 일부 業種에 집중되기 시작했고, 주로 미국시장을 향해 集中豪雨式으로 이루어졌다. 나라는 부유해졌으나 국민생활은 넉넉하지 못한 시스템이었다.

이중구조의 경제는 충격을 흡수하는 힘이 약하고 1980년대 말 냉전이 말기에 도달할 무렵, 일본경제는 마침내 올 것이 왔다. 이중구조의 모순이 드러나기 시작한 것이다. 1985년 '플라자 合意'에 의해 엔화가 급격히 절상됨에 따라 일본의 기업과 금융기관은 큰 손해를 보기 시작했다. 그동안 수출로 稼得한 돈으로 사들인 미국의 부동산과 미국정부채권의 円貨表示 가치가 폭락함으로써 그 자산을 사들인 일본 기업과 금융기관들은 막대한 손실을 입었다. 설상가상으로 때늦

은 금융긴축은 일본 국내에서도 부동산과 주식 등의 資産價格의 폭락
을 가속화시킴으로써 그동안 부동산가격의 상승을 구가하던 기업과
투자가는 큰 손해를 보고, 금융기관은 엄청난 부실채권을 가지게 되
었다.

(2)

1990년대에 접어들면서 냉전체제가 무너지고 글로벌시대가 개막됨
에 따라 일본경제는 보다 근본적인 어려움에 직면하기 시작했다. 경
기대책이 아무런 효과를 발휘하지 못했고, 구조개혁은 이루어지기 어
려웠다. 일본경제는 '잃어버린 10년'의 터널 속으로 진입했다.

이 불황의 원인에 대한 이코노미스트들의 견해는 대별하여 두 가지
로 갈린다. 總需要의 부족에 있다고 하는 견해도 있고, 또는 은행의
不實資産의 過多 혹은 정부재정의 불건전 등의 구조적 취약성에 있다
는 견해도 있다. 이러한 견해에는 나름대로 일리가 있지만, 그것은 문
제의 表皮에 불과하다. 진정한 문제는 일본이 역사적으로 구축한 성품
과 시스템이 글로벌 시대에 맞지 않는 데 있다고 보아야 할 것이다.

글로벌체제는 일본인의 장점이 최대한 잘 발휘되던 냉전시대의 체
제와는 기본적으로 다르다. 일본 사람들의 장점은 자기 집이나 자기
나라 안에서 윗사람에게 복종하면서 충성을 다하는 데 있다. 다른 나
라, 다른 문화와 어우러지면서 살아야 하는 글로벌 시대에는 부자연
스러운 면이 있다.

90년대를 통하여 일본은 8명의 수상을 맞이했다. 수상마다 구조개

혁과 경기부양을 위한 긴급대책을 내놓았다. 그러나 성공을 거둔 정
책은 별로 없다.

계속되는 재정 금융의 완화정책으로 정부 財政赤字의 累計는 현재
GDP의 약 150%에 달하게 되었고, 金利는 0% 수준에 머물러 있다.
전대미문의 이러한 일들이 나타날 정도로 경기부양책이 시행되었음에
도 불구하고 경제의 활성화는 없었고, 오히려 물가가 하락하는 디플
레가 계속되었다.

(3)

"개혁 없이 경기활성은 없다"는 기치를 든 小泉 수상도 몇 가지
개혁을 했지만, 그리 큰 효과는 내지 못하고 있다. 그러나 지난 2년
동안 일본경제에는 임금수준이 하락하고 기업들이 자발적으로 체질개
선을 이룩하기 위하여 노력을 경주하는 일이 있었다.

이러한 노력의 결과로 최근 들어 일본경제는 활기를 되찾아 견실한
회복국면에 접어든 것처럼 보도되고 있다. 그러나 근본적으로는 일본
경제의 체질은 90년대의 그것과 大差가 없고, 따라서 글로벌 시대에
는 큰 활기를 기대하기가 어려울 것으로 본다.

일본인들은 근면한 우수한 국민이다. 근면하고 청결하며, 단체를
위하여 개인을 희생하는 정신도 강하다. 그러나 2차대전 전후를 통하
여 정치 리더십은 상대적으로 약한 편이고, 국제적으로는 군사면 또
는 경제면에서의 실력에 부응하는 지도적 역할을 다하지 못하고 있
다. 일본은 아직도 19세기 말엽에 생긴 脫亞意識에서 벗어나지 못하

고 있으며, 여타의 아시아에 대해 근거 없는 우월감을 불식하지 못하고 있다. 이런 자세를 버리고 靖國神社 참배 등의 불건전한 정치행태를 하지 말았으면 한다.

일본은 출생률이 세계적으로 낮은 나라이며, 노령화와 아울러 앞으로 머지않아 인구가 감소하기 시작할 전망이다. 일본의 경제는 앞으로도 큰 문제는 없을 것이나, 큰 활력은 기대하기 어렵다고 본다. 지금도 이미 일본의 활력은 중국에 많이 의존하는 편이며, 앞으로 이 나라의 활력은 중국을 어떻게 활용하느냐에 크게 의존할 것이다.

Ⅳ. 한국

해방 당시 분단된 가난한 농업국인 한국은 반세기 동안 엄청난 공업화를 이룩하여 OECD에 가입함으로써 기적적인 성공을 했다. 다만 잊어서는 안 될 것은, 이러한 고도성장은 한국만이 아니라 동아시아의 다른 반공국가, 즉 대만, 홍콩, 싱가포르 등의 중국계 나라들도 다같이 이룩하였다는 사실이다. 가끔 한국사람들 가운데는 해방 후 지금까지의 한국의 경제발전은 20세기 들어 최초로 근대화 공업화에 성공한 나라라고 하면서 자랑스러워하는 경우를 본다. 일리가 있다고는 하나, 한국보다 더 성공한 나라도 있다는 것을 잊어서는 안 된다. 또 근대화 작업은 아직도 끝나지 않았다. 너무 자랑하지 않는 것이 좋을 것 같다.

(1)

한국도 냉전체제의 수혜국이라는 점에서 일본과 같다. 개발년대까지 직접간접으로 미국의 원조가 큰 기여를 했다. 한국의 경제개발은 크게 보아 일본 모형을 본받은 것이었다. 한국경제의 운영은 일본보다도 더한 官營이었다. 韓國株式會社는 일본주식회사와 기본적으로 차이가 없다. 냉전체제는 한국주식회사로 하여금 政府指導 하의 수출주도형 발전전략의 추구를 가능하게 했다. 이 점, 일본의 경우와 같다.

흔히 이승만의 제1공화국 12년은 실패한 12년으로 보는 견해가 있으나 이것은 잘못이다. 제1공화국 때에 공업화의 기초가 이루어졌었다. 1962년의 제1차 5개년계획은 제1공화국 때에 작성된 것을 답습한 것이었다. 제 1, 2차 계획이 시행된 10년 동안의 경제정책은 가격기구를 비교적 존중한 편이었고, 實事求是的이었으며, 따라서 정책상의 이노베이션(innovation)도 많았다.

제3차 계획부터는 한국의 경제정책은 점차 경제원리를 떠나가기 시작, 維新政權으로 이어지면서 정부의 인위적인 구상이 정책기조를 이루는 정도가 심화되어 官營經濟의 색채가 농후해졌다. 유신정권의 정당성을 경제성장과 수출증가에서 구하려는 정부는 중화학공업을 추진하기 시작했는데, 그 방법은 일본의 정책을 참고한 것이 많았다. 그래서 그때부터의 한국의 경제구조, 기업구조 등은 상당부분 일본의 그것과 비슷하게 되었다. 일본경제가 이중구조를 만들어 냈듯이 한국경제는 일본경제보다 오히려 더한 이중구조를 만들어냈다.

官營經濟는 시장경제와는 큰 차이가 있다. 특히 3차계획 이후로는 금융부문은 거의 대부분이 이른바 政策金融이 되어 정부의 통제 하에 놓이게 되었다. 은행은 자금의 배급기관으로 전락하여, 이 점에 관하여는 거의 사회주의경제나 다름없었다.

일본과 다른 점 몇 가지가 있다. 첫째, 핵심 기술과 부품, 소재 등이 일본으로부터 수입된 것이 많아서, 한국의 對日依存度가 높다는 사실이다. 둘째, 구조적 불균형과 아울러 한국경제는 일본과는 달리 만성적인 인플레에 시달리게 되었다. 80년대에도 이중구조와 인플레는 전혀 완화되지 못했다. 이중구조와 인플레는 자원의 사용의 非效率을 가지고 와서 한국의 국제경쟁력은 점차 떨어지게 되었다.

(2)

1990년대 글로벌 시대에 진입한 이후로도 한국정부는 이중구조와 만성적인 인플레에 대한 대책을 강구하지 못했다. 미시적으로는 이중구조의 심화, 거시적으로는 인플레의 고질화를 막지 못했다. 개발년대의 정책 패러다임이 계속 정책의 기조를 이루었다.

1996년 한국은 OECD에 가입함으로써 금융의 自由化와 경제개방이 추진되었다. 금리의 자유화가 시행되기 시작했으나 대내적인 자유화는 부진하였고 대외적인 자유화가 먼저 시작되었다. 국내에서 자금을 조달하기 어려운 기업이 많은 자금을 해외로부터 차입하여 장기투자에 투입했다. 그 결과 과다차입과 과다투자로 인하여 많은 대기업의 부실이 가중되었다. 외국의 금융기관이 한국의 채무상환 능력을 의심하기 시작했다. 정부는 환율의 상승을 막고자 보유외환을 매각하는 정책을 썼다. 이것이 동남아로부터 불어오는 외환위기를 더욱 가중시켰다. 한국은 끝내 IMF의 구제금융을 받지 않을 수 없게 되었다.

(3)

　IMF는 원래 차관을 받는 후진국에게 ⓐ 재정 금융의 긴축, ⓑ 금융 및 자본시장의 개방, ⓒ 기업구조의 개혁, ⓓ 공공기업의 민영화 등을 요구하는 것이 상례이다. 한국에 대해서도 비슷한 요구를 하였는데, 특히 역점을 둔 것은 위의 ⓐ와 ⓑ였고 나머지는 그리 강하게 요구하지 않았다. 정부는 대체로 IMF의 요구를 수용했고, ⓑ에 관해서는 요구 이상의 개방개혁을 시행했다.

　IMF를 맞은 한국은 지금까지의 정책기조를 180도로 바꾸었다. 그때까지만 해도 한국은 외국에 의한 경제, 특히 금융자본의 지배를 매우 경계하는 국가주의 내지 민족주의적 정책기조를 유지했었다. IMF를 맞고 난 이후에는 이것이 일거에 개방주의로 바뀌었다. 많은 금융기관과 기업의 주식이 단시일 내에 외국인 소유로 넘어갔다.

　국가주의로부터 국제주의로의 移行의 진폭이 다른 나라의 예에는 보기 드물 정도로 컸다는 것은 놀라운 일이었다. 이렇게 과감한 개혁을 하면서도 경제운영의 방식은 옛날을 탈피하지 못하고 多分히 정부주도의 官營方式이 그대로 유지되었다.

　자유화의 구호와 과감한 수술에도 불구하고(아니, 오히려 그것 때문인지도 모르지만) 한국경제의 활력은 회생되지 못했다. 정부는 경기의 활성화를 위해 내수를 진작시키는 정책을 펴기 시작했다. 이 과감한 정책전환은 또 한 번 외국인의 갈채를 받았다. 소비진작 정책으로 신용카드의 발행, 소비금융의 확대 등의 정책이 집행되었다. 이 정책으로 경기는 일시적으로 활성화되는 듯이 보였으나, 그것은 동시에 거품을 몰고 왔다. 거품이 꺼지면서 경제는 곧 다시 어려워졌다.

어려운 여건을 맡은 참여정부는 지금까지의 어떤 정부보다도 재벌 체제의 억제, 분배의 평등화, 지역의 균형발전, 親勞組 정책 등을 추구하는 것 같다. 동시에 경제의 비전으로 동북아중심 경제, 물류 및 금융의 허브, 경제특구의 신설, 부동산투기 억제, 종합부동산세제 등의 정책을 집행해 왔으나 아직 이렇다 할 성과는 없다.

참여정부의 정책목표는 지금까지의 정책방향과는 크게 다른 것이 사실인 것 같다. 그러나 정책운영의 방식은 여전히 개발년대의 官營方式을 탈피하지 못하고 있다. 현 정부의 경제관은 제4공화국 시대의 경제관과는 정반대인 것이 많으나, 그 정책추진의 방식(관영방식)의 기조는 서로 비슷하다. 현 정부는 박정희 시대를 그리워할 이유가 없을 것 같은데도 그때와 비슷한 발상으로 글로벌 시대를 이끌어 가려는 것이다. 경제를 官營 하에 두고 反市場的인 방법으로 분배정책, 균형발전정책의 목표를 달성하자는 것이니, 두 정권은 생각은 다르지만 姓氏는 같은 가까운 친척이라 할 수 있다.

현 정부는 이 점에 관해 깊이 생각할 필요가 있다고 본다. 박정희 시대 때에는 그 방법을 가지고 後日의 經濟兩極化를 가지고 올 씨를 뿌리기는 했으나 일단 工業化를 성취한 功이 있다. 이에 비해, 현 정부는 자칫 분배의 평등과 발전의 균형을 이루지도 못한 채 경제침체의 씨만 뿌리는 결과를 가지고 올 수 있기 때문이다. 현재 경제는 IMF위기가 만성화되어 있는 모습을 보이고 있다. 국민은 정부의 보다 적극적이고 현실적인 대책을 바라고 있는데도 정부는 시대에 맞지 않는 경제관에 얽매여서 방향을 잃고 있기 때문이다.

(4)

한국경제의 문제는 크게 보아 네 가지가 있다. ① 경제의 兩極化가 매우 심해서 수출이 아무리 잘 돼도 내수부문의 침체가 계속될 구조이며, 양극화는 오히려 더 심해질 가능성마저 있다는 점, ② 경제주체들이 모두 제대로의 역할을 하고 있지 못하다는 점—기업, 특히 중소기업에 이노베이션이 없고, 금융은 소비자금융에 치중하여 그 공공성을 상실하고 있으며, 국민은 신용불량자가 400만 명에 달할 정도로 도덕적인 해이가 현저하다는 점, 그리고 정부는 경제의 장래비전과 이에 입각한 발전전략을 내놓지 못하고 있다는 점, 그리고 ③ 경제외적인 부문, 특히 정치, 교육, 사회 등이 건전하지 못하다는 점 등을 들 수 있다. 끝으로 ④ 産業의 空洞化가 앞으로도 계속되어 고용기회가 줄 것이 예상된다.

이와 같은 문제의 근원은 멀리 개발년대로 올라간다. 하루아침에 해결될 수 있는 성질의 것이 아니다. 정부는 정권 차원의 단기적인 목표에 얽매이지 말고 국가 차원의 遠視的인 역사의식을 가지고 발본적인 대책을 강구해야 한다. 국민도 정부에 대해 무리한 요구를 하지 말아야 한다.

한국은 北韓이라는 큰 짐을 지고 있다. 북한의 정권이 얼마나 갈지 알 수는 없으나, 이대로 영영 지속하지는 못할 것이다. 한반도가 통일이 되든 안 되든, 남한은 허리가 휠 정도로 무거운 부담을 지지 않을 수 없을 것이다. 국민은 이것을 알고 감상적인 통일론이나 반북,

친북, 반미, 반중 등의 부질없는 논의를 떠나, 현실을 직시하고 어떤 경우가 오더라도 중심을 잃지 않는 확고한 입장을 마련해야 할 것이다.

한국의 가장 큰 문제는 그동안 정치, 경제, 사회, 문화 등의 모든 부문의 제도적 骨格(institution)이 기능장애를 일으키고 있다는 사실에 있다. 거의 모든 문제에 걸쳐 국론이 분열되어, 이른바 單一民族이라는 사실이 무색할 정도로 Samuel Huntington이 말한 이른바 torn country의 양상이 나타나면서, 나라의 正體性(identity)을 찾기가 어려워지고 있다. torn country는 국력을 집중할 수 없으며, 따라서 경제발전도 이룩하기 어렵다.

중장기적으로 한국의 인구는 머지않아 감소하기 시작할 것이 확실시 된다. 한국의 출생률은 현재 1.1인데, 이것은 일본의 1.3에도 크게 미치지 못하는 숫자이다. 반면, 노령화는 급격하게 진행되어 이것이 사회기풍의 퇴폐, 니힐리즘(nihilism)의 만연과 맞물려 경제는 영영 활기를 잃을 우려도 있다.

출생률이 급격히 감소하는 원인 중의 하나는 子女의 敎育費가 너무 높아서 젊은 부모들이 아이를 낳기를 꺼려하는 데 있다. 이것이 나아가서는 晩婚의 원인 중의 하나가 되고 있는 것으로 생각된다. 이 모든 것을 종합할 때, 교육개혁이 시급하다. 많은 국민의 생각과는 달리 平準化, 劃一化가 한국의 교육비를 높이고 교육의 질을 저하시키는 원인이 되고 있다. 한국경제는 교육의 정상화 없이는 단기적으로나 중장기적으로나 활력을 회복하지 못할 것이다.

V. 한중일 경제의 장래 — 결론

세 나라 중 경제활력을 가장 잘 유지할 나라는 중국일 것이다. 중국의 리더십과 문화적 특성이 글로벌시대에 잘 맞기 때문이다. 중국 경제에도 문제는 많지만, 그것은 앞으로 아시아경제의 牽引車 역할을 수행할 것이다.

일본은 냉전시대 때에는 경제대국이 될 정도로 順航을 했지만, 글로벌 시대가 됨에 따라 활력을 상실하였다. 중장기적으로도 이른바 少子化, 老齡化 등으로 인하여 경제 활력의 회복이 쉽지 않을 것 같다.

한국도 일본과 마찬가지로 냉전시대의 수혜국이다. 그러나 90년대 글로벌시대에 접어든 후에도 경제운영은 개발년대의 패러다임을 고수함으로써 국제경쟁력을 잃기 시작, 1997년에 IMF를 맞은 이후로는 개혁정책이 성공을 거두지 못함으로써, IMF위기의 그림자가 만성화의 양상을 보이고 있다. 각계 지도층의 지도력 不在와 사회제도 (institution)의 기능장애 때문에 민족의 정체성마저 상실하는 난국을 맞고 있다.

일본과 한국의 앞으로의 문제 중의 하나는 좋은 정치 리더십을 기르는 일이라 하겠다. 앞으로 이 세 나라는 역사로부터 물려받은 負의 유산을 조속히 청산하여 舊怨을 씻고 세 나라가 합심하여 세계의 경제와 문화발전에 기여해야 한다.

한국사회, 어디로 가나*

주어진 제목 "한국사회, 어디로 가나"를 1) 한국사회, 어디까지 왔
나, 2) 지금 어디로 가고 있나, 3) 앞으로 어디로 가야 하나의 세 단
으로 나누어서 所感의 일단을 서술하고자 한다.

Ⅰ

이 나라의 나이가 만 60세, 환갑이 됐다. 그 동안 아슬아슬한 고비
를 넘기면서 여기에 이르렀다. 여기가 어딘가. '先進圈'의 문 앞이라
고 한다.

파란만장의 과정을 더듬어 보자. 미군정, GDP 10%의 미국 원조,
제1공화국, 三選改憲, 4·19, 제2공화국, 5·16, 제3공화국, 경제개
발 5개년 계획, 경부고속도로, 포항제철, 또 한 번의 3선, 유신개헌,
제4공화국, 석유파동, 교육평준화, 한글전용, 중화학공업, 10·26,
제5공화국, 아웅산 사건, 6·10항쟁, 6·29선언, 제6공화국, 공산권
과의 국교개시, 문민정부, OECD 가입, 전직대통령 수감, IMF 차관,
국민의 정부, 4대 부문의 구조개혁, 남북정상회담, 참여정부, 386세

---

* 2005년 3월 15일 서울대학교 사회과학대학 창립 30주년 기념 학술대회 발제강연 요
지임.

대, 대통령탄핵, 수도이전 위헌 판결…

이 숨가쁜 와중에서도 이 나라는 많은 것을 성취했다. 경제는 세계 11위로, 선진권 진입이 기대되고 있다. 정치도 민주주의의 모양새를 갖추고 있다. 사회도 일단 평화로운 공동체를 형성했다. 교육도 양적으로는 세계 일류국이 되었다. 문화, 학술 면에서도 알게 모르게 상당한 발전을 이룩했다.

어려운 환경 속에서 이러한 성과를 올렸다는 것은 누구도 부인 못할 빛나는 업적이다. 이 업적에 국민의 피와 땀이 맺혀 있다. 국민의 저력이 그것을 일구어낸 것이다.

Ⅱ

그런데 지난 10여년 동안 이상한 일이 일어나고 있다. 한강의 奇蹟이 졸지에 한강의 危機로 돌변하더니, 선진국의 문턱에서 갑자기 國步가 亂調를 보이고 있다. 어디로 가고 있는가. 알고 보면 위험한 길을 가고 있는데도 국민은 아는지 모르는지 덤덤하다. 각급 職責이 제기능을 잃고, 민간에서는 분열의 골이 깊어가고 있다. 안개처럼 퍼지는 체념과 무관심 속에서 공동체의 유대를 다지는 데 필요한 최소한의 상호신뢰가 엷어지고 있다.

韓國號는 羅針盤 없이 망망대해에 떠 있다. IMF 이후 Globalization이라는 생소한 바람에 휘말려 順航의 길을 잃어버렸다. IMF의 바람은 한국호가 그때까지 들어보지도 못한 여러 가지 기준을 몰고 왔다. 한국호는 허겁지겁 경제 전반에 걸친 대수술을 단행했다. 그것은 한국판 글라스노스트, 페레스트로이카였다. 원래 닫힌 사회가 한꺼번에 名實相符한 열린사회로 변신한다는 것은 거의 불가능에 가까운 일이다. 소련은 글라스노스트, 페레스트로이카로 무너졌지만, 한국도 대수술 이후 경제사회의 활기를 잃었다. 잃은 활기를 회복하기 위해 추진된 내수진작 정책이 또 하나의 무리수였다. 약화된 경제는 극약처방에 견디지 못해 지금까지 회복의 기운을 찾지 못하고 있다.

겉으로는 화려하지만 지난날의 업적은 의외로 취약한 기반 위에서 이루어진 것이었다. 이 나라의 경제가 兩極化의 굴레 속에서 아시아에서 가장 낮은 성장률을 기록하고 있는 것도 상당부분 그 취약한 기반의 후유로 볼 수 있다. 정치는 민주화를 이루었다고는 하나 국민이 갈 방향을 밝히지 못하고 있다. 사회에는 시민사회의 질서가 없고, 출생률은 아차 하는 순간에 세계에서 가장 낮아졌다. 자식이 아비를 죽이고 아비가 자식을 죽여도 사람들은 놀라지도 않는다. 대학이 세계에서 가장 많은 나라가 인재의 빈곤에 허덕이고 있다. 문화는 '한류', '욘사마', '붉은 악마'를 자랑하지만, 거기에 큰 의미가 없다는 것은 작금의 한일관계를 보면 당장에 알 수 있다.

나는 우리의 업적을 폄하할 생각은 추호도 없다. 하지만, 경제사회 전반에 걸쳐 量에 비해 質이 부실하다는 것을 지적하지 않을 수 없다. 지난날의 업적은 공고한 인적 물적 '인프라' 위에 선 것이 아니었다. 기초적인 인프라의 구축이 없는 경제사회는 항상 坐礁의 그림자가 따라 다닌다. 차세대를 이끌어 갈 만한 지성, 덕성, 감성을 갖춘 엘리트가 많지 않다. 많은 사람이 386 세대의 준비부족을 탓하고 있으나, 이 세대를 등장하게 한 것은 바로 기성세대라는 사실을 간과할 수 없다.

시장경제와 개방체제의 제도적 관습적 틀은 아직도 취약하다. 정부와 민간 사이의 분업의 分界線도 분명치 않다. 심리적으로도 국민은 안정돼 있지 않다. 많은 사람들이 억울했던 지난날의 怒을 삭이지 못하여 편안한 심리로 장래를 내다보지 못하고 있다.

屈折된 心理 속에서 한국호의 선원들은 같은 배에 타고 있으면서도 편안한 마음으로 항해할 수 있는 공동체 의식을 길러내지 못하고 있다. 때문에, 그들은 그들이 타고 있는 배의 正體性을 확실히 인식하지 못하고 있다. 내 나라가 과연 어떤 나라인지가 머릿속에 뚜렷하지 않아서 正體性의 危機(crisis of Identity)를 겪고 있는 것이다. '한국주식회사(Korea Inc.)'가 실감나던 시대는 이제 때 이르게 과거의 것이 되고 말았다.

한국호의 선원들은 力動性에는 부족함이 없으나 合理性, 인내심으로 이름난 사람들은 아니다. 그래서 시행착오가 많고, 고비용 저효율이 일반화돼 있다. 그물과 덫이 사방에 깔려 있기 때문에 발전의 원동력인 창조와 파괴의 자연스런 작동이 어렵게 돼 있다. 많은 훌륭한 능력과 낙천적인 天稟에도 불구하고 사람들은 前路에 대한 自信을 잃고 있다. 自信感의 위기(crisis of confidence)에 빠져서 밖을 내다보기보다는 안을 들여다보며, 미래를 보기보다는 과거를 뒤돌아보는 우울한 심리를 가지게 되었다.

III

한국호는 앞으로 어디로 가야 하나. 지금부터라도 근본으로 돌아가야 한다. 위에서 말한 인적, 물적, 심리적 인프라를 구축해야 한다. 迂闊한 소리를 하지 말라고 할는지 모른다. 그러나 원래 原則이란 우활하게 들린다. 항로를 잃은 배는 무엇을 보아야 하는가. 北極星을 보아야 한다. 北極星이 유일의 기준이기 때문이다. 멀고 먼 곳에 있는 것 같지만, 길 잃은 배가 의존할 곳은 그것밖에 없다.

지금 사회의 모든 부문에서 兩極化 현상이 나날이 심각해지고 있다. 중산층이 몰락하고 빈곤층과 부유층이 세습화되는 위험이 농후하다. Globalization의 영향, 중국의 부상, 우리의 대응 미숙 등이 그 원인일 것이다. 그렇다고 이에 대한 卽效藥이 있느냐 하면 그런 것도 아니다. 교육의 平準化로 그것을 막으려 해서는 안 된다. 지금과 같은 평준화는 교육의 양극화를 더욱 악화시킬 뿐이다. 서울대학교가 시도하는 신입생 지역별 인구비례 모집—이것은 평준화가 아니다—등을 포함한 교육의 이노베이션이 절실하다. 철저하게 實事求是의 방법에 따라 활로를 찾으면 답을 찾을 수 있다. 사회의 모든 구성원과 경제의 모든 주체가 각기 제 몫을 하도록 하는 것이 경제사회의 운영원칙의 처음이요 마지막이다. 그것을 떠나서 경쟁력의 강화를 찾을 수 없다.

화려한 구호를 내걸고 싶은 심정은 이해하지만, 그 유혹은 뿌리치는 것이 좋다. 구호가 화려하면 할수록 결과는 빈약할 것이다. 이데올로기에 의존하지 말고 철저하게 實事求是의 정신에 따라 앞길을 모색해야 한다. 사회과학도들은 外來理論에 구애받지 말고 현실을 보고 처방을 내려야 한다. 또 한 번 주장하지만, 한글전용을 고집하지 말아야 한다. 日帝時代 때의 편협할 수밖에 없었던 民族主義의 굴레를 벗지 않고는 치열해지는 국제경쟁을 감당할 수 없다. 漢字 文盲의 나라가 동북아 중심국가가 되겠다니, 있을 수 없는 일이다. 한자 교육의 의무화가 아니라 自由化를 하면 된다.

정부의 역할을 재정립해야 한다. Globalization 시대를 맞아 세계 모든 나라에서 정부의 능력은 축소되고 있다. 한국이라고 예외가 될 수는 없다. 세계 어느 곳에 있어서나 정부가 직접적으로 경제나 사회를 좌지우지하는 능력은 점점 줄어들고 있다. 누누이 말하지만 인적, 물적, 제도적 인프라를 구축하는 일, 이것을 외면한 올바른 정책은 없다. 경제를 중심으로 보자면, 인프라의 구축에 크게 세 가지를 강조하고 싶다. 첫째, 規制의 합리화, 둘째, 租稅의 합리화, 셋째, 勞組의 합리화이다.

우리나라는 지금 百尺竿頭 위에 서 있다. 지금과 같이 허우적거리다가는 과거의 역사가 다시 찾아올 것이다. 바라건대, 정부는 지금이라도 우리 경제사회의 현황과 앞으로의 진로에 대한 큰 그림을 국민에게 내놓고 국민의 동참을 구하는 것이 좋을 것 같다. 화려한 그림이 아니라도 좋다. 성의와 애정이 담겨 있으면 된다. 그것은 正體性의 위기 극복과 自信感의 회복에 도움이 될 것이다. 국민들은 아낌없는 聲援을 보낼 것이다.

한국경제의 進路*

한국경제를 논하려면, 우선 국제경제의 向方에 대한 이해를 전제로 해야 한다. 세계의 大國을 도외시한 경제정책은 한 발짝도 앞으로 나아갈 수 없다.

Ⅰ. 세계의 大局

세계는 지금 400~500년에 한 번씩 찾아오는 대 전환기에 처해 있다. 선진국들이 상대적으로 약해지고 후진대국들이 대두하고 있다. 미국의 一極 구도가 점차 多極 구도로 분화하고 있다. 그동안 미국에 의해 추진되어온 國際(Global) 질서 역시 점차 地域(Regional) 질서의 모양으로 전환할 것으로 보인다.

2차대전 후, 미국의 주도 하에 설립된 4개의 국제기구(UN, IMF, IBRD, GATT 후신인 WTO)가 모두 크게 변질되거나 약화되고 있다는 사실이 세계질서의 퇴색을 말해준다. UN의 중심인 安保理의 기능은 매우 약화되었다. IBRD나 IMF도 이제 거의 그 기능이 없어진 감이

---

* 2006년 1월 10일 충남대학교에서 행한 강연 요지임.

있다. WTO도 원래 의도한 강한 모습이 없다.

세계경제는 多事多難한 한 해를 겪을 것 같다. 미국경제의 쌍둥이 赤字, 여타 세계(특히 아시아 나라들)의 黑字로 요약되는 세계경제의 巨視的 不均衡은 미국 경제정책 방향의 변화나, 아니면 달러화의 하락이 없는 한, 회복될 수 없을 것으로 보인다. 세계 유일의 초대국인 미국이 어떤 세계전략을 추진할 것인가에 따라 세계경제는 큰 영향을 받을 것이다. 그러나 미국이 그 나라와 세계경제의 정상화를 위한 필요한 調整을 늦추면 늦출수록 세계경제의 불균형은 더욱 심화될 것이다.

아시아 경제는 중국과 인도 및 ASEAN을 중심으로 활기 있는 발전을 지속할 것으로 보인다. 중국의 개혁개방은 앞으로 더욱 폭넓게 전개될 것이 예상된다. 자원의 부족, 환경의 악화 등의 문제가 있기는 하나 고속성장은 지속될 것이며, 서부개발, 동북개발이 적극적으로 추진될 것이다. 인도 역시 독특한 모델을 전개하면서 활기 있는 성장을 이룩할 것이다. 중국과 인도는 한편으로는 경쟁하고 한편으로는 협력하면서 동남아 지역과의 연계를 강화하여 생산, 교역, 시장 등의 면에서 통합되는 모습을 보일 것이다. 지금까지는 아시아 나라들이 각기 따로 구미 제국과 경제관계를 맺어 왔지만, 이제부터는 아시아 시장의 확대, 생산의 연계, 중산층의 대두에 따른 시장의 팽창 등으로 보다 自己完結的인 지역발전을 이룩할 것이다. 동남아시아와 남아시아 지역은, 美洲나 유럽에 못지않은 큰 '블럭'을 형성할 것으로 보인다.

Ⅱ

경제 당국은 올해의 성장률은 성장잠재력 4%보다 높은 5%가 될 것
으로 전망했다. 잠재성장률보다 높은 것이 좋은 것은 아니다. 그러나
중요한 것은 수치가 아니라 그 내용이다. 설사 수출이 잘 되고 소비
가 다소 늘어난다고 하더라도, 지금과 같은 고용 없는 성장, 중소기
업의 부진, 중산층의 몰락, 서비스산업의 취약, 지역격차의 확대 등
의 양극화 현상이 계속된다면, 4%든 5%든 큰 의미가 없을 것이다.
그러나 불행하게도 국내외 경제의 현황으로 보아 이러한 문제를 단시
일 내에 해결할 방법은 거의 없다.

이제부터는 지도층이 좀 더 잘 해야 한다. 경제정책 책임자가 정책
을 잘 할 수 있는 가장 중요한 두 가지를 든다면, 첫째, 역사적이고
세계적인 大局觀을 바로 가짐으로써 경제의 앞날에 대한 비전과 전략
을 확고하게 수립하여야 하며, 둘째, 경제 현실에 대한 과학적 분석
이 있어야 한다. 후자(경제 분석)는 경제전문가의 몫인데 이 나라에는
좋은 전문가들이 많으니 경제분석의 질을 걱정할 필요는 없을 것이
다. 그러나 전자, 즉 비전과 전략을 가지는 일은 정치가의 몫인데, 바
로 여기에 문제가 있다. 이것이 좋지 않으면 아무리 경제분석이 잘
되어 있어도 아무런 소용이 없다. 좋은 역사의식을 가진 정치가란 언
제 어느 나라에서나 드물다.

Ⅲ

IMF를 맞은 지 8년이 되는 지금, 일부 기업의 체질은 강화된 점도

있으나, 전체적으로 보면, 이 나라의 성장잠재력은 줄어들고 경제구조는 양극화로 치닫고 기업의 투자는 저수준에 있다. 게다가 정치와 사회의 혼란, 인구의 노령화, 출생률의 격감 등으로 성장동력의 회복은 낙관할 수 없게 되었다.

우리 경제의 活路는 어디에 있는가. 세계의 大局을 내다보고 그것에 부합되는 평화와 번영을 향한 正道를 찾는 데 있다. 大局에 관해서는 위에서 보았다. 우리가 가야 할 正道는 무엇인지 짚어보자.

이 나라는 나이를 먹고 몸집도 커졌지만 이에 부합하는 成熟性이 없고, 황당한 일들이 일상적으로 일어나고 있다. 국민의 정서에는 집단적이고 미성숙한 力動性은 있으나 성숙한 개인주의적 合理性은 적다. 경제가 지속적으로 발전하자면, 경제정책만으로 이루어질 수 없는 단계에 와 있다. 역사의식을 상실했기 때문이다. 조급한 마음을 접고, 한꺼번에 선진국이 될 생각을 버려야 한다. 이 나라가 정상적인 마음을 가지기 위해서는 오랜 세월이 걸릴 것이다.

역사의식을 가진다면 과거의 잘못된 정책을 반복하지 않을 것이다. 경제성 없는 비현실적인 정책을 독선적으로 추진하다가 실패한 4공의 교훈, 後日의 위기에 대비하지 않다가 IMF를 불러들인 실패의 교훈, 외국의 이론을 무조건 받아들임으로써 많은 후유를 남긴 IMF 이후의 경험 등은 앞으로도 반복될 위험이 높은 우리나라 경제정책의 盲點들이다.

우리 경제의 장래는 아시아의 역동적인 발전을 어떻게 활용하느냐에 달려 있다. 이에 대한 이 나라의 의사결정은 이미 이루어진 지 오래다. 모든 대기업과 많은 중소기업이 적극적으로 중국과 인도에 진출하고 있다. 정부는 최근 아세안과 FTA를 맺기로 했다. 불가피한 방향이다. 불가피한 선택은 옳은 선택이다.

정부가 단기적으로 가시적인 성과를 낼 수 있는 정책수단은 거의 없다. 지금 이 나라가 당면하고 있는 문제는 人的, 制度的 인프라의 未備에 있다. 인적 인프라의 미비의 좋은 예는 '줄기세포' 사건이었다. 이 사건의 과정의 마디마디에는 황당한 '한국적'인 역동성이 깔려 있다. 이런 인적 자원의 역동성은 많으면 많을수록 경제나 기술은 후퇴할 것이다. 제도적 인프라 미비의 한 가지 예는 사립학교법의 제정 과정에서 표출된 황당한 광경이다. 취약한 인프라 위에 설립된 학교가 좋은 교육을 베풀 수는 없을 것이다.

특히 교육, 의료, 연구 및 기타 서비스분야는 보다 과감하게 개방할 필요가 있다. IMF 이후 소위 4대 부문의 개방을 지나치게 추진한 결과는 좋지 않았다. 이에 비해 교육, 연구, 의료 등의 개방은 더 중요하고 필요하다.

내가 보기에는 외국으로부터 들여온 新自由主義的인 정책, 이를테면 금융 및 자본시장의 급격한 개방, 공기업의 급격한 민영화, '작은 정부'의 실현 등은 좋은 점도 있지만 우리 실정에 맞지 않는 점이 너무 많다. 기업경영에 있어서도, 미국식 기업지배구조(Corporate Govern-ance)에는 본받을 만한 점도 있기는 하나 좋지 않은 점이 많고, 특히 우리 실정에 맞지 않는 점이 많다. 일반적으로 신자유주의 정책을 조건 없이 수용해서는 안 된다.

　최근 들어 집이나 토지 등의 재산, 근로자의 근로소득에 대한 세금이 크게 올랐다. 정부 세수의 증대 필요성을 인정하면서도, 이런 세원을 급격하게 '發掘'한다는 것은 좋지 않은 일이다. 이념에 사로잡히지 말고 모든 문제를 實事求是의 관점으로 풀어야 한다.

　경제 이야기가 아닐지 모르지만, 나라의 지도층은 先憂後樂의 정신의 발휘만이 그들의 지위를 보장한다는 것을 잊지 말아야 한다. 물리력을 행사하는 무분별한 데모는 금지되어야 한다. 햇볕정책으로 북한이 우리가 바라는 대로 유도될 것을 기대해서는 안 된다. 한꺼번에 統一이 될 것을 바래서도 안 된다. 저쪽은 우리가 바라는 대로 움직일 만큼 체제와 이념이 신축적이지 않다.

글로벌 經濟와 美國經濟[＊]

나는 작년 이 학회 30주년 기념모임에서 한국의 대외경제정책에 관해 기조강연을 한 바 있다. 이번 강연은, 처음부터 의도한 것은 아니지만, 전번의 그것의 연속이 되지 않을 수 없게 됐다. 다만 이번에는 전번과는 좀 다른 각도에서 이 문제에 접근하려고 한다. 전번의 강연에서는 한국의 입장에서 한국의 대외관계를 논했지만, 이번에는 미국의 현실에서 한국의 대외관계의 실마리를 찾고자 한다. 왜 하필 미국인가? 미국에 대한 확실한 이해 없이는 한국의 대외관계는 한 발짝도 앞으로 나아갈 수 없기 때문이다.

그래서 이 강연에서는 미국의 대내 · 대외 경제정책이 왜 그리고 어떻게 지금의 모양을 갖추게 되었는가를 전번의 경우처럼 역사적으로 설명하고, 한국이 이 Superpower와의 관계를 어떻게 설정해야 하는가의 대한 端緒를 구하고자 한다. 미국인의 신조와 전통, 근래 이루어진 미국 자본주의의 질적인 전환 및 그 대외정책의 波長 등에 관한 나의 몇 가지 管見이 그 내용이 될 것이다.

I. 1970년대 이후의 미국경제

＊ 2008년 6월 13일, 한국국제경제학회 창립 31주년 기념 하계정책세미나에서 행한 기조 강연 요지임.

2차대전 이후 60년대까지는 미국의 獨步的 全盛時代였다. 미국은 당시 공산주의를 막기 위해 마셜 플랜으로 유럽의 부흥을 이끌어냈고, 아시아에서는 일본의 부흥, 그리고 한국을 포함하는 '4龍'의 산업발전에 결정적인 기여를 했다. 당시의 세계경제의 復興에 활용된 경제이론은 대부분 케인즈 이론이었다. 60년대 말, 미국 학자들은 이제 경제에 대해 알만한 것은 다 안다고 자부하고 있었다.

70년대부터 유럽과 일본이 부흥함으로써 미국의 경쟁력은 상대적으로 후퇴하기 시작했다. 세계적으로 인플레가 만연하여, 이 원인은 케인즈 이론과 이에 따른 정부역할의 증대에 있다는 인식이 널리 퍼지기 시작했다. 케인즈 이론이 점차 빛을 잃으면서 이를 대체하는 이론으로 Monetarism이라는 자유주의 이론이 확산되기 시작했다.

미국은 基軸通貨國의 지위를 활용하여 세계경제 운영의 패러다임을 바꿈으로써 自國의 경쟁력 약화를 막고 세계경제의 지도력을 확보하고자 했다. 그 첫 번째가 71년에 단행된 金換本位制度의 포기와 變動換率制의 채택이었다. 그러나 70年代 末이 되어도 미국경제의 경쟁력은 개선되지 못했고 여전히 높은 인플레와 低成長에 시달렸다. 미국은 장기화되는 침체 국면을 탈피하기 위한 보다 拔本的인 대책을 要望하게 되었다.

이 요망에 호응하여 1980년 '강한 미국'을 외치는 Ronald Reagan이 대통령이 되었다. 강한 미국을 달성하기 위하여 경제정책 기조로는 케인즈를 버리고 'Reaganomics'라 불리는 新自由主義(Neo-liberalism) 政策을 채택했다. '강한 달러'를 지향한 레이건은 Paul Volcker라는 뚝심 있는 인물을 聯邦準備制度의 議長으로 기용했다. 볼커는 파격적인 고금리정책을 씀으로써 인플레를 제압했다. 레이건은 減稅와 군비증강을 위한 支出增大를 내용으로 하는 재정정책을 썼다. 財政赤字

와 經常收支赤字가 쌍둥이처럼 나타났으나, 개의치 않았다.

레이건은 특유의 정치력으로 일본에 압력을 가하여 엔화의 切上을 위한 G-5의 플라자 합의(Plaza Agreement)를 도출함으로써 엔화의 가파른 절상을 유도하는 데 성공했다. 그는 볼커의 후임으로 1987년 Wall Street 출신인 Alan Greenspan을 聯準 議長으로 기용했다. Greenspan은 그 후 만 19년 동안 4인의 대통령에 의해 5번이나 連任되어, 계속 경기확대를 위한 통화정책을 폄으로써 미국 경제정책의 代父 역할을 담당했다. 점차 '워싱턴의 合意(Washington consensus)'라 불리는 자유화, 경쟁화, 개방화, 민영화, 정부역할 최소화를 骨子로 하는 新自由主義 정책이 미국의 대내·대외 경제정책의 기조가 됐다. 미국은 이 정책에 미국의 比較優位가 있다고 생각하고, 이것을 가지고 미국의 경쟁력을 회복하여 Pax Americana의 세계질서를 확보할 것을 바란 것이다.

93년부터 집권한 Bill Clinton은 新自由主義와 대차 없는 정책기조를 유지하면서 글로벌 경제를 추진했다. 역시 미국의 경쟁력을 확보하는 것이 기본 목표였다. 1994년 우루과이 라운드를 타결시키고 1995년 WTO를 결성하여 글로벌경제의 기초를 더욱 굳혔다. 때마침 'IT' 기술과 이 기술을 배경으로 하는 산업이 크게 발전했다. 이른바 닷컴(dot.com) 업체 및 벤처기업이 크게 일어나서 미국경제는 활기를 띠었다. Greenspan의 聯準은 계속 경기확대 정책을 썼다. 또 한 사람의 Wall Street 출신인 Robert Rubin이 재무장관이 되어 금융이 경제정책의 중심이 됐다. 證市가 활기를 띠고 모든 資産의 가격이 치솟았다. 이것이 자산 효과(Wealth Effect)를 자극하여 소비도 크게 증가했다. 이에 따라 미국경제에는 活況이 지속됐다.

이 활황이 국민의 陶醉感을 자아내어, 미국은 이제부터 영원히 경기변동 없는 '新經濟(New Economy)'를 맞이했다는 소리가 울려 퍼졌다. 미국의 호황은 '잃어버린 10년'의 쓴잔을 마시고 있던 일본, 10% 이상의 실업률에 시달리고 있던 유럽과 좋은 대조를 이루었고, 미국 주도의 新自由主義 노선의 '優越性'을 증명하는 듯이 보였다. 그러나 신경제의 도취감의 근거는 박약했다. 미국의 호황은 IT 발전의 뒷받침에 의한 생산성 상승도 있었지만, 그보다는 오히려 계속된 유동성 공급의 증가와 자산가격의 폭등으로 거품이 경제 전반에 부풀어 오른 것이 더 큰 작용을 했다.

미국 경제 당국은 미국의 경쟁력이 제조업보다는 서비스업, 그 중에서도 특히 金融業에 있는 것으로 보았다. 의회는 1930년대로부터 상업은행 업무와 투자은행 업무를 분리해온 Glass-Steagall Act를 폐지하여 그 두 가지 금융업무의 相互推進(cross-promotion)을 장려했다. 금융업의 자유화에 따라 Wall Street에는 우수한 사람들이 雲集했다. 이들이 개발한 金融工學 技法으로 전문가조차도 잘 알 수 없는 온갖 金融派生商品이 案出되었다. 이에 따라서 금융회사의 이익과 金融技士의 보수도 수직상승했다. 미국경제는 급격히 金融化(financialization)되어, 미국 자본주의는 종래의 産業資本主義로부터 金融資本主義로 전환됐다. Wall Street의 영향을 받아서 국제적으로 자본거래가 활성화되고 換投機, 株式投機가 일상화되었다.

1997년에는 아시아, 러시아 등의 금융위기가 발생하여 IMF의 救濟借款을 받았다. IMF의 관리 하에 놓인 나라들은 IMF 차관의 조건을 맞추기 위해 많은 기업과 자산을 Fire-sale로 투기펀드에 '매각'했다. Wall Street는 큰 利得을 보았으나, 미국경제의 거품은 90년대 말부터 꺼지기 시작하여 경기는 내리막길로 돌아섰다.

2000년, George W. Bush가 등장하여 모든 정책의 方向舵는 더욱 선명하게 신자유주의 기조로 돌아갔다. 新保守主義者(Neo-con)라 불리는 原理主義者들이 정치, 경제, 사회, 종교 등에 걸쳐 정책의 方向舵를 잡았다. 경제에는 新自由主義, 외교에는 一方主義(Unilateralism), 국방에는 先制攻擊主義가 네오콘 정책의 골자였다. 9·11 이후 아프간 및 이라크 전쟁을 前後하여 '쌍둥이 赤字'가 다시 출현했는데도 네오콘의 노선은 흔들리지 않았다. 많은 일류 大企業(Enron 등)과 巨大會計法人(Andersen 등) 등이 회계부정으로 도산하고 최고경영자들이 줄줄이 收監됐다. 아시아의 緣故資本主義(crony capitalism)를 무색케 한 이들의 부패가 세상을 놀라게 했다.

2007년 8월 Sub-prime mortgage의 不實이 드러남으로써 세계 최대급의 은행이 엄청난 손실을 입었다. 이들은 싱가포르, 쿠웨이트, 아부다비, 중국 등의 국가소유 펀드(Sovereign Wealth Fund)로부터 투자를 이끌어냄으로써 우선은 위기를 모면했다. 10년 전 아시아로 온 IMF가 미국으로 돌아간 것이다. 다만, 이번에는 아무런 부대조건이 없다는 것이 달랐다. 聯準은 유동성을 늘림으로써 현금 부족에 시달린 은행과 투자은행을 救濟(bail-out)했고, 정부는 하반기에 재정확대를 통해 경기를 부양할 것을 公布했다.

Ⅱ. 自由主義, 自由原理主義의 成果

미국은 왜 남달리 자유시장을 종교처럼 깊이 신앙하게 되었는가.

미국 국민은 원래 自由를 숭상하고 경제에 대한 국가의 간섭을 싫어한다. 미국은 강한 정부를 가져본 역사가 없고, 重商主義(mercantilism) 같은 정부 통제를 받아본 적도 없다. 미국 국민은 그런 것들이 싫어서 신대륙으로 移民 온 사람들이다. 그들은 'Winner Takes All'의 철학

을 신봉하며, 弱肉强食의 다원주의를 당연시한다. 가난해도 정부에 구
조를 요청하지는 않는다. 정부도 국민복지, 소득분배 등을 책임질 생
각은 원칙적으로 없다. 1980년대 이후로 국민소득은 가계부문으로부
터 기업부문으로 이전되고 중산층도 엷어지고 있는데도 정부는 우려
를 표시하지 않고 있다.

　1980년대로부터 미국이 내세우는 新自由主義는 원래의 자유주의,
이를테면 아담 스미스가 제창한 자유주의와는 다르다. 아담 스미스가
그린 (舊)自由主義는 자유를 인간의 절대적인 가치로 보는 것이 아니
라, 그의 『道德感情論』에서 보여주듯이, 인간의 자연적인 品性이 자
연스럽게 표현되는 사회가 되기를 원한 것이다. 인간은 국가나 교회
의 지도 없이도 좋은 사회를 만들어 낼 천부의 능력을 가지고 있고,
私利를 위한 개인의 행동이 자연스럽게 公益을 가져온다는 것이 그의
思想이었다.

　그러나 아담 스미스는 인간에게 자유만 허용하면, 어떤 경우에서
든, 가장 좋은 능률적인 사회가 나타난다고 주장한 적이 없다. 그는
당시의 스코틀랜드의 다른 철학자와 같이 인간성에 대한 깊은 이해와
통찰을 가진 倫理學 교수였다. 그는 상공업자를 가장 혐오했는데, 그
이유는 상공업자들은 항상 그들만의 이익만 생각하고 기회만 있으면
談合에 의한 獨占利益을 챙기려 한다고 믿었다. 아담 스미스는 자유
방임만 주어지면 항상 가장 좋은 사회가 온다고 盲目的으로 믿었던
막힌 학자가 아니었다.

　이에 비하여 (新)자유주의는, 그 主唱者가 누구인지는 확실치 않으
나, 민간의 자유시장이 절대적으로 효율적이고 정부는 항상 부패하고
비능률적인 사회를 가지고 온다고 想定한다. 따라서 공기업이나 公共
서비스도 아예 다 民營化하고 복지, 의료 및 그 밖의 사회보장도 시

장에 맡기는 것이 옳다고 주장한다. 신자유주의는 개인의 자유를 절대시한다는 의미에서 自由原理主義라 할 수 있다. 모든 원리주의가 다 그렇다시피, 신자유주의는 한 가지는 절대적으로 옳고 그 밖의 모든 것은 다 옳지 않다는 편벽된 사상이기 때문에, 多元的인 사회를 처음부터 白眼視한다. 자유원리주의가 판을 치는 사회는 무자비한 'Winner Takes All'의 사회가 된다. 미국은 본래 勝者(즉, 强者)의 나라이다. 돈 있고 힘 있는 소수의 엘리트가 이끄는 나라이지 풀뿌리 民草의 목소리가 그리 큰 나라는 아니다.

원래 自由를 절대시하는 사회에 있어서도 自由란 현실적으로 모든 사람이 똑 같이 가질 수 있는 德目이 아니다. 그것은 勝者에 대한 보수이지 敗者에게 나누어지는 선물은 아니다. 그러므로 自由原理主義를 받드는 사회가 좋은 사회를 만들어내기 위해서는 계속 많은 勝者를 만들어낼 수밖에 없다. 그러나 많은 승자가 나오기 위해서는 승자가 정복할 수 있는 개척 가능한 邊境(frontier)이 항상 펼쳐져 있어야 한다.

1970년대 말의 미국의 엘리트는 몹시 속상해 있었다. 오랜 민주당 치하의 New Deal, Great Society 등의 福祉主義 政策으로 인플레가 격심하고 경제는 침체되어 있는데다가 越南戰 패배와 外交에서의 뼈아픈 受侮가 잇달았다. 엘리트들은 切齒腐心하면서 뭔가 종래의 미국식 자유주의를 회복하여 국면을 전환하기를 바랐다. 이에 레이건이 승자의 철학인 자유시장 원리주의로 화답하면서 自由化, 競爭化, 開放化, 民營化, 政府最小化를 외쳤다. 이것이 80년대 Reaganomics의 배경이었다.

그러나 강자가 승리를 거둘 남아 있는 地理的 변경은 없었다. 이제는 産業的 변경을 열어야 한다. 자유를 구속하는 지난날의 법규(이를

테면 Glass-Steagall Act)를 폐지하고 새로운 산업상의 邊境(즉, 금융부문)
을 열고 그것을 세계로 확대시켜야 했다. 마침내 신자유주의자들은
Wall Street의 도움을 얻어 금융을 개방했다. 시대의 勝者가 될 金融
技士, 會計士, 律士들에게 自由放任이 허용되었다. 정부의 후원으로
새로운 개척지를 얻은 이들은 마음 놓고 그들만이 구사할 수 있는 새
로운 무기 ― 金融工法 ― 를 일구어냄으로써 엄청난 승리를 거뒀다.
금융회사들은 空前의 이윤을 실현했고, 금융기사들도 엄청난 전리품
을 챙겼다. 금융회사의 부가가치가 全會社의 그것에서 차지하는 비중
은 1982년에 8%, 2007년에 16%였는 데 비해, 금융회사의 이익(Profit)
이 전 회사에서 차지하는 비중은 1982년에는 5%에 불과했으나, 2007
에는 41%로 급등했다. 시대의 勝者인 金融業者들은 그들의 전선을
남미, 아시아, 러시아 등으로 펼침으로써 큰 이득을 챙겼다.

　80년대 이후의 미국 금융자본주의는 Wall Street에게는 많은 이득
을 가져다 주었지만 미국경제의 건전한 발전에는 기여하지 못했다.
Wall Street가 경제를 끌고 가는 동안 경제정책이 방향을 잃고 있었
다. 거시적으로는 경제의 'Substance'라 할 수 있는 생산, 고용, 물
가, 임금, 국제수지 등이 정책의 死角地帶가 되었다. 미시적으로는
소득이 가계로부터 기업으로 逆流하여 兩極化가 날로 심화되고 있었
다. 저소득층의 실질소득은 1970년대 말로부터 제자리걸음을 하고 있
었고, 미국의 자랑이었던 중산층은 내리막길을 치닫고 있었다. 기업
경영도 방향을 잃고 있었다. 경영자의 報酬(executive compensation)가
주가에 의하여 결정되기 때문에 기업경영은 단기적인 주가 상승에 경
영의 중점을 두고 있었고, 기업의 CEO는 주가를 올리기 위해서는 수
단 방법을 가리지 않았다.

　나라에도 Life Cycle이 있다. 육체적으로가 아니라 정신적으로 젊

은 나라도 있고 늙은 나라도 있다. 늙은 나라도 국면을 크게 전환하면 젊은 나라가 될 수 있다. 세계경제의 역사를 볼 때, 壯年期에 금융이 발전한 예는 없었다. 모두 老年期에 접어들면서 비로소 금융이 발전됐다. 17세기의 和蘭이 그랬고, 19세기의 英國이 그랬다. 미국 자본주의는 장년기를 지났다고 나는 본다. 미국의 변경(frontier)이 금융이 된 것을 보면 그것을 알 수 있다. 미국경제가 다시 힘차게 소생하자면 지금까지처럼 금융에 의존해서는 안 되고, 금융 이외의 다른 변경을 개척해야 할 것이 아닌가 생각된다.

Ⅲ. 한국에 대한 示唆

나는 작년의 강의에서 미국경제는 한국의 모델이 될 수 없다는 점을 강조한 바 있다. 이 강연의 결론도 똑 같다. 한국이 염두에 두어야할 점은 미국에서도 新自由主義는 이미 외국에 있어서나 미국 자체에 있어서나 정책으로서의 타당성을 잃었다는 사실이다. 한국이 이제 새삼 新自由主義, 金融資本主義의 모델을 그대로 들여올 경우 한국경제는 그 荷重에 눌려서 견디지 못할 것이고, 사회는 끊임없는 內部破裂(implosion)에 시달릴 것이다.

한국은 선진국이 되려는 의지를 표명하고 있다. 최고 선진국은 미국이므로 금융을 포함한 모든 분야에서 미국을 모방하면 선진국이 되는 줄 알고 있다. 그러나 어느 시대에 있어서도 모방만으로 선진국이 된 예는 없다. 선진국이 되자면 선진국이 갖추어야 할 기본을 닦아야 한다. 지난 번의 강연에서 강조했듯이 人的, 物的, 制度的인 인프라를 닦아야 하며, 국민생활이 道德性을 회복하여야 한다.

한국은 미국과의 FTA 결성 이후 동시다발적으로 많은 FTA를 추진하고 있다. EU와의 FTA는 금년 내로 타결하기로 했고, 일본과도 FTA를 맺을 것이라 하며, 최근 들어 중국과도 FTA 결성을 적극 검토할 것을 약속했다. 마치 FTA의 퍼레이드(parade)를 치루고 있는 것 같다. 작년 미국과의 FTA도 그랬지만, 이 나라는 왠지 해야 할 일은 하지 않으면서 약 먹은 사람처럼 FTA에 매달리고 있다. 이해하기 어려운 일이다.

이 모든 FTA가 결성될 경우, 그 결과는 어떻게 될까. 대외경제정책이 여러 나라에 의해 꽁꽁 묶이는, 다시 말해서, 대외경제정책이 없는 나라가 될 것으로 나는 본다. 自由에는 義務가 뒤따르고, 의무는 곧 不自由를 의미한다. 동시 다발적인 FTA가 가지고 올 그 엄청나게 많은 自由는 엄청나게 많은 不自由로 變身할 것이다.

세계의 모든 나라와 FTA를 맺은 후의 한국의 自畵像을 그려보자. 마치 대문도 없고 들창도 없는 집에서 주인은 벌거숭이가 된 채 가부좌를 틀고 앉아, 나는 옷을 입지 않아도 될 자유로운 사람이라고 폼을 잡는 꼴이 아니겠는가. 아! FTA, 이것이 왜 한국에 대해서는 强迫觀念이 되고 말았는가. '自由로부터의 自由', 한국에 필요한 것이 바로 이것이라고 나는 본다.

나는 자유무역을 반대하는 사람은 아니다. 다만 나라가 되자면 환상을 버리고 나라의 바른 모양을 가져야 한다는 것을 말하고 싶을 뿐이다. 나라의 모양, 이것을 正體性(identity)이라고 한다. 정체성은 바로 나라의 文化이다. 문화가 없으면 정체성이 없고, 정체성이 없으면 나라는 이미 나라가 아니다. 한국은 지금 정체성의 危機(identity crisis)를 치루고 있는 것이다.

文化와 국제경쟁력*

Ⅰ. 글로벌시대의 의미

우리가 사는 이 시대를 글로벌시대라고 한다. 이 시대의 특징은 세계의 모든 나라들의 정치, 경제, 사회 등이 국제 교류 속에서 이루어지면서 서로가 영향을 주고받는 데 있다. 그 과정에서 세계 각국의 문화가 同質化되고 있다. 현대인이 입는 의복은 세계 어딜 가나 大同小異하고 住居, 飲食 역시 그렇다. 그러나 반면 文化의 동질화가 이루어지는 동시에 그 이질적인 측면도 더욱 鮮明하게 되는 측면도 있다. 세계의 나라들은 거의 예외없이 自國의 문화를 유지하고자 노력한다. 世界化(Globalization)는 地方化(Localization)와 동시에 진행되는 것이다.

文化란 무엇인가. 그 나라 사람들의 생활 모습을 말한다. 그것이 그 나라의 正體性(identity)의 원천이다. 마치 제대로 된 사람이라면 그 사람의 개성이 그려질 수 있듯이, 제대로 된 나라라면 그 나라에는 나라의 정체성이 있다. 문화가 없는 나라 ─ 그런 나라는 나라라고 할 수도 없겠지만 ─ 에는 정체성이 없다. 정체성이 없는 나라는 살아

---

* 이 글은 2008년 7월 20일 인간개발연구원 제주도 섬머 포럼에서 행한 주제 강연 요지임.

있는 나라가 아니다. 개성이 없는 사람은 산 사람이 아니라는 것과 같은 이치이다.

一國의 發展 動力의 크기와 내용(그리고 그 나라의 경쟁력)은 그 나라의 文化의 質에 의존한다. 그 나라의 정치, 경제, 사회, 교육, 그 밖의 發展(또는 停滯)은 각기 그 나라의 문화의 특질을 반영한다. 중국의 발전은 중국의 문화를, 일본의 발전은 일본의 문화를 그대로 반영한다.

문화는 自然人과 같이 하나의 生命體이다. 그것은 단기적으로는 固定돼 있는 것처럼 보인다. 그러나 自然人이 항상 변하는 것처럼 문화역시 잠시도 쉬지 않고 변한다. 자연인이 장기적으로는 아주 몰라 보일 정도로 달라지듯이, 일국의 문화 역시 장기적으로는 마치 다른 나라로 보일 정도로 달라진다.

자연인과 마찬가지로 나라(및 그 문화)도 생겨나고 자라고 늙고 병들고, 가끔은 죽기도 한다. 한동안 힘차게 자라던 나라도 늙으면 활기를 잃고. 반면, 개인과 나라가 다른 점은 개인은 예외 없이 生老病死의 사이클을 그리지만, 나라는 늙었다가도 큰 轉換(이를테면 革命)을 이룩하면 잃었던 활기를 되찾을 수 있다는 것이다. 늙은 문화도 큰 轉機 속에서 사람들의 創造力이 발휘되면 원기를 회복할 수 있고, 활기 있던 문화도 安逸한 세월을 보내면 늙고 병들게 된다.

우리나라는 지금 정치, 경제, 사회, 교육 등 모든 면에서 어려운 처지에 놓여 있다. 총체적인 위기를 맞고 있다고 하는 사람도 있다. 그러나 정치나 경제의 어려움은 겉으로 나타나는 현상에 불과하고, 진정한 어려움은 국민의 마음속에 있는 것 같다. 국민의 마음이 中心을 잃고, 서로의 不信과 內部破裂(implosion)을 반복하는 동안에 正體性의 危機(crisis of identity)를 맞이하고 있는 것이다. 끝없이 터지는 破裂音 속에서 한국이라는 나라의 참 모습이 지워졌다. 국민이 합심하여 좋은 일을 일구어내지 못하는 無力感 속에서 自信感을 喪失(crisis of confidence)하고 있다. 자신이 없는 곳에 국제경쟁력이 살아나올 수 없다.

지난 50년 동안, 나라는 크게 발전했다. 남들이 그것을 한강의 기적이라고 했다. 그러나 IMF를 전후하여 한강의 기적이 한강의 위기로 변하면서 참된 創造는 적고 그것을 가로막는 破壞만 많아졌다.

Ⅱ. 21세기의 의미

한국은 스스로 민주화를 이룩한 큰 業績을 이룩했음에도 불구하고 그 민주화를 생산적으로 만드는 데에는 아직 성공하지 못하고 있다. 민주화가 5년이나 4년에 한 번씩 大選이나 總選을 치루면서 무질서를 연출하는 데 머문다면, 피 흘려 민주화를 달성한 보람이 없다.

경제는 한강의 기적을 이루었고, 세계적인 기업이 몇 개나 생겼다. 그러나 오늘처럼 成長動力이 약화되면서 산업, 기업, 지역, 소득분배 등 면에서 兩極化가 자리 잡고 국민이 정체성을 상실하고 있다면, 경제발전을 이룩한 보람이 없다.

교육은 세계 어느 나라에 비해서도 더 많이 보급됐고, 人口 對比 대학 졸업자는 세계 최고수준에 달했다. 그러나 기러기 아빠 엄마가 세계에 유례없이 많아지고, 국민이 거의 正體性을 잃을 지경에 빠져 있다면, 교육열이 높은 보람이 없다.

要는, 한국에는 여러 방면의 발전에도 불구하고 국민의 참된 삶의 모습은 나타나지 않고 있는 것이다. 발전을 했다고 하지만 문화 수준은 오히려 낮아지고 있는 것이다. 몇 개 회사의 경쟁력은 살아있는지 모르나 나라의 경쟁력은 낮아지고 있는 것이다. 이런 상황에서 아무리 선진화를 외쳐도 소용이 없다. 비단 소용이 없을 뿐만 아니라 선진화 구호가 오히려 발전의 장애가 되고 있다. 왜 그런가.

첫째, '先進化'란 말이 알맹이가 없는 애매모호한 말이기 때문이다. 선진국에는 여러 가지가 있다. 주로 西歐에 많다. 西歐 나라들은 同質性이 강하다고는 하지만, 따지고 보면, 나라의 모습은 다 크게 다르다. 이혼이 엄청나게 많은 나라도 있고, 父母가 누군지 모르는 私生兒가 總出産兒의 60%가 넘는 先進國도 있다. 유럽 聯合에 적극 반대하는 나라가 있고, 어떤 경우든 미국에만 매달리는 선진국도 있다. 여름의 몇 달 동안을 休暇로 지내면서 有效勞動의 상당부분을 東歐나 아프리카로부터의 移民에 의존하는 선진국도 있다. 어떤 나라의 어떤 면을 배우자는 말인가.

둘째, 선진국의 共通點은 소득수준이 높은 데 있다. 선진화란 결국 성장률을 극대화하자는 말이 된다. 그러나 우리가 보다시피, 성장률은 인위적으로 늘릴 수가 없다. 그리고 우리의 1인당 소득이나 그들의 1인당 소득이나 大差는 없다. 그런데도 선진국이 되기 위해 물가나 소득분배는 어찌됐든 成長率 목표에 전력을 기울이라는 말인가. 결과는 무엇일까. 실패뿐일 것이다.

17세기로부터 20세기까지의 세계는 西歐의 獨舞臺의 시기였다. 서구식 기계문명이 영원히 優越한 것으로 비춰진 시대였다. 19세기부터는 서구에 자본주의가 번지면서 갖가지 세계 지배의 '原理主義'가 많이 나타났다. 원리주의란 원래 현실세계의 모순에서 파생되는 것으로서, 그 사상의 바탕에는 항상 유토피아가 있는 법이다. 서양의 나라에서는 그런 원리주의 및 그 원리주의가 빚어내는 '유토피아'를 달성하기 위한 시도가 여러 번 이루어졌다. 共産主義라는 원리주의가 빚어낸 유토피아는 近百年 동안 엄청난 재앙을 빚어내다가 결국 실패했다. 파쇼, 軍國主義라는 원리주의가 빚어낸 유토피아도 실패로 끝났다.

20세기 말에서 21세기 초에도 아직 이런 종류의 원리주의가 남아 있다. 모든 자원의 배분을 自由市場에 맡긴다면 모든 사람이 자유로워지고 효율이 극대화된다는 新自由主義라는 原理主義가 그 중의 하나이다. 이 원리주의도 다른 원리주의와 맞먹는 유토피아를 그리고 있다. 이 유토피아는 1990년대에 미국은 景氣變動이 영원히 없어진 '新經濟(New Economy)'를 달성했다는 환상을 퍼트리면서 한동안 세계를 떠들썩하게 했다. 이 유토피아의 災殃은 2007년 8월에 터진 서브프라임 모기지의 부실 이후 오늘에 이르는 미국 금융자본주의의 파탄으로 나타나고 있지만, 환상은 아직도 많이 남아 있다.

글로벌 시대의 최대의 受惠國은 아이러닉하게도 미국이나 영국이 아니라 지금까지의 후진 지역(중국, 인도, 러시아, 브라질, 인도네시아, 남아프리카 등)이 되고 있다. 이 나라들은 情報化의 진전으로 산업혁명을 뛰어넘는 발전을 이룩하고 있다. 이 나라들도 앞으로 당분간 어려움을 겪을 것이지만, 이들의 발전 추세는 21세기에도 계속되리라 생각된다. 물론 자원의 제약, 환경문제, 국제관계의 변화 등 난관은 있을 것이다. 그러나 이 나라들은 서구에 비해 아직도 '젊은' 나라들이며, 따라서 난관을 극복하는 능력 또한 상당할 것이기 때문이다. 젊다는 것은 역사가 젊다는 것이 아니라, 이 나라들이 발전궤도에 오른 지가 아직 日淺하다는 말이다.

21세기는 기존의 서구 중심의 一極體制 대신 신생대국을 포함한 多極體制를 맞이할 것이다. 세계의 모든 나라들 사이의 相互依存性은 크게 深化되어 어느 한 나라의 支配下에 있기는 어렵게 될 것이다. 다극화 시대에는 선진국과 후진국의 차이가 점점 없어진다. 활기를 잃은 늙은 선전국보다 약동하는 후진국이 더 좋은 사회가 될 것으로 보인다.

21세기는 공산주의, 신자유주의 등의 배타적이고 hard한 ideology의 시대가 아니고 多元的이고 現世的(secular)인 비전과 이론이 편안한 시대가 될 것으로 나는 본다. 여러 다른 인종, 전통, 문화가 공존할 수 있는 길을 찾아야 할 것이기 때문에, 원리주의를 가지고는 柔軟한 이데올로기를 만들어낼 수는 없다.

지금까지처럼 서양식 hard logic만 가지고는 경쟁력을 확보할 수 없는 시대가 될 것이다. 아시아적인 直觀, 均衡, 調和를 담은 柔軟한 思想이 존중되는 시대가 된다. 경제이론도 어떤 目標値를 '極大化' 하는 것을 爲主로 하는 이론은 인기를 잃을 것이다. 경제운영도 이를 테면 株價至上主義 등의 短期的 利益極大化를 겨냥하는 金融主義 (financialization)를 벗어나게 될 것이다. 企業經營도 단기적인 주가상 승을 겨냥한 大量解雇, M&A 등의 Jack Welch 식의 CEO 중심의 방식은 점점 많은 폐해를 들어내고, 경영의 목적은 오히려 株主를 포함한 모든 stakeholder들의 이익을 두루 감안하는 방식이 선호될 것으로 본다. 또 지금은 오직 작은 정부가 좋은 것으로 인식되고 있으나 점차 公益을 돌보는 국가의 기능이 회복되는 시대가 될 것으로 본다. 기업은 아무리 좋은 기업이라도 公益을 챙길 수는 없는 것이다.

21세기에는 理性과 아울러 感性이 중요하게 되고, 單線的인 眞, 獨善的인 善보다는 오히려 균형과 調和를 추구하는 美가 사람의 가슴에 와 닿는 경우가 많아질 것이다. 想像力도 20세기에 있어서처럼 무엇인가를 극대화하는 이노베이션보다는 각자가 자기의 세계를 그리는 것으로 만족하는 유형을 찾을 것이다. 경제도 生産技術만이 아니고 주어진 물량에서 만족을 찾는 소비를 추구하게 될 것으로 나는 본다. 한마디로 서양적인 것과 아울러 동양적인 것이 빛을 발하게 될 것이 아닌가 생각한다. 지금으로부터 80년 전(1930년), Keynes는 "우리 손자 시대의 경제적 가능성(Economic Possibilities for Our Grandchildren)" 이라는 글에서, 앞으로 100년이 되면, 인류의 경제문제는 거의 다 해결될 것이기 때문에, 경제학자들은 지금부터라도 그들이 하는 문제를 너무 대수롭게 여기지 말고, 경제보다 더 중요한 일을 생각하는 것이 중요할 것이라는 말을 했다.

韓國經濟여, 飛翔하라*

지난 60년 동안 한국경제는 奇蹟的인 성과를 거두었다. 산업화를 달성하여 OECD에 가입함으로써 세계 부유국의 一員이 되었으며, GDP는 세계 10위권에 진입하였다.

I

무엇이 한국 경제발전의 原動力이었는가. 확실히 인식해야 할 것은 경제는 사람이 하는 것이기 때문에, 경제 발전 또는 침체의 요인은 모두 사람에 의존한다는 사실이다. 사람에는 정부의 사람, 기업하는 사람 그리고 일반 국민 등이 있다. 한국의 발전의 요인은 발전 당시의 사람들의 질과 양에서 발견할 수 있다.

첫째, 경제발전에 대한 국민의 확고한 의지 및 왕성한 성취 동기
저임금의 고통을 감내한 왕성한 근로의욕과 저소득을 극복한 높은 저축성향, 그리고 세계적으로 이름난 열성적인 교육열 등이 이것이다.

둘째, 경제를 향한 정치 리더십

---

* 이 글은 국무총리실 주최, 건국 60주년 기념 60회 강연 시리즈의 일환으로 2008년 8월 15일 세종문화회관에서 행한 강연 요지임.

1공화국의 인플레 억제 성공과 공업화 기초의 성취; 3공화국의 5개년계획, 정부주도형 산업화 전략, 새마을운동, 포항제철, 경부고속도로, 중화학공업화 추진 등의 정책상의 이노베이션; 5공화국의 경제합리화 정책; 6공화국의 北方外交의 성취 등이 돋보인다. 그 밖의 정권도 나름대로 경제발전을 위해 노력했고, 어려운 가운데서도 경제는 꾸준히 성장했다.

셋째, 왕성한 기업정신

경제개발 초기의 한국 기업가의 왕성한 기업정신의 발휘는 정부의 후원을 얻어 산업화를 壓縮的으로 成就했다.

넷째, 유리한 국제환경

한국의 開發年代는 冷戰時代에 이루어졌는데, 아시아의 반공국가들(한국, 일본, 대만 등)은 외교, 안보, 경제면에서 미국의 적극적인 후원을 얻었다. 미국의 후원은 한국이 경제의 어려움을 극복하는 데 결정적인 기여를 했다.

Ⅱ

한국의 壓縮的 경제발전의 이면에는 부작용도 있었다. 인플레의 加重, 중소기업의 不振 등으로 80년대부터 경제는 경쟁력을 잃기 시작했다. 특히 88올림픽 이후 민주화가 확산됨으로써 勞使紛糾와 부동산투기 등이 격화했다.

90년대 세계화 시대를 맞아 시장경제를 향한 정부의 노력에도 불구하고 한국의 국제경쟁력은 추세적으로 저하하였다. 금융기관은 과잉 대출을 했고, 기업들은 과잉투자를 했다. 90년대 중반부터 많은 기업들이 외국 금융기관으로부터 단기자금을 과잉차입하여 그 자금을 장기투자에 투입하는 경우가 많았다. 이것이 IMF를 불러오는 遠因이 됐다.

IMF의 來韓은 한국경제에는 一大 分水嶺이었다. IMF 이전의 경제정책 기조는 정부 주도의 民族主義的인 기조였는데, IMF 이후는 그 기조가 一朝에 180도로 달라져서 자유화, 개방화, 민영화, 작은 정부 등의 新自由主義的 정책기조로 바뀌었다.

자율적으로 개혁을 일구어내지 못한 한국은 IMF의 차관조건을 따를 수밖에 없었다. 경제운영에서 한국은 기업, 금융, 정부, 노사관계 등에서 새로운 IMF의 패러다임을 도입했다. IMF의 기준을 따라, IMF가 요구하는 이상의 수준에서 개혁을 단행함으로써, 한국은 타율적으로나마 경제구조와 운영 개선에 상당한 성과를 거두었다. 그러나 한국은 상당수의 기업과 금융기관을 외국기관에 매각하였다. 반면, 당초에 기대했던 경제의 활성화는 제대로 이루어지지 못함으로써 경제 성장동력을 크게 잃었다. 이 상태가 오늘에 이르고 있다.

Ⅲ

한국경제는 지금 內需의 침체, 경상수지 적자, 파업의 일상화와 고용 부진, 가계와 금융기관의 부채의 累增, 양극화 현상의 심화 등 어려운 문제에 직면하고 있다. 경제만이 문제가 아니다. 정치의 혼란, 사회의 무질서, 교육의 난맥, 國論의 분열, 작은 정부의 역할의 감소

등이 겹쳐서 이런 일들이 개선 없이 경제만이 잘되기를 바랄 수는 없게 되었다.

지난 60년 동안 우리경제의 발전을 이끈 요인들은 이제 대부분 사라졌다. 경제발전도 사람에 의존하고 발전의 鈍化도 사람에 의존한다. 나라는 이제 당시의 力動性을 잃었는데, 사람들이 더 현명해지지는 못했다. 반면에, 지난날 開發年代, IMF 등으로부터 물려받은 負의 遺産들이 그 逆機能을 나타냄으로써 앞으로의 전망을 흐리게 하고 있다.

국제정세도 개발년대와는 판이하게 달라졌다. 심지어 IMF때와도 매우 다르다. 우리의 능력으로 앞으로의 발전 요인을 찾아내야 한다. 이것은 과거에 있어서와 같은 단순한 일이 아니다. 구호가 아무리 좋아도 그것만으로는 아무것도 이루어지지 않을 것이다. 모든 경제주체들(정부, 기업, 국민)이 좀 더 잘해야 한다. 물론 위기에 처한 경제에 가장 중요한 경제주체는 政府이다.

정부가 당장 해야 할 일이 무엇인가. 경제의 앞으로의 방향을 확실히 설정하여 국민의 힘을 결집하는 일이다. 더 이상 迷路에서 헤매지 말아야 하며, 근거 없는 모든 환상을 버려야 한다. 과거의 성공은 아무리 찬란해도, 그 성공의 조건은 다시는 돌아오지 않을 것이다.

앞으로의 길을 찾기 위해 무엇을 해야 하는가. (1) 우리 경제의 현실과 국제경제의 대세를 냉정하게 파악하고, (2) 국민의 능력과 마음을 잘 읽고, (3) 정부의 능력에 관한 정확한 판단을 하고, (4) 지난날

형성된 固定觀念을 탈피해야 앞으로의 진로가 보일 것이다.

경제를 살리겠다는 의욕은 좋으나 현실적으로 정부가 短時日內에 可視的인 성과를 낼 수 있는 일이 많지는 않을 것이다. 마음을 비우고 장기적인 안목에서 눈에 보이지 않는 경제발전의 基礎 條件을 마련하는 일을 해야 한다. 당장에 박수를 받을 수 있는 길은 없을 것이다.

모든 것이 국민의 마음에 달려 있다. 국민의 信賴를 얻으면 어려운 일도 쉬워질 것이고, 국민의 신뢰를 잃으면 이루어지는 일이 없을 것이다. 대통령의 임무는 '左派' 또는 '右派'의 구별 없이 모든 사람을 똑 같이 대함으로써 국민의 신뢰와 기대를 얻어야 할 것이다.

미래의 세계는 開發年代와는 물론이고 IMF때와도 전혀 다를 것이다. 아시아는 과거보다는 더 큰 활력을 가지고 세계경제의 활성화를 이끌 것이다. 과거에 매달리지 말고 미래를 개척하는 자세를 국민이 가지도록 정치리더십이 국민을 이끌어주기를 바란다.

세계경제의 대변화와 한국의 對備*

Ⅰ. 현황

미국의 상황을 먼저 한 번 보자. 2007년 8월부터 비우량주택 담보대출의 부실이 터진 후로 계속 금융시장의 불안이 이어지고, 안전하다고 보았던 정부 후원의 주택융자회사인 Fannie Mae와 Freddie Mac도 정부의 지원으로 연명하고 있다.

5대 투자은행 중 완전한 것이 하나도 없다. 하나는 파산, 하나는 정부의 구출로 연명, 하나는 은행에 의해 매수되었다. 나머지 두 개도 독립된 과거의 投資銀行으로 살아남기는 어려운 형편이다.

그동안 정부는 원칙없이 그때 그때의 상황에 따라 시장이 안정될 것으로 기대했다. 그러나 시장은 계속 악화되고, 한동안은 미국 전역에 걸쳐 會社債의 발행이 한 건도 없는 未曾有의 사태까지 발생하고, 이것이 방치되어 미국경제는 심상치 않은 지경에 도달했다.

이에 재무부는 앞으로 수 년 동안 7,000억 달러의 公的資金을 풀어서 금융부문의 붕괴를 막겠다는 정책을 발표하고 의회에 이 법안을

---

* 이 글은 2008년 10월 8일 강원도의회 개원식에서 행한 강연 요지임.

의결해줄 것을 요청하였다. 그러나 하원이 이것을 否決함으로써 사태
는 더욱 악화되었다. 그러나 상원이 법안에 적절한 字句 修正을 하여
이것을 통과시키고 이어서 하원이 이를 통과시킴으로써, 미국 금융은
일단 숨을 돌릴 기회를 맞았다.

II. 전망

그러나 이런 조치만으로 미국 금융이 회복된다거나, 미국경제 나아
가서는 세계경제가 회복하리라고 기대할 수는 없다.

첫째, 7,000억 달러를 가지고 不實資産 매입을 충분히 할 수 있는
지에 대해서도 확신이 없다. 어떤 유력한 경제학자들의 추산으로는
최소 1조 달러, 또는 2조달러가 소요된다는 說도 있을 정도이다. 사
실, 금융당국이나 재무당국은 아직 금융부실의 규모가 얼마인지도 확
실히 모르고 있다. 처음부터 알 수가 없는 일이었다.

둘째, 정부는 아직 어떤 부실자산을 누가 누구로부터 얼마만큼 매
입해야 할지에 대한 원칙조차 마련하지 못하고 있다.

셋째, 부실자산 매입은 국민으로부터 많은 논란을 불러일으킬 것이
다. 이러는 동안 실물부문은 추가적으로 많은 어려움을 겪을 것이다.
미국의 제조업은 일반적으로 경쟁력이 약했고, 경상수지의 적자가
GDP의 6%에 달하고 있었으며, 국민생활은 수입에 의존하고 있었다.
이런 경제가 정상화되기에는 많은 시일이 걸릴 것이다.

넷째, 이번 사건의 핵심은 英美 金融모델이 붕괴했다는 데 있다. 미국은 1980년 이래로 자유방임을 표방하면서 금융부문을 완전 자유화하고 금융부문의 강력한 경쟁력을 가지고 실물부문의 경쟁력 상실을 보전하고자 했다. 사실, 이 전략은 어느 정도 성과를 거둔 것처럼 보였다. 80~90년대를 통하여, 남미의 많은 나라에서 그리고 90년대에 아시아 러시아 등에서 금융위기, 외환위기가 나타났을 때, 미국의 월가의 금융꾼들은 이 나라들로부터 많은 자산을 fire-sale로 買入함으로써 큰 이득을 챙겼다. 그런데 이제는 미국이 IMF를 맞은 격이 되었다. IMF나 이에 준하는 위기를 맞은 나라들이 그 충격을 오래도록 회복하지 못했듯이, 미국도 앞으로 오랜 세월을 '잃어버려야 할' 것으로 나는 본다.

다시 말해서, 미국경제는 이제부터 생소한 운영원리를 찾아야 할 것이다. 금융과 경제 운영의 패러다임이 바뀌어야 한다. 이번 사건은 단순한 信用梗塞이 아니라 신자유주의 원칙(자유화, 개방화, 민영화, 작은 정부 등)의 붕괴를 의미한다는 데에 미국경제에 대한 큰 타격이 있다.

Ⅲ. 한국 및 다른 외국에 대한 示唆

新自由主義的인 原理(自由放任의 원리)는 어떤 특수한 나라의 특수한 시기에는 엄청난 활력을 발휘할 수 있다. 이를테면, 1776년 미국 건국이후 1865년, 그리고 그 후 1920년대까지의 미국에 대해서는 이 원리는 엄청나게 유효했다. 그러나 이 원리는 1929년의 證市의 대폭락을 계기로 그 타당성을 상실했다. 이 원리를 승계한 New Deal은

1960년대 말까지 찬란한 미국의 전성시대를 열었다. 1970년대의 미국은 경제적으로나 심리적으로 어려운 시기를 겪었는데, 이 어려움을 극복하고 과거의 영광스런 시대를 회복하고자 Ronald Reagan에 의해 도입된 것이 이 원리였다. 그러나 내가 보기에는 21세기에는 이 원리는 맞지 않는다. 자유방임은 특수한 나라, 특수한 시기에는 타당할 수 있으나 모든 나라, 모든 시대에 맞는 보편적으로 타당한 원리가 아니다. 아마 앞으로 21세기에는 어디에도 타당하지 못할 것이다.

한국은 한국의 현실과 역사에 照鑑하여 나라의 비전과 전략을 짜야 할 것이다. 이것을 하고 못하고는 오로지 한국의 능력에 달려 있다. 어떤 나라의 경험도 직접 한국에 도입할 수 있는 것은 없다. 나라마다 경제현실과 사회배경이 다르기 때문이다. 한국이 이것을 못한다면, 한국은 자기 운명을 자기 손으로 제어하지 못하는 三流國으로 남을 수밖에 없다.

나는 역대 한국정부가 좀 더 확실한 리더십을 발휘했었다면 하는 아쉬움을 가진다. 앞으로의 정부는 과거의 정부보다 더 유능해야 한다. 정부가 직접적으로 경제를 살리는 길은 없다. 국민이 정부에게 경제를 살리는 묘방을 구한다면, 그것은 국민의 잘못이고, 정부가 직접 어떤 묘방을 가지고 경제를 살리려 든다면, 그것은 정부의 잘못일 것이다. 왜냐하면, 그런 묘방은 없고 그런 시도는 실패할 것이기 때문이다. 물론 정부가 할 일은 많고 그런 일을 잘 해야 한다. 다만, 정부가 직접적으로 침체한 경제를 살리는 방법은 없다는 것이다. 정부가 해야 할 일은 경제의 인적, 물적, 제도적 인프라를 마련해서 간접적으로 경제 발전에 도움이 되도록 하는 일이 있을 뿐이다. 어떤 일이 그런 일들인가. 예를 들어, 敎育이 있다. 지금 한국의 교육의 국제 경쟁력은 날이 갈수록 떨어지고 있다. IMD의 보고서 Competitiveness Yearbook 2008에 의하면, 한국교육은 싱가포르, 대만, 홍콩에 까마득하게 떨어지고 있고, 중국에도 미치지 못하고 있다. 교육수준이 가지고 오는 낮은 경쟁력을 보충할 방법은 없다.

Ⅳ. 강원도

강원도도 마찬가지이다. 한꺼번에 道의 경제를 살릴 길은 없다. 몇 가지 소감을 말한다면,

1) 강원도는 사람의 능력도 좋은 편이지만 인구가 적고, 자연히 제조업을 비롯한 산업이 부진하기 때문에 발전의 수준이 낮다. 가장 중요한 것이 강원도의 賦存資源, 즉 땅과 자연을 활용하는 방법을 일구는 일일 것이다. 경제학에서도 생산의 3대요소가 土地, 勞動, 資本이다. 지식이 중요하다고 하지만, 토지의 면적이 넓다는 것은 매우 중요하다. 이것을 활용해야 한다. 21세기에는 自然이 중요한 세기이다.

2) 강원도 사람들은 배타적인 경우가 많아 보인다. 그래서 모든 것은 좁은 지역단위로 생각하고 外地에서 와서 사업을 하는 것을 환영하지 않는다. 이 심리가 있는 이상, 발전은 없다. 외지에서 온 사람이 돈을 벌어서 나갈 수 있도록 도와주어야 한다. 자치단체에서는 마치 중국인이 하듯이 적극적으로 외지의 기업을 유치해야 하며, 모든 도움을 주어야 한다. 한마디로 외지 사람들을 우대해야 한다.

3) 강원도 사람들은 강원도에는 아무 일도 안 된다는 敗北意識을 불식해야 한다.

4) 觀光은 중요하나, 지금은 자연풍경만 가지고는 관광개발은 안 된다. 먹거리, 볼거리, 놀거리를 마련해야 한다.

세계경제의 장래를 어떻게 볼 것인가[*]

이 시간 강의의 목적은 지금 세계경제가 당면하고 있는 소위 미국발 금융위기의 배경, 본질 및 전망과 한국에 대한 示唆를 고찰함에 있다. 금융위기의 배경에 관해서는 필자가 금년 6월 한국국제경제학회에서 행한 강의에 어느 정도 다루어져 있으므로 그 부분은 생략한다.

I. 금년 6월 이후의 세계경제

1. 미국의 금융위기는 그동안 남발했던 금융자산의 거품이 터짐으로써 금년 9월경부터 미국경제는 삽시간에 공황에 가까운 사태가 벌어졌다. 投資銀行을 筆頭로 주택금융회사, 일반은행, 보험회사 등이 모두 엄청난 손해를 보았다. 미국정부 당국은 처음에는 이것을 일시적인 것으로 보았고, 유럽 나라들도 미국의 사태를 對岸의 火災처럼 보고 있었다. 그러나 위기상황은 빠른 속도로 유럽에 번졌고, 정도의 차이는 있었으나 아시아, 南美 등에도 밀어닥침으로써 세계경제 전체가 위기에 몰리게 되었다.

---

[*] 이 글은 2008년 12월 2일 한국경제신문 CEO 세미나에서 행한 강연 요지임.

2. 위기에 처한 유럽에서는 드디어 영국이 재정 금융상의 구제책을 내놓고, 은행의 國有化를 포함한 획기적인 금융구제책을 내놓았다. 미국도 그동안 투자은행을 일부 구제도 하고 파산을 허용하기로 하였고, 정부의 영향하에 있는 주택금융회사에 지원을 했으며, AIG같은 보험회사를 구제하는 등의 조치를 취했으나, 끝내는 유럽의 선례에 따라서 7,000억 달러의 재정자금을 투입하여 부실자산을 매입하는 정책을 채택했다. 그러나 이러한 지원에도 불구하고 세계 증시는 안정되지 못하고 있고, 경제위기는 오히려 실물부문으로 번지고 있다.

3. 금융부실은 오히려 실물부문의 부실로 연결되고 있다. 그동안 미국의 聯邦準備銀行은 여러 번의 金利引下를 통해 기준금리는 1%가 되었다. 이것도 실물부문에 별 효험이 없다.

7,000억 달러의 부실자산 매입 정책에는 처음부터 문제가 있었다. 얼마만큼의 不實資産(toxic asset)이 있는지도 모르고, 매입 결과가 시장의 안정에 도움이 된다고 믿을 이유도 없었던 것이다. 드디어 재무장관은 최근 지금 남아 있는 돈은 부실자산 구제계획(TARP-Troubled Assets Relief Program)을 포기하고 이제부터는 그것을 은행의 자본을 확충하는 데 쓰겠다고 선언했다. 금융위기의 '제2단계' 정책(대 실물부문 정책)은 오바마 정권이 수행할 것으로 보고, 지금으로서는 가급적 현상유지를 바란다는 뜻을 내비치고 있다.

그러나 오바마 정권의 發足까지는 아직도 2개월 이상 남아 있다. 시간은 사람을 기다리지 않는다. 이미 9월 말 현재 미국에서는 70만 명이 직장을 상실했고, 500만 가구가 집을 잃었다고 보도되고 있다. 금융기관과 기업에서는 매일같이 종업원을 삭감하고 있다. 오바마는 어떻게 失業을 구제할 것인가의 문제를 떠맡게 됐다. 이 문제 해결의

일환으로 오바마는 부시 대통령에게 GM 등의 자동차회사의 구제를
위한 재정확대를 제안했으나 부시는 이것을 거절했다고 보도되고 있
다. 오바마 정부가 자동차회사를 국유화한다고 하더라도 과연 이 기
업들이 재생할 수 있을지는 여전히 의문이다.

4. GM을 비롯한 자동차회사들의 상태는 미국경제의 실물부문 역
시 금융부문에 못지 않은 위기상황에 있다는 것을 상징한다. 사실 실
물부문의 위기상황은 서서히 70년대 말로부터 생기기 시작하여 지금
까지 자라온 것이다. 미국경제 문제의 핵심은 실물부문에 있다. 거시
적으로는 경상수지와 재정수지의 쌍둥이 적자, 미시적으로는 GM 등
대기업의 부실, GE 등의 金融會社化, CEO偏向의 기업경영, 양극화
의 심화, 중산층의 몰락, 의료시스템의 낙후, 실업의 증가 등이 있다.
내가 보기에는 실물부문도 금융에 못지 않은 위기에 처해 있다. 두
부문의 危機에 차이가 있다면 금융부문의 위기는 急性인 데 비해 실
물부문의 위기는 慢性이라는 것뿐이며, 실물부문도 현재 상태가 오래
지속될 수 있을 것 같지는 않다.

5. 한 걸음 더 나아가서, 미국의 사회와 문화도 경제처럼 눈에 띄
지는 않지만 좋지 않은 징후가 많다. Financial Times가 보도한 바에
의하면, 미국 국민의 70% 이상이 다음 세대의 처지는 지금만 못할 것
으로 전망하고 있다고 한다.

Ⅱ. 앞으로의 전망

1. 지금까지의 금융위기의 本質은 무엇인가. 그것은 영국, 미국의

금융모델의 붕괴에 있다. 지금까지의 Wall Street의 自由放任의 금융 패러다임이 무너진 것이다. 보이지 않는 손이 금융의 효율을 가지고 온다는 패러다임은 Alan Greenspan이 인정한 대로 붕괴되었다.

경제학에서는 금융을 제조업이나 농업과 동일시하지만, 내가 보기에는 英美式 금융발전 속에는 경제발전에 역행하는 불건전한 毒素的이고 파괴적인 부문이 있다. 金融仲介業(financial intermediation)을 위주로 하는 종래의 은행업, 그리고 주식을 發行去來하는 종래의 資本市場은 경제발전을 돕지만, 이런 단순한 것을 떠나서 이루어지는 이노베이션(이를테면 證券化(securitization), 여러 가지 파생상품(derivative)의 발명, credit default swap 등의 技術)에는 이런 技法의 내용을 모르는 사람들(거의 모든 금융 門外漢들)에게는 이것들이 그들의 富의 축적을 돕고 미국을 영원히 발전시키리라는 환상을 안겨주었다는 의미에서 일종의 虛構(make-believe)의 세계였다. 사실은 이런 이노베이션은 슘페터의 이른바 창조를 위한 破壞(creative destruction)가 아니라 파괴를 가지고 오는 創造(destructive creation)였다. 이것을 일삼는 '금융산업'은 진정한 산업이 아니었다. 이 産業이 만들어내는 부가가치는 다른 진정한 산업의 부가가치와 같이 국민 전체의 富의 축적 노력을 허사로 만들고 나라의 발전을 오히려 저해하는 내용을 가지고 있었다.

이러한 견지에서 지난 4반세기 동안의 미국의 GDP는 實狀을 부풀려 올린 수치였고, 미국의 소득분배를 저소득층으로부터 고소득층으로 이전시키는 메카니즘의 일부였다고 나는 본다. 이번의 금융위기가 이것을 여실히 보여주었다. 영미식 금융의 체제는 이제부터는 국가의 통제와 지도 및 감독이 강화되는 패러다임이 들어오지 않을 수 없게 되었다.

2. 금융만이 아니라 미국자본주의의 패러다임이 바뀌어야 할 것이다. 세계 최고의 富國이 세계 최대의 債務國이 되는 패러다임, 경상수지의 적자가 GDP의 6%에 달하는 경제의 패러다임이 지속될 수는 없다. 마이크로 정책도 바뀌어야 한다. 70年代 末 이후 현재에 이르기까지 blue-collar의 평균소득의 개선은 거의 없었고 個人貯蓄率이 거의 0%인 경제모델은 지속 불가능하다. 기업 차원에서도 公正과 투명성을 강조하는 나라에서 기업의 CEO의 보수(compensation)가 종업원 평균 보수의 400~500배에 달하는 시스템, 4,500만 명에 달하는 국민에게 의료혜택이 없는 자본주의의 패러다임은 지속될 수가 없다.

그러나 현실적으로 미국경제의 主流勢力(establishment)이 과연 현재까지의 패러다임을 버리고 다른 패러다임을 채택할 수 있을지는 또 별개의 문제이다. 어쨌든 오바마 당선인과 미국 의회는 우선 매일같이 증가하는 기업도산을 막고 증가하는 실업을 구제해야 하고, 그동안 집을 잃은 500만 가구를 보살펴야 하며, 디플레를 막고, superpower의 지위를 지켜야 한다. 그렇게 하기 위해서는 무엇인가 대책을 강구해야 한다.

미국이 지금까지의 자유방임 정책을 일종의 New Deal로 전환한다는 것은 1930년대보다도 심리적으로는 더 어려울 것으로 보이지만, 내가 보기에는 미국경제의 거의 모든 부문(金融部門, 實物部門 및 對外部門)은 현상유지를 불가능하게 할 것이다.

3. 새로운 패러다임(New Deal이든 다른 이름이든)이 나오면 미국 경제는 좋아질 것인가. 그 새로운 패러다임이 무리 없는 좋은 것이라면, 경제는 물론 좋아질 것이다. 다만 새로운 패러다임이 경제에 정착하자면 오랜 시일이 걸릴 것이다. 새로운 패러다임은 단순한 금리

인하나 재정투입이 아니라, 좀 더 크게는 경제에 대한 새로운 관념과 精神刷新(spiritual renewal), 그리고 새로운 접근을 필요로 할 것이다.

한 마디로 말해서, 미국 경제를 正常化해야 한다. 구체적으로 어떤 정책방향이 필요한가. 經常收支, 財政收支의 적자를 해소하고, 국민의 저축을 늘려 경제의 균형을 회복해야 한다. 경제에 효율과 아울러 균형과 조화를 가지고 와야 한다. 醫療 혜택을 전 국민에게 확대하고 社會保障을 강화해야 한다.

勝者에게 모든 것이 돌아가는 自由原理主義라야 경제가 발전한다는 이데올로기로는 21세기를 유지할 수 없을 것이다. 더 많이 생산하고, 더 많이 소비하고, 더 많이 폐기하는 패러다임의 유지를 위해 京都議定書를 거부하는 관념을 버려야 한다. 綠色革命(green revolution)을 先導해야 하며, 대외정책에 있어서도 글로벌 경제의 정신을 유지하는 방법은 체제와 이념을 달리하는 나라와의 共存을 허용하고, 市場原理主義를 세계에 펼치려는 시도를 포기해야 할 것이다.

Ⅲ. 한국에 대한 示唆

1. 우리에게는 아직 미래에 대한 비전과 전략이 없다. 비전과 전략이 없으면 정책이 나올 수 없고, 나온다 하더라도 그 一貫性을 확보할 수 없다.

2. 이제부터라도 우리 스스로를 알고, 세계의 大局을 보고, 이데올로기보다는 우리 현실에 입각한 비전과 전략을 갖추어야 할 것이다.

3. 아직 金融危機가 가시기도 전에 실물부문의 위기가 오고 있다.

우리 경제의 현실을 똑바로 보아야 한다. 우리 경제는 몇 개의 업종에서는 세계적인 수준의 경제이지만, 이번의 금융위기를 계기로 세계는 우리 경제를 그리 강한 경제로 보지 않고 있다는 것이 드러났다. 우리는 이에 놀라서 세계가 우리에 대해 고의적으로 오해를 하고 있다고 여기는 수가 있다.

4. 외국인들은 분명히 한국경제를 위험한 경제로 지목하고 있다. 그들이 주목하는 점은 다음과 같은 점이 아닌가 생각한다. 민간부문의 빚이 너무 많다. 외환보유액이 겉으로는 많지만, 실은 그렇지 않다. 정부정책에 일관성이 없고 국민의 신뢰를 받지 못하고 있다. 동아시아에서 경상수지가 적자인 유일의 나라이다. 노사관계가 항상 원만하지 않다. 교육이 좋지 않아서 유치원 아이들도 외국유학을 간다. 아시아에 있으면서도 아시아 나라 같지 않다. 그래서 앞으로 한국의 信用評價를 낮추어야 한다.

5. 이러한 외국인의 시각을 섭섭하게 생각하지 말고 넓고 긴 안목에서 우리가 하는 方式을 고쳐야 한다. 현재와 같은 방식으로는 한국경제는 앞으로 더욱 어려워질 것이다.

6. 경제의 앞날에 관한 비전과 전략을 짜는 데 있어서는 경제변수만 볼 것이 아니라 사회 전체, 나라 전체의 견지에서 구상해야 한다. 예를 들어 사회정책은 左로 가는데 경제정책은 右로 가서는 안 된다. 경제정책은 사회정책, 교육정책, 대외정책 등과 조화를 이루어야 한다. 세계 전체가 저성장으로 가는데 우리만 고도성장을 지향할 수는 없다. 성장률에 너무 拘碍되지 말고 기초를 다져야 한다.

7. 국민을 통합하는 것이 정치의 사명이다. 歷史意識을 가지고 산산조각 나 있는 국민의 마음을 달래서 나라의 正體性을 살려야 한다. 세계 어느 나라에 있어서도 左派와 右派는 있게 마련이다. 서로가 대립하는 경우라도 상대방을 너무 나무라지 말고 서로를 國政의 파트너로 인정해야 한다. 이것이 경제를 살리는 길과 연결될 것이다.

8. 좋은 일도 한꺼번에 달성할 수는 없다. 밀어붙이지 말고 인내심을 가지고 성공할 수 있는 일부터 추진해야 한다. 무엇이 성공할 수 있는 일인가. 大衆迎合(Populism)이 아니라 국민을 납득시킬 수 있는 일이 이것이다.

9. 모든 固定觀念을 버려야 한다. 開發年代, IMF를 지나면서 우리는 많은 고정관념을 가지게 되었다. 우리 스스로에 대해, 주변 나라에 대해 좀 더 잘 알아야 한다. 우리는 물론이고 외국의 先入見이나 流行에 따르는 정책은 항상 실패한다.

세계경제 위기에 대한 한국경제의 대응[*]

이 강연의 목적은 지난 반년 동안의 미국 금융위기의 經緯를 개관하고 그 본질 및 전망에 관하여 논의한 다음, 이것이 함축하는 한국경제의 방향에 관한 管見을 서술함에 있다.

미국 금융위기의 배경에 관해서는 필자가 금년 6월에 이 學會에서 행한 강의에 어느 정도 다루어져 있으므로 그 부분은 생략한다. 이 강연에서는 주로 6월 이후의 동향에 관하여 논한다.

Ⅰ. 지난 반년 동안의 미국경제의 동향

1. 드디어 금년 9월경부터 미국경제는 삽시간에 공황에 가까운 사태가 벌어졌다. 투자은행들은 대부분 沒落 상태에 빠졌고, 주택금융회사, 일반은행, 보험회사 등이 모두 엄청난 손해를 보았다. 미국정부 당국은 처음에는 이것은 일시적인 것으로 보았고, 유럽나라들도 미국의 사태를 對岸의 火災처럼 보고 있었다. 그러나 위기상황은 빠른 속도로 전 세계에 퍼졌다.

---

[*] 이 글은 2008년 12월 12일 한국외국어대학교에서 개최된 한국국제경제학회 동계학술대회에서 행한 기조강연 요지임.

2. 위기에 처한 영국이 은행의 부분적 국유화를 포함한 적극적인 금융구제책을 내놓았다. 그 후 EU나라들이 영국을 뒤따라 재정 금융상의 획기적인 지원정책을 채택했다. 그동안 미국은 파산에 직면한 투자은행을 혹은 구제하기도 하고 혹은 파산을 방관하기도 했고, 정부 영향 하에 있는 주택금융회사를 支援했으며, AIG를 구제하는 등의 조치를 취했다. 聯邦準備銀行은 基準金利를 1%로 引下했다. 이러한 정부의 적극적인 지원에도 불구하고 금융은 안정을 회복하지 못했다.

3. 영국을 비롯한 EU의 initiative에 자극받아 미국도 7,000억 달러의 재정자금을 투입하여 부실자산을 매입하는 정책을 채택했다. 그러나 정책상의 準備不足이 곧 드러남으로써 정책의 방향전환이 불가피해졌다. 재무장관은 부실자산 구제계획(Troubled Asset Relief Program: TARP) 정책을 포기하고 남은 돈을 은행자본 확충을 위해 쓰겠다고 선언했다.

4. 때마침 Citi 그룹이 위기에 몰리게 되면서 재무부는 다시 8,000억 달러의 정부자금을 투입할 것을 선언했다. 재무당국은 금융위기의 '제2단계' 정책(대 실물부문 정책)은 오바마 정권이 승계할 것으로 보고, 현 정부로서는 가급적 현상유지를 바란다는 뜻을 내비쳤다.

5. 오바마 정권은 實務型 전문가 중심의 경제팀 인사를 단행함과 동시에 위기 대처는 '단 일분'도 猶豫할 수 없다는 결의를 표명했다. 聯準議長은 12월 2일 다시 금리를 실질적으로 0%로 인하할 것을 示唆했다.

6. 오바마 당선인은 부시 대통령에게 GM 등의 자동차회사의 구제를 위한 재정지원을 요청했으나 부시의 동의를 받지 못했다. 오바마는 이 문제를 포함하여 광범위한 政策領域에 걸쳐 엄청난 難題들을 떠맡았다.

Ⅱ. 경제위기의 意味

1. 이번의 경제위기의 가장 큰 意味는 自由主義原理主義의 패러다임이 몰락했고, 그것이 남긴 파괴적인 혼란을 구제하는 책임을 정부가 맡게 된 데 있다. 정부가 자본주의의 defender of last resort가 됐다. 이번의 사태는 정부가 그 본연의 역할 — 公益을 수호하고 시장의 過剩(excess)을 막는 역할 — 을 발휘하지 않는 곳에서는 시장은 제대로 기능을 발휘하지 못한다는 것을 입증했다. 케인즈가 1925년에 천명했듯이, 自由放任으로는 자본주의를 지탱할 수 없다는 것이 또 한 번 밝혀졌고, 칼 폴란이(Karl Polanyi)가 1944년에 더욱 이론적 역사적으로 천명했듯이, 自由市場이 모든 경제문제를 해결한다고 하는 이론은 유토피아이고, 유토피아는 세상에 존재하지 않는다는 것을 밝혀주었다.[1]

2. 그러나 이에 못지않게 중요한 문제가 있다. 정부가 과연 窮極的으로 위에서 말한 기능을 제대로 수행할 능력이 있느냐의 문제이다. 當爲의 문제가 아니라 現實의 문제이다. 지난 20년 동안 '작은 정부' 이론이 세계를 풍미한 후로 세계의 거의 모든 나라에 나타나고 있

---

1) J. M. Keynes, "The End of Laissez-faire" in *Essays in Persuasion,* 1930. Karl Polanyi, *The Great Transformation,* 1944. Paperback Edition, Beacon Press, Boston, Mass., 2002.

는 현상은 政府의 力量(competence)이 매우 약화돼 있다는 것이다. 이번의 금융위기를 당한 미국 정부를 비롯하여, 유럽 '선진국'의 정부도 무엇을 해야 될지 몰라서 우왕좌왕하고 있는 모습이 그것을 나타낸다. 오바마 당선인이 경제를 살리기 위해 GM을 구출해야 한다고 역설하고 있지만, 정부의 개입이 과연 GM을 살릴 수 있다고 확신할 이유는 어디에도 없다.

3. 유럽의 언론은 정부가 경제 살리기에 果敢할수록 좋다는 듯이 주장한다. 금융위기 이후로 bail-out이 시대의 정신으로 등장했다. 엄밀히 따지면, bail-out은 자본주의의 이념과 背馳된다. Bail-out은 실패한 기업(또는 개인)을 褒賞하고, 그 포상의 부담을 성공한 기업(또는 개인)에게 떠맡게 하는 조치이다. 자본주의 체제는, 어떤 다른 체제도 그렇지만, 창조를 위한 파괴(creative destruction) 없이는 유지될 수 없다. 이미 頹落한 시스템을 온존시킴으로써 이 체제는 유지될 수 없다. 위기발생 이후로 歐美의 자본주의 나라들은 확실한 방향 없이 bail-out을 외치고 있다. 이번의 위기상황이 비교적 오래 간다면—아마도 그럴 公算이 큰 데—과감한 bail-out으로 과연 자본주의 질서를 유지할 수 있겠는가. 그렇지 못할 것이다.

물론 bail-out은 흔히 있을 수 있는 것이고, 경제의 일부, 이를테면 Long-Term Capital Management의 부실이라면, bail-out은 유효할 수도 있다. 그러나 경제 전체를 대상으로 하는 system-wide bail-out은 아주 단기간 이외에는 성공하기 어렵다.

영국 · 미국 · 프랑스는 bail-out에 적극적이지만, 독일 · 폴란드 등은 英美式 정책이 옳지 않다고 주장하기 시작했다.

4. 사람들은 금융부문의 위기가 실물부문으로 飛火해서 전자의 위기가 후자로 번졌다고 말한다. 그러나 금융부문의 위기와 실물부문의 위기는 본질적으로 서로 분리될 수 없는 성격의 것이다. 두 위기는 모두 같은 원인에서 동시에 발생했으며, 銅錢의 兩面과 같다. 過少 이노베이션으로 인한 실물부문의 쇠퇴의 이면에는 過多 이노베이션으로 인한 금융부문 부실이 있고, 그 逆도 또한 같다. GM을 비롯한 자동차회사들의 상태는 미국경제의 실물부문 역시 금융부문에 못지않은 위기상황에 있다는 것을 말해준다. 이러한 미국경제의 위기상황은 80년대부터, 특히 90년대 Clinton때부터 생기기 시작하여 지금까지 자라온 것이다.

5. 지난번 강의에서 논한 바와 같이, 역사적으로는 미국 자본주의가 産業자본주의(Main Street(실물 부문) 중심의 자본주의)로부터 金融자본주의(Wall Street(금융 부문) 중심의 자본주의)로 移行함으로써 危機의 씨가 뿌려졌다. 두 부문의 위기에 차이가 있다면 금융부문의 위기는 急性인데 비해 실물부문의 위기는 慢性이라는 점이다.

6. 自由主義는 좋지만, 그것을 원리주의로 昇華시킨 것이 문제였다. 自由放任의 이념이 실물부문뿐 아니라 금융부문에도 敎條的으로 적용되어 금융부문에서 파괴적(destructive)인 이노베이션이 이루어졌고, 最小의 政府가 最善의 政府(least government is best government)라는 18세기의 政治理念이 敎條的으로 정치와 행정에 적용됨으로써 정부부문의 機能萎縮을 가져왔다.

7. 이러한 移行과 이데올로기에 수반하여 경제의 實體(substance)가

되어야 할 실물부문이 경제운영의 死角地帶로 밀려났다. 그래서 거시적으로는 경상수지와 재정수지의 쌍둥이 적자, 미시적으로는 GM 등 대기업의 부실과 金融化, 그리고 소득의 兩極化, 中産層의 몰락, 醫療시스템의 낙후 등이 간단없이 진행되었다.

8. 企業 차원을 보자. 株價至上主義를 바탕으로 하는 短期 利益實現爲主의 경영, CEO偏向의 보수(compensation) 및 이에 따른 도덕적 해이(moral hazard) — 2000년대 초기의 會計不正, 經營不正 等 — 등이 이 패러다임의 산물이었다.

9. 한 걸음 더 나아가서 미국의 사회와 문화도, 경제처럼 눈에 띄지는 않지만, 만성적인 문제가 많다. 『The Financial Times』가 보도한 바에 의하면, 미국 국민의 70%가 다음 세대의 처지는 지금만 못할 것으로 전망하고 있다.

Ⅲ. 앞으로의 전망

1. 미국 및 세계의 금융위기는 단순한 循環的(cyclical) 不況이 아니다. 그 위기는 자유방임의 패러다임이 무너지고 새로운 패러다임을 찾는 진통이 빚는 현상이다.

2. 미국 자본주의의 패러다임은 바뀌지 않을 수 없을 것으로 보인다. 세계 최고의 富國이 세계 최대의 債務國이 되고, 경상수지의 적자가 GDP의 6%에 달하는 不均衡을 무제한 放置할 수는 없다. 마이크로 측면을 보아도 역시 그렇다. 지난 4半世紀 동안 blue-collar의 평

균 실질소득은 거의 개선되지 못하고 個人貯蓄率이 거의 0%인 모델이 지속될 수는 없다. 기업 차원에서도 역시 개선이 이루어져야 한다. CEO의 보수(compensation)가 平均 從業員 보수의 400~500배에 달하는 corporate governance, 4,500만 명에 달하는 국민에게 醫療 혜택이 없는 경제 패러다임에는 아무리 公正과 투명성을 강조해도 의미가 없다.

3. 세계의 모든 정부는 危機發生 以後 이미 경제의 깊은 곳까지 介入의 폭을 넓혔다. 과연 정부가 잘 할 수 있을지는 미지수이다. 그러나 정부 개입이 시작된 이상, 세계는 앞으로 일종의 New Deal 비슷한 福祉國家의 노선으로 가지 않을 수 없을 것으로 보인다.

경제학에서는 금융을 제조업이나 농업과 똑같은 산업이며, 여기에서 창출되는 附加價値는 다 똑같다고 치부하고 있다. 그러나 내가 보기에는 1990년대 美國의 金融産業은 진정한 산업이 아닌 부분을 많이 내포하고 있다. 금융산업이 진정한 산업이었는지 의문인 것이다. 그런 似而非 産業에서 생겨난 富는 진정한 富가 아니었다. 지난 20년 동안 미국 사람들은 그들이 가지는 부동산과 금융자산 가격의 엄청난 상승이 그들을 영원히 부유하게 만들어 줄 것이라는 일종의 幻想(make-believe)의 세계에서 살아왔다. 자산가격의 거품이 꺼지고 환상에서 깨어나 보니, 그들은 재산의 1/3이 줄었다는 것을 깨달은 것이다. 어떻게 보면, 금융산업이 경제를 지배한 후의 GDP는, 결과적으로는, 實狀을 부풀어 올린 수치였고, 따라서 그 숫자의 내용은 그대로 믿기 어렵다. 그것은 또 미국의 소득분배를 저소득층으로부터 고소득층으로 移轉시키는 것을 위장한 일종의 幻覺劑였다고도 볼 수 있다.

4. 현실적으로 금융산업의 덕으로 엄청나게 부유해진 미국의 主流勢力(establishment)이 과연 현재까지의 패러다임을 버리고 다른 패러다임을 채택할 수 있는가는 또 별개의 문제이다. 미국의 지배계층(elite)들이 지금까지의 自由放任 정책을 버리고 일종의 New Deal을 받아들인다는 것은 1930년대보다 현실적으로나 심리적으로나 더 어려울 것으로 보인다.

5. 새로운 패러다임이 경제에 정착하기 위해서든, 또는 현재까지의 패러다임을 회복하기 위해서든, 경제의 硬着陸(hard-landing)은 불가피할 것으로 보인다. 오랜 시일 동안 先進圈을 포함하여 세계경제는 金融梗塞, 실업증가, 負의 성장, deflation, 企業破産 등 지금까지의 위기보다 더 어려운 상황이 일어날 것이 예상된다.

오바마 당선인은 경제를 살리기 위해 단 일분도 猶豫할 수 없다는 것을 강조했다. 그러나 새로운 패러다임은 단순히 과감한 행동을 강조하는 것만으로는 나오지 않는다. 행동이 나오기 전에 비전과 전략의 윤곽이나마 나와야 한다. 그리고 그것은 국민 대다수의 공감을 얻을 수 있는 것이어야 한다.

6. 경제가 회복되어 자본주의가 살아나자면 경제에 대한 새로운 관념과 精神刷新(spiritual renewal 내지 spiritual cleansing)이 있어야 하지 않을까 생각한다. 경제가 발전한다는 것은 대량생산, 대량소비, 대량폐기를 의미할 뿐이라고 보고, 이를 위해서는 環境이나 資源의 문제는 고려할 수 없다는 기존의 관념을 포기해야 한다. 綠色革命(green revolution)을 先導해야 하며, 대외정책에 있어서도 글로벌 경제의 정신을 유지하는 방법은 체제와 이념을 달리하는 나라와의 공존을 허용

하며, 市場原理主義를 일방적으로 세계에 펼치려는 시도는 포기해야 한다. 자유원리주의 경제가 내재적으로 가지는 왜곡(perverse)된 力動性(dynamism)을 포기하고 균형과 調和를 존중해야 한다. '文明의 衝突'을 피하면서 異文明과 共生하는 길을 찾아야 한다.

7. 勝者에게 모든 것이 돌아가는 自由原理主義라야 경제가 발전한다는 이데올로기를 고집한다면, 또 다른 위기가 터질 것이다. 위기는 기회라고 하지만, 그 기회는 어떤 기회인가. 또 하나의 위기와 파괴를 가지고 오는 이노베이션을 가지고 오는 기회인가, 아니면 사람들이 좀 더 人間主義, 人道主義的(humanism)으로 경제생활의 방향을 돌리는 이노베이션을 할 기회인가. 후자가 아니고는 資本主義는 멸망할 것이다. 이런 의미에서 본다면, 이번의 위기야말로 天惠의 마지막 기회가 아닐까.

Ⅳ. 한국에 대한 示唆

1. 한국정부는 아직 미래에 대한 비전과 전략을 구상할 겨를이 없었다. 옳은 비전과 전략이 없으면 옳은 정책이 나올 수 없고, 나온다고 하더라도 그 일관성을 확보할 수 없다. 이제부터라도 우리 스스로를 알고, 세계의 大局을 보고, 우리 현실에 입각한 올바른 비전과 전략을 갖추어야 한다.

2. 한국에서도 정부가 경제의 전면에 나서고 있다. 이런 마당에 가장 중요한 것은 정부의 能力(competence)이다. 능력 없는 정부는 세계의 大局의 意味를 알지 못하고 자기 나라의 座標도 가늠하지 못할 것

이며, 끝내는 혼란을 가중시킬 것이다.

3. 지금의 상황을 IMF 때와 비교하는 사람이 많다. 지금의 상황은 IMF 때와는 전혀 다르다. 그때에는 新自由主義의 패러다임이 세계적으로 健在해 있었고, 한국이 나갈 방향이 확실했다. IMF의 우등생이 되기만 하면 됐다. 결과는 꼭 좋은 것은 아니었으나, 방향만큼은 확실했다. 이에 비해 지금은 미국 자신이 '逆 IMF'를 당하고 있는 판이며, IMF 때의 세계 패러다임은 무너졌다. 모든 나라가 제각기 나아갈 방향을 찾아야 한다. 한국으로서는 매우 어려운 선택을 해야 하는 시대에 접어들었다.

4. 金融危機가 가시기도 전에 實物部門의 위기가 오고 있다. 이것은 당연하다. 금융과 실물을 구분할 수 없다. 우리의 自負에도 불구하고 세계는 우리 경제를 그리 강한 경제라고 보지 않고 있다는 것이 드러났다. 이에 대해 세계가 우리에 대해 오해를 하고 있다고 여기는 견해가 있다. 그러나 중요한 것은 세계가 우리를 오해하는지의 與否가 아니라, 우리가 세계를 오해해서는 안 된다는 점이다. "남이 나를 알아주지 못함을 걱정하지 말고, 내가 남을 알지 못함을 걱정하라(不患人之不己知, 患不知人也)"라는 孔子의 말이 있다.

5. 외국 사람들이 한국에 대해 주목하는 점은 다음과 같은 것이 아닌가 생각한다. 가계부문과 금융부문을 포함한 민간부문의 빚이 너무 많다. 외환보유액이 겉으로는 많지만, 실은 만기가 도래한 外債에 비하면 可用外換은 적다. 임금과 물가가 너무 비싸서 경쟁력이 약하다. 정부정책이 국민의 신뢰를 받지 못하고 있다. 經常收支가 赤字이고

달러의 가치가 치솟는 東아시아 유일의 나라이다. 노사관계가 항상 원활하지 않으며, 정치의 생산성이 낮다. 교육이 좋지 않아서 유치원 아이들도 외국유학을 간다. 외국인들은 우리의 경제·사회·교육· 문화 등 전체를 보고 한국의 이미지를 그리는 것으로 보아야 한다.

6. 넓고 긴 안목에서 우리가 하는 방식을 새로 짜야 한다. 이를테면, 미국은 경제 회복을 한 후에도 이미 最後의 消費國(consumer of last resort)이 될 수 없다. 중국에 대한 純輸出의 증가도 어려워질 것이다. 수출의 중요성은 인정하지만, 수출에 모든 것을 거는 전략은 재고되어야 한다.

지금 이 나라에서도 歐美를 본받아 경제위기를 극복하기 위해, 戰時內閣이 전쟁을 수행하듯이, 빠르고 과감하게 대처해야 한다는 여론이 강하다. 이 의견에도 일리는 있다. 그러나 방향 없이 빨리 뛰는 것도 문제이다. 정부가 무엇을 하건 상당 기간 동안 스태그플레이션 (stagflation) 내지 스태그디플레이션(stagdeflation)의 경향은 피하기 어려울 것 같이 보이는데, "빨리 빨리"의 dynamism만 믿고 速戰速決로 대처하면 할수록, 힘이 빠지는 속도도 빠를 것이 아니겠는가. 그렇게 서둘던 대주단(貸主團) 모임의 경과는 무엇인가. 국회의원단까지 파견하여 미국을 설득하려던 성과는 무엇인가. 무작정 느긋해야 한다는 말은 아니다. 길고 넓게 생각해야 한다는 말이다. 세계 전체가 저성장으로 가는데 우리만 고도성장을 지향할 수는 없다. 성장률에 너무 拘碍되지 말고 기초를 다져야 한다.

7. 앞으로 세계 발전의 先導 역할은 아시아가 담당할 것으로 나는 본다. 아시아가 세계의 헤게모니를 가진다는 말은 아니다. 아시아는

평화를 필요로 하며, 평화를 위해 참고 견뎌야 한다. 우리는 기존의 패러다임으로부터 물려받은 모든 固定觀念을 버려야 한다. 開發年代, IMF를 지나면서 우리는 많은 고정관념을 가지게 되었다. 우리 역시 정신적 쇄신(spiritual renewal)을 겪어야 한다. 우리 스스로에 대해, 주변나라에 대해 좀 더 잘 알아야 한다. 고정관념을 가지고 유행에 따르는 정책은 항상 실패한다.

漢字 驅逐은 한글 자체의 구축*

여러분 반갑습니다.

지금까지 權彛赫, 陳泰夏 先生님의 좋은 말씀을 들었습니다. 제가 드리는 말씀은 蛇足을 붙이는 정도가 되겠습니다. 저의 漢字敎育에 대한 평소 생각을 말씀드리겠습니다.

우리나라 사람들이 지금까지 나라를 발전시킬 때에는 빨리빨리 하는 아주 좋은 性稟이 있어서 발전시켰을 것입니다. 그런데 이렇게 빨리빨리 모든 것을 추진하다 보니 몇 가지 아쉬운 습관을 가지게 되었습니다. 여러 가지가 있겠으나 그 중에 하나는 길고 넓게 생각하는, 어떻게 보면 천천히 하는 習性을 잃어버린 것 같습니다. 그래서 덜컥덜컥, 후다닥후다닥 하면서 將來에 가서는 後患이 될 일들을 막 해버립니다.

또 한 가지 제가 평소에 아쉽게 생각하는 것은 우리 사람들이 언제부터인지 몰라도 굉장히 流行에 敏感하게 되었다는 사실입니다. 자기 자신의 所信이 있어서가 아니라 남들이 하니까, 그게 좋아 보이니까, 내가 안 하면 뒤떨어질 것 같기 때문에, 결국 따라 하는 것이 아주 많

---

* 이 글은 2009년 5월 14일 서울 수운회관에서 행한 한자교육 촉구 대강연회 강연 요지임.

습니다. 참으로 바람직하지 못한 習性입니다. 자기가 무엇을 하든 盲目的으로 추종하는 習性을 많이 볼 수 있습니다.

셋째로 아쉬운 것은 진짜로 해야 할 改革, 진짜로 고쳐야 할 것은 절대로 안 고친다는 것입니다. 왜냐하면 所信이 薄弱해서 그렇습니다. 궁극적으로는 자기 자신에 대한 確固한 信念이 없어서 그렇다고 봅니다.

이와 같은 것들을 무엇이 만들었느냐 하면, 우리의 語文政策이 만들었습니다. 그르치게 만든 것입니다. 한글專用이라는 敎育方針이 이러한 弊害를 굳건하게 만든 것입니다. 한글專用을 하면서 무엇을 얻고 무엇을 잃었느냐 할 때, 얻은 것은 輕薄한 습성밖에 없고, 망친 것은 文化를 제대로 만들 수 없다는 것입니다.

우리는 文化를 만들어내야 합니다. 文化라는 것은 恒久如一한 것이 아닙니다. 문화를 만들어낼 때는 문화의 始發이 어떤 나라에 있든지 그것은 큰 問題가 아닙니다. 우리가 必要로 하는 좋은 나라를 만들기 위해서는 좋은 文化를 만들어내야 하고, 좋은 文化를 만들기 위해서는 남들이 만들어 놓은 것도 必要한 것은 받아들여서 우리의 것을 加味시켜 우리의 것으로 만들어야 합니다. 그런데 그런 文化는 한글專用을 가지고서는 절대로 만들어지지 않습니다.

文化가 만들어지지 않으면 결국은 나라를 망치고 말 것입니다. 한글專用을 가지고는 우선 知性을 만들 수가 없습니다. 우리나라의 知性이 지금 있기는 있지만 그렇게 남의 눈에 띄지는 않습니다. 知的인 活動에 있어서는 이 나라는 완전히 亂場판과 마찬가지입니다. 輕薄한 思考와 輕薄한 行動이 판을 치고 있습니다. 경박하지 않고 길게 보거나 넓게 보는 시야를 가지고 이야기해 봐야 통하지 않는 사회가 되었습니다.

反知性的인 社會가 되었습니다. 反知性的인 社會는 反知性的인 文化를 만들어 내고 있습니다. TV가 아무리 높은 소리로 화려한 장면을 우리에게 보여주어도 결국에 가서는 反知性的인 것이 大部分입니다.

이런 것을 자주 허용해서 그 유행에 따르다 보면 우리나라의 文化는 정말로 초라한 것이 되고 말 것입니다. 우리가 입만 열면 强調하는 先進化는 終乃 이루어지지 않을 것입니다. 제가 이것을 강조하기 위해서 한두 가지 예를 들겠습니다.

저는 어떤 외국 사람이 哲學과 經濟와 政治 外交에 관하여 1930년대에 쓴 책을 오래 전에 읽은 적이 있습니다. 그리고 감탄을 하였습니다. 그는 수십 권의 책을 쓴 사람입니다. 그 수십 권이 모두 좋은 책이었으나 그 중에서 30년대에 쓴 책이 가장 훌륭하였습니다. 그 책은 잊혀질만 하면 다시 출판이 되어 나오는 名著입니다. 제가 어떤 座席에서 그 책을 언급하면서 "불행히도 우리나라에는 그 책이 없습니다. 그런 책이 있는 줄을 아는 사람도 없을 것입니다. 제가 누구에겐가 빌려주었다가 잃어버려 굉장히 답답해 하고 있습니다. 살 수도 없고."라고 하였는데, 놀랍게도 그 좌석에 있던 서울法大를 나온 젊은 後輩가 "선생님 제가 그 책을 가지고 있습니다. 제가 선생님께 그 책을 드리겠습니다." 하고 후에 그 책을 가지고 왔습니다. 보았더니 翻譯이 된 책이었습니다. "자네 이 책을 읽어봤지? 좋은 책이지?"라고 물었더니, "선생님, 저는 그 책을 아무리 읽어도 납득할 수 없어서 포기했습니다." "아니 이 책은 대단히 훌륭한 책이지만 어려운 책은 아니야. 자네 같은 실력이면 얼마든지 쉽고 재미있게 읽을 수 있는 책인데 왜 어렵다고 그래?" "모르겠습니다. 저한테는 아주 어렵게 여겨져서 아무리 시도를 해도 안 되기 때문에 포기했습니다." "原本이었으면 더욱 좋았겠지만 내가 한번 다시 읽어보도록 하지."

제가 그 책을 읽어보았더니 그 後輩가 무엇을 말하는지 확실히 알 수 있었습니다. 저도 못 읽겠어요. 저는 그 책의 내용을 잘 알고 있는데도 읽지 못하겠더란 겁니다. 가만히 그 原因을 생각해 보았습니다. 그 책을 飜譯한 사람은 英語를 아주 잘하는 사람입니다. 영어는 잘해도 우리말을 잘 못하는 사람인 듯하지만, 그도 남만큼은 할 텐데 왜 飜譯이 이 꼴일까?

그 原因은 간단합니다. 우리말 어휘 자체가 유치한 것입니다. 그 책에 담긴 내용을 우리말로 옮길 수가 없는 것입니다. 결국 그것이 한글 專用의 결과입니다. 그러니까 결국은 그 쉬운 책의 내용을 제대로 전달할 수 없는 수준에 있다는 것입니다. 이것을 확실히 알았습니다.

또 한 가지 예가 있습니다. 英國의 某人士의 '傳記'를 번역한 책을 보았습니다. 傳記라는 것이 어려운 것은 아니지만 쉬운 것도 아닙니다. 한 사람의 過去와 그 時代의 특성과 政策의 方向 등을 얘기하는 것입니다. 쉽게 나왔습니다만 읽을 수 없었습니다. 예전에는 괄호 안에 漢字를 넣어서 저처럼 漢字를 조금 아는 사람은 도움이 되었습니다만, 요즘은 괄호 안에 漢字를 써넣지도 않습니다. 넣어도 못 읽으니 필요가 없다는 것입니다. 대신에 顯微鏡으로나 읽을 수 있는 깨알 같은 글씨로 英語 單語를 써놓고 있습니다. 결국에 가서는 그 책을 읽지 못했습니다. 飜譯한 사람은 영어로 밥을 먹고 있는 사람이었습니다. 문제는 순수한 우리나라의 語彙만 가지고는 그 정도의 책도 담아낼 수가 없다는 것입니다.

세상의 모든 사람들은 말을 통해 생각을 하고, 말을 통해 思想을 만들어 냅니다. 말이 幼稚하면 생각도 幼稚하고, 생각이 幼稚하면 思想도 幼稚하고 行動도 유치하지 않을 수 없습니다.

그 정도의 語彙를 가지고 어떻게 文化를 創造합니까. 그것이 무슨 文化입니까. 난장판의 문화이지. 요즈음 우리 국민이 펼치고 있는 生活이 만들어내고 있는 文化는 난장판의 문화입니다.

한글專用으로는 이런 정도의 책도 담아낼 수 없습니다. 이러면 어떤 분은 "그러니까 영어를 배우자는 것 아닙니까?"라고 할 것입니다. 그러면 저의 대답은 이렇습니다. "英語를 배우면 그것은 英國사람이나 美國 사람만큼 할 수는 있겠지요. 그러나 國民한테는 도움이 안 됩니다." 왜냐하면, 國民의 수준은 그 사람이 英語를 써야만 표시할 수 있는 思想과 생각을 韓國國民에게 傳達할 수 있는 방법이 없는 그런 수준에 있기 때문입니다.

그러니까 무슨 말씀이냐 하면, 나라의 語文이 확실해야 知性이 생기고, 知性이 생겨나야 文化가 만들어진다는 말씀입니다. 여러분, 知性이라는 것은 低邊과 리더가 있어야 합니다. 法學, 經濟學, 科學, 醫學의 리더가 있어야 그 분야의 知性을 이끌어가고, 學問 분야가 발전이 되어야 文化가 暢達이 되어 나라가 제대로 되지 않겠습니까. 그냥 輸出만 하면 된다? 절대로 그렇지 않습니다. 文化가 없이는 輸出도 잘 되지 않습니다.

先進國의 모든 나라는 그 나라의 문자와 글을 굉장히 중요시하고 있습니다. 獨逸은 사실 프랑스에 대하여 컴플렉스를 가지고 있었습니다만, 괴테가 『파우스트』를 씀으로 해서 獨逸語를 가지고 이런 정도의 책을 쓸 수 있다는 것을 보여주었습니다. 우리나라의 한글專用으로 괴테와 같은 사람이 나올 수 있느냐? 저는 절대로 불가능하다고 생각합니다.

日本의 유명한 수학자인 후지와라 마사히코(藤原正彦)는 몇 해 전 「文藝春秋」에 2번에 걸쳐 글을 썼습니다. "우리나라(일본)의 문화를 增進시키기 위해서는 첫째, 漢字를 강조한다. 둘째, 강조하는 것은 漢字다. 셋째도 漢字다." 國民들한테 외친 것입니다. 나라가 올바르게 되자면 그 나라 사람들의 行動과 思想을 바로 잡아야 한다, 文化가 창달이 되어야 한다고 한 것입니다. 그 사람은 사람에게 人格이 있듯이 나라에도 國格이 있다라는 『國家의 品格』이라는 책을 쓰기도 했습니다. 언젠가 신문사에서 저한테 번역을 해달라고 하기에 미적거렸더니 다른 사람에게 부탁하여 번역판이 나왔습니다.

日本은 가끔 「文藝春秋」에 "日本語 大變", 즉 "일본말이 큰일났다." 이렇게 외치는 것을 더러 보았습니다. 젊은 세대들의 漢字實力이 없어서 日本이 유지가 되겠느냐는 의식이 깨어 있는 것입니다. 그중 한국에 대해서 언급하고 있는 것을 보았습니다. "韓國에서는 漢字를 가르치지 않기 때문에 아주 간단한 말, 이를테면 '正義'라는 말도 모르고 있다"라고 말하고 있습니다. 우리의 漢字文盲에 대하여 놀라움을 표시하고 있는 것입니다.

私的으로 일본 사람들이 "한국에서는 漢字를 排除하고 있다고 들었습니다. 정말 그렇습니까?" "사실입니다." "아니 어떻게 하려고 그렇습니까?" 말문이 막혀 대답을 할 수가 없었습니다.

우리나라는 지금 反知性으로 가고 있습니다. 우리나라 發展過程에서 最大의 失策은 한글專用의 채택입니다.

저는 經濟學을 합니다만 經濟 그거 큰 문제가 아닙니다. 조금 더 발전하고 덜 발전하는 것, 아무 문제가 아닙니다. 그게 무슨 문제입니까. 제일 기본적인 문제는 語文이고, 文化 創造의 能力입니다. 그

것이 있다면 經濟도 創造할 수 있고, 政治도 創造할 수 있습니다.

문제는 그 나라가 知性을 만들어내고 文化를 만들어낼 수 있는 바탕을 가지고 있느냐가 문제입니다. 經濟, GDP, 失業率… 이런 것들은 施行錯誤를 겪으면 해결할 수 있습니다.

한글이 科學的인 文字임에는 틀림이 없습니다만, 한 가지 분명한 것은, 한글은 發音을 적기 위해 만들어진 글자인 것입니다. 그렇게 때문에 世宗大王께서 訓民正音, 즉 "백성을 가르치기 위한 올바른 발음"이라고 한 것입니다.

文化는 愛國心만 가지고는 되지 않습니다. 愛國心이 있을수록 文化를 尊重해야 합니다. 어떤 의미에서 한글專用을 주장하는 것은 愛國心 + 敵愾心 + 컴플렉스의 心理가 있지 않은가 생각합니다. 어떻게 文化에 대해서 盲目的으로 이 지경까지 할 수 있느냐? 선량한 백성을 이 지경으로 만들어 낼 수 있느냐? 참으로 안타깝게 생각합니다.

결과는, 한글학자들은 漢字를 驅逐하는 데에 일단은 성공한 것처럼 보입니다. 그렇지만 漢字는 쉽게 驅逐되지 않습니다. 현재 漢字에 대한 慾求는 대단히 많습니다.

그런데 한글학자들은 漢字를 구축했다고 하지만 한글 자체를 驅逐시키고 있습니다. 여러분의 아파트 이름을 보십시오. 한글로 발음을 표시했을 뿐이지 전부 영어입니다. 전부 英語로 써야 건물의 威信이 서고 아파트의 威信이 섭니까?

漢字를 하지 않고서는 科學도 할 수 없다고 봅니다. 한글 專用으로는 人文學은 不可能합니다. 지금은 세상에 없지만 浦項工大의 學長을 하던 金浩吉이라는 희대의 인물이 있었습니다. 그 사람의 글에 "科學도 인간이 하는 것입니다"라는 것이 있는데, 그 글에 보면, 인간이 제대로 되지 않으면 과학도 제대로 못 한다고 하였습니다.

물리학으로 노벨상을 받은 일본의 유가와 히데키(湯川秀樹)는 『책 안의 세계』라는 책에서 자신이 가장 감명 깊게 읽은 책을 소개하는데 그 첫 번째가 『莊子』였습니다. 그 뒤로 『카라마조프家의 兄弟』, 『古文眞寶』, 『唐詩選』 등이 있습니다. 아인슈타인 등 노벨상을 받은 학자들은 나름대로의 世界觀과 人生觀을 가지고 과학을 했지 그냥 數學 문제 풀면서 科學을 한 것은 아닙니다.

漢字를 배우고 쓸 수 있어야 합니다. 그래야 동북아시아에서 살아남을 수가 있습니다. 英語만 잘하면 되는 줄 알지만, 그렇지 않습니다. 漢字를 모르면 동북아시아에서 文化的으로 추방될 것입니다.

東北아시아 文化圈이 장차 세계의 中心的인 文化圈이 됩니다. 그 중심에 앉아서 漢字를 읽지도 못하고 쓰지도 못한다는 것이 말이 됩니까. 漢字를 모르면 中國語도 못하고 日本語도 못합니다. 그러고 나서 國際競爭力이 어떠니, 世界 經濟大國이 어떠니 말들 하고 있습니다. 漢字를 모르면 그것이 됩니까? 안 됩니다.

저는 끝으로 李明博 政府가 이것을 꼭 해내 주기를 바랍니다. 만일 李明博 政府가 다른 정책에서 다 잘한다면 그 성공의 第一 首位에 있는 것이 한글專用의 폐지, 이것이 가장 큰 업적으로 남을 것입니다. 그러나 만약에 별로 성공한 政府가 되지 못한다 할지라도 이것만 한다면 역대 어느 政府보다 더 나은 業績으로 평가받을 것입니다. 감사합니다.

金融危機 이후의 세계와 한국*

I. 금융위기

금융위기는 일단락됐다. 모든 나라들이 천문학적인 액수의 재정지출과 유동성 공급증가를 단행한 효과가 나타난 것이다. 이것으로 銀行의 資本 확충이 이루어졌고, 證市도 일단 소강상태를 얻게 됐다.

금융부문에 비해 실물부문의 회복 조짐은 아직도 미약하다. 짙은 불확실성 속에서 세계는 앞으로의 확실한 진로를 가늠하지 못하고 있다. 기업의 투자는 침체돼 있고 고용도 호전의 기미가 아직 없다. 앞으로 세계경제는 어떻게 될 것인가. 모든 사람들의 관심사이다.

금융위기 발생의 원인을 확실히 알아야 한다. 한 마디로 미국 경제 운영 모델이 지속불가능했기(unsustainable) 때문이었다. 금융의 거품이 터진 것이 원인이라고 하지만, 거품의 이면에는 지속불가능한 몇 가지 큰 不均衡이 자리잡고 있었다. 기본적인 불균형에는 크게 보아 다음의 세 가지가 있었다. 첫째, 경제에서 차지하는 金融의 비중이 너무 컸다. 정상적으로는 금융은 실물부문의 보조역할을 하는 것인데, 미국의 금융은 너무 肥大해져서 그 거품이 실물을 흔들게 됐다. 70년대까지만 해도 미국 경제의 중심은 實物部門(Main Street)이었는데, 80

---

* 이 글은 2009년 7월 29일 인간개발연구원 제주도 섬머 포럼에서 행한 주제 강연 요지임.

년대부터는 그것이 점차 金融部門(Wall Street)으로 옮아갔다. 월街의
금융기술자들이 천문학적 숫자의 有毒하고(toxic) 부실한 금융 '資
産'을 만들어내서 유통시킴으로써 엄청난 私利를 챙겼다. 정부와 중
앙은행은 이것이 금융의 발전이라고 착각하고 계속 유동성을 공급하
여 월가를 도왔다. 왜 그런 착각이 그렇게 오랫동안 지속됐는가. 금
융의 발전에 미국경제의 장래가 있다고 보고, 거품이 일어나는 현상
을 발전으로 誤認했기 때문인 것으로 보인다.

둘째, 금융의 異常肥大가 毒性을 퍼뜨리는 동안 실물부문(실물산업,
국제수지, 국민생활 등)은 가속적으로 약화되어 국제경쟁력은 떨어지고
있었다. 미국의 무역수지는 세계의 모든 나라에 대하여 적자를 보였
다. 경상수지의 적자가 GDP의 6%에 달하는 이상사태가 계속되었다.
세계 최대의 富國이 전 세계에 빚을 지면서 호황을 구가하는 현상이
벌어졌다. 지속될 수가 없는 奇現象이었다.

그 과정에 民生과 소득분배는 양극화의 양상을 보이고, 기업경영은
불건전해지고 있었다. 이에 대해 정부 당국은 아무런 대책을 강구하
지 않았다. 왜 이런 일을 방치했는가. 한 마디로 미국의 실력을 과신
했기 때문이다. 또 모든 문제는 自由市場에 맡기면 해결된다는 유토
피아 같은 이론을 盲信하였기 때문이다.

셋째, 기업 차원에서도 미국 모델은 길게 보면 지속되기 어려운 요
소가 있었다. 우선 기업경영 기조에 문제가 있다. CEO(그리고 회사의
일반 理事)에 대한 報酬(compensation)가 상식적으로 납득할 수 없는 높
은 수준에 있었다. 이에 비해, 근로자의 실질소득은 70년대 말 이후
개선된 것이 없고, 의료 혜택이 없는 국민이 4,800만이나 된다.

기업의 목적에 관한 이론에도 납득하기 어려운 점이 있다. 기업의
목적이 오로지 株主의 利益의 極大化에 두어져 있어서 종업원이나 그

밖의 stakeholder들의 처지는 등한시된다. 경영의 목표는 주식가격의 극대화에 있고, 경영자의 보수가 주식가격에 맞추어져 있기 때문에, 경영자는 株價를 올리기 위해서는 기업과 경제에 有害한 수단(과감한 M&A, 종업원의 대량해고)도 사양하지 않는다. 이런 것을 잘 하는 경영자가 유능하다고 치부되는 경제의 fundamental이 건전하기는 어려운 일이다. 이런 기업경영 모델은 윤리면에서뿐만 아니라 기업의 생산성, 효율성 차원에서도 불건전하다.

요약하면, 금융부문과 실물부문, 기업경영, 이 세 부문이 모두 持續不可能했다. 지속불가능한 것은 언젠가는 무너진다. 미국 금융모델은 외부의 공격을 받아서 쓰러진 것이 아니다. 그 시스템 속에 內在하는 矛盾의 荷重에 눌려서 스스로 무너진 것이다. 앞으로 위기가 지나가면 미국은 어떻게 될 것인가. 정상화되리라고 본다. 위에서 말한 3대 불균형이 완화될 것이다.

여타 세계의 입장은, 그동안 세계경제의 好況은 對美 輸出에 의하여 지탱되었다. 미국의 국채, 금융자산을 받고 한없이 많은 상품을 미국에 수출했다. 세계의 호황은 미국에 의존하는 것이었다. 물론 이것이 영영 계속될 수는 없었다. 미국이 무너지면서 세계경제가 무너지고 말았다. 앞으로 지금의 위기가 지나간다면 세계는 어떻게 될까. 정상화되리라고 본다.

앞으로 미국경제(및 세계경제)의 회복은 V자를 그릴 것인가, 아니면 U 또는 W, 또는 L자를 그릴 것인가. 아무도 알 수 없고 모든 것이 불확실하다. 불확실성이 가득 차 있는 이 시점에서 미국이나 세계경제의 미래를 그리기는 어렵다. 그러나 불확실한 것은 현실이지만, 그 속에서도 原理的으로는 비교적 확실해 보이는 事項도 있다. 아마도 다음과 같은 것이 예상될 수 있지 않을까 생각한다.

첫째, 미국 및 세계경제의 회복은 더디고, 회복된 후에도 그 성장률은 낮을 것이다. 최근 들어 미국을 비롯하여 회복의 새싹(green shoot)이 돋아난다는 보도가 잇따르고 있다. 특히 금융부문에서 새싹이 많은 것 같다. 이를테면, 정부의 구제로 겨우 명맥을 유지한 세계 최대의 투자은행(IB) 골드먼 삭스가 금년 2분기에는 무려 34억 달러의 이익을 냈으며, 만일 하반기에도 이런 실적이 이어질 경우, 2만9천 명에 달하는 종업원에게 평균 77만 달러의 급여를 줄 것을 공표했다. 모건 스탠리도 많은 수익을 올렸다는 보도가 있다.

그러나 실물경제가 부활한다고 해도 경제성장률이 높을 수는 없을 것으로 보인다. 지난날의 미국경제의 호황은 그 경제의 높은 消費性向 때문이었다. 앞으로는 그런 높은 소비성향은 없을 것이다. 기업투자도 크게 증가할 것으로 기대하기가 어렵다. 기업의 期待收益率이 높을 수 없을 것으로 보이기 때문이다. 정부 支出도 계속 늘어날 수는 없다. 稅收가 부족하고, 國債를 발행하자면 이자율이 높아져서 그만큼 민간 투자를 驅逐할 것이기 때문이다.

유럽 각국도 성장률이 그리 높을 수 없을 것이다. 유럽은행들은 미국은행 이상으로 미국의 부실자산을 많이 매입했기 때문에, 유럽은 사실 미국 이상으로 금융위기의 타격을 받았다. 소비, 투자, 정부지출 모두 빠르게 증가할 수는 없을 것으로 본다.

일반적으로 세계 전체의 무역이 활발할 수 없을 것이기 때문에 수출의존적인 성장을 한 나라의 성장은 높을 수 없다. 원래, 성숙한 자본주의 나라의 문제는 생산력에 비하여 有效需要가 항상 부족한 경향이 있다는 것이다. 앞으로는 경제성장이 開途國으로 擴散되면서 이 경향이 세계적으로 나타날 것으로 보인다. 다시 말해서, 앞으로의 세계는 生産過剩에 시달릴 가능성이 많아졌다. 성숙한 자본주의 경제가 겪는 정상적인 현상이다.

이번의 경제위기는 지난날에 있어서와 같은 大量生産, 大量消費, 大量廢棄의 시대의 終焉을 告한 것으로도 볼 수 있다. 앞으로 資源節約, 環境保護의 시대가 오면서 低成長, 低所費, 高貯蓄 性向이 일반화될 것이다. 이것은 세계경제의 패러다임이 正常으로 돌아올 것을 말한다. 지난날 세계가 미국의 過消費에 의존하는 고도성장을 구가한 것이 비정상이었지, 앞으로 올 자원절약형 저성장이 비정상은 아니다.

둘째, 低成長에 물가 하락 또는 상승이 同伴할 가능성이 높다. 다시 말해서 stagdeflation 내지 stagflation이 나타날 수 있다. 지난날 일본과 같이 수출도 잘 안 되고 소비도 적은 경우에는 前者가 우려되고, 한국과 같이 소비성향이 강한 나라의 경우, 또는 미국과 같이 인플레를 환영할 이유가 있는 나라의 경우에는 後者가 나타날 가능성이 있다. 미국은 사실 인플레 없이는 8조 달러라는 많은 對外債務를 갚을 방법이 없어 보인다. 중국은 계속 미국의 재정집행의 放漫을 비판하고 있지만, 미국의 정책은 어디까지나 親인플레적이 되지 않을 수 없다. 그러나 미국도 인플레가 가지고 오는 그 밖의 부담은 지지 않을 수 없다. 인플레가 자리 잡으면 基軸通貨로서의 역할이 損傷을 입을 것 등은 어쩔 수 없다.

셋째, 경제침체가 장기화되면 선후진국을 막론하고 사회적 긴장을 가져올 것이다. 경제를 살리기 위해 정부가 특단의 조치를 취하라는 요구가 제기될 것이다. 移民의 통제, 해외노동자에 대한 취업의 제한 등의 요구가 잇따를 것이다. 인종간의 마찰(ethnic strife)이 일어날 것이다. 이를테면 이번의 중국 新疆省의 위구르(Uighur) 자치구의 소요도 그 뿌리는 경제에 있었던 것으로 짐작된다.

넷째, 여러 가지 형태의 deglobalization, deliberalization의 경향이 표면화될 것이다. Deglobalization 요구가 개도국보다도 오히려 선진국에서 먼저 일어날 가능성이 있다. 선진국은 有效需要의 不足과 이에 따른 실업의 증가가 후진국에 못지 않을 것이기 때문에 산업보호가 이런저런 형태로 나타날 가능성이 있다. 지난날 globalization의 혜택을 가장 많이 본 나라는 미국보다도 오히려 중국, 인도 등이었다. 앞으로 금융에 있어서나 실물에 있어서나, 産業保護主義와 民族主義가 강화될 것으로 나는 본다. 아직은 세계평화를 위협할 정도는 아니지만, 이미 자원의 확보를 둘러싼 세계의 총소리 나지 않는 전쟁이 치열하게 전개되고 있다.

다섯째, 세계경제의 세력 분포가 달라질 것이다. 후진국의 발전 속도가 선진국에 비해 빠를 것이다. 선진국과 후진국의 차이가 줄어들 것이다. 특히 중국과 인도 등의 아시아 傳統文化圈의 발전이 가장 빠를 것이지만, 러시아나 남미들도 결국 경제발전을 이루게 될 것이다. 세계적으로 人口增加率의 감소, 識字化, 敎育의 普及이 이루어짐에 따라 모두 나름대로의 정체성을 유지하면서 발전을 이루고, 나름대로 民主主義가 확산될 것이다. 세계는 平準化를 향해 발전할 것으로 보인다.

세계에서 가장 높은 성장을 보일 나라는 중국일 것이다. 금년에도 〈保八〉 목표(8% 성장목표)는 어느 정도까지는 달성될 것으로 보인다. 미국에 대한 수출은 크게 기대할 수 없지만, 중국은 금융위기가 터지는 즉시로 內需市場 개발을 위해 8兆元에 달하는 재정지출을 발표한 바 있다. 新疆 위구르 自治區에서 소요사태가 발생했는데, 이것은 중국 당국으로서는 적지 않은 문제임이 틀림없다. 그러나 이 소요가 앞으로의 발전에 결정적인 장애는 되지 않을 것으로 본다.

이에 따라 보다 큰 관점에서 나는 금융뿐 아니라 세계경제 전체가 그 운영의 패러다임이 바뀌어야 할 것으로 본다. 아무리 자본주의라 할지라도 지나친 個人主義, 적나라한 貪慾만 가지고는 유지될 수는 없다.

지금까지의 패러다임은 기업의 코스트 중의 계산되지 않는 이른바 外部效果(external effect) ─ 개개의 기업으로서는 공짜이지만 경제 전체 또는 세계 전체로서는 큰 비용이 되는 것, 이를테면 환경파괴 ─ 는 아예 不問에 붙이는 개인기업 위주의 체제였다. 어떻게 보면 기업이 외부효과를 더 많이 만들어내면 낼수록 성공적인 기업이라는 평가를 받는 체제였다.

이 체제는 기후변화를 비롯한 환경파괴를 가지고 옴으로써 인류의 생존을 위협하고 있다. 앞으로 인류가 살아남기 위해서는 외부효과를 內部化하는 ─ 다시 말해서 어떤 기업이 사회에 부담을 끼치는 경우에는 기업이 그 책임을 지는 ─ 어떤 제도적 장치를 마련해야 할 것이다. 탐욕만으로 인류가 잘 살 수는 없다. '보이지 않는 손' 뒤에 숨어서 탐욕을 일삼는 시스템은 성공하면 할수록 빨리 멸망하는 시스템이다. 마치 자기 몸의 피를 잘 빨아먹을수록 빨리 죽는 怪物과 같이, 매우 迂闊한 것으로 들리겠지만, 자본주의가 살아남기 위해서는 道德的 再生(spiritual renewal)이 필요할 것이다. 지금까지 지속되어온 가치관, 생활방식을 고치기는 어렵다. 그렇기 때문에 새로운 패러다임의 설정이 더딘 것이다.

Ⅱ. 한국

한국의 문제를 살펴보자. 短期와 中長期로 나누어서 정세의 추이를

검토해 보자.

먼저 短期를 보자. 금융위기 발생 이후로 한국은 그리 큰 재앙 없이 위기의 초기를 넘겼다. 정부당국은 '善防'을 했다고 自評했다. 우려했던 餘震은 일어나지 않았다. 여러 번 예고된 '大亂'도 없었다. 금융위기를 당하여 수출은 크게 어려워졌으나 그 밖에는 아직 그리 큰 타격을 받은 것은 없다. 그러나 세상은 잠시도 쉬지 않고 변한다. 天下는 좋아지지 않으면 나빠지고, 나라는 다스려지지 않으면 어지러워진다.[1] 우리 경제도 지금 대책을 강구하지 않으면 앞으로 어려워질 것이다.

우리 은행들은 다행하게도 미국의 Asset-backed securities(擔保付 證券)나 그 밖의 derivatives(派生商品)를 매입한 것이 많지 않아서 치명적인 피해는 면했다. 정부와 한국은행이 失機하지 않고 은행에 유동성을 공급해 준 것도 잘한 일이었다. 은행이 對外負債를 많이 져서 만기도래를 앞두고 달러가 부족해서 원-달러 환율이 올라가서 부채 상환의 부담이 늘었다. 그러나 다른 한편으로는 환율의 상승은 수출을 유리하게 만들어서 경상수지를 개선하는 데 도움이 됐다. 외국 금융회사 지점들이 본국에서의 달러부족을 완화하기 위하여 한국에서 보유한 달러를 인출함으로써 환율을 올리는 원인의 하나가 된 것은 어쩔 수 없는 일이었다. 국민이 큰 동요 없이 일상생활을 영위함으로써 경기를 지탱하는 데 큰 도움이 된 것도 다행이었다. 중국에 대한 수출이 한국의 '善防'에 기여했다는 것도 인정해야 한다. 한마디로 한국은 위기를 단기적으로는 잘 극복했다고도 할 수 있으나, 한편으

---

1) 이 말은 李栗谷이 1566년 中宗 임금에게 올린 말이다. 율곡은 이렇게 말했다. '천하의 일은 나아가지 않으면 물러나며, 국가의 형세는 다스려지지 않으면 어지러워집니다.' 세상은 정지하는 법은 없다는 말이다. '天下之事, 不進則退, 國家之勢, 不治則亂.' 「諫院陳時弊疏」(丙戌) 『栗谷全書』, 卷2.

로는 처음부터 큰 위기가 없었다고도 볼 수도 있다.

그러나 다른 나라가 거의 다 그렇다시피, 한국경제도 금융부문은 상당한 회복을 보이고 있고 부동산 가격도 다소 오르고 있으나, 실물부문은 아직 별로 좋아지는 모습을 보이지 못하고 있다. 수출이 부진하다는 것은 論外로 한다고 하더라도, 內需는 소비나 투자나 뚜렷한 회복 움직임이 없다. 사실, 실물부문의 회복은 단기적으로 쉽게 이루어지지 않는다. 집값이 올라서 경제활동의 활성화를 기대하는 소리도 있으나, 이것은 좋은 소식이라기보다는 오히려 걱정스러운 소식이다. 소비가 살아나는 경우, 한국에서는 인플레를 걱정해야 한다.

좀 더 긴 안목에서 우리경제의 지난날을 회고하고 앞날을 전망해 보자. 한국경제가 12년 전 IMF를 맞았다는 사실은 획기적인 사건이었다. 당시까지의 경제 운영은 國家主義的인 基調 위에서 이루어졌고, 무역정책은 重商主義的인 색채를 띤 것이었다. IMF 직전까지만 해도 開發年代의 기조가 그대로 남아 있었다. IMF를 맞은 후 한국경제의 정책기조는 180도로 달라져서, 거시적으로는 재정금융의 초긴축, 미시적으로는 자유화(deregulation), 개방화(liberalization), 민영화(privatization), 작은 정부(small government)를 근간으로 하는 신자유주의적인 기조로 바꾸었다. 한국은 세계가 놀란 적응력을 발휘하여 이른바 4대 부문(금융, 기업, 공공, 노동)의 구조조정을 단행하여 2년 후에는 IMF를 졸업했다고 발표할 정도가 되었다.

한국경제는 IMF정책을 통하여 무엇을 얻었는가. 그 정책이 잘 되고 못되고는 여기서 詳論할 수 없으나, 한 가지 분명한 사실은, IMF 이후 成長의 活力은 없어졌다는 사실이다. 지난 10여 년 동안 우리경제는 약 4% 내외 수준의 아시아에서도 下位圈의 성장을 보여 왔다. 이것이 IMF의 잘못이었다고 할 수는 없으나, 우리는 지금에 이르기

제2부 강연 요지 / 381

제2부 강연 요지 / 381

까지 성장잠재력을 크게 기르지 못했다. 세계는 이와 같은 경험을 많이 보아왔다. 예를 들어, 미국은 80년대부터 南美에서 IMF와 시카고 學派의 通貨論者(monetarist)들이 주장하는 바와 같이 재정금융의 긴축, 자유화, 개방화, 민영화 등의 정책을 써서 일단 인플레를 진정시키고 환율의 상승을 막기는 했으나 성장동력을 활성화시키지는 못했다. IMF는 한국경제에 좋은 일도 많이 했지만 성장활력을 불어넣었다고 할 수는 없다. 그래서 당시의 '국민의 정부'는 성장동력을 자극하고자 내수를 진작하는 정책을 시도했으나, 성공을 거두지 못했다. 그 정책은 오히려 카드의 남발을 초래함으로써 신용불량자를 양산했고, 은행의 부실을 가중시키는 결과를 가지고 왔다.

노무현 전 대통령은 경제를 살리겠다는 구호를 가지고 당선됐다. 그의 '참여정부'는 사실 매우 어려운 경제를 이어받았다. 개발년대의 권위주의 유산, IMF의 신자유주의 유산을 받은 채, 무엇을 해야하느냐에 대해 확실한 방향을 설정하기도 어려웠다. 정부가 해야 할 일은 우선 장기적으로 경제의 fundamental을 강화하는 장기적 비전과 전략을 세우는 일이었지만, 정부의 마음은 바빴고, 먼 장래를 걱정할 여유는 없었다. 倉卒간에 '동북아시아 中心國家'를 비롯하여, 아파트 가격의 진정, 국가균형발전정책 등의 정책을 내걸었고, 끝내는 종합부동산세를 제정하고 한미 FTA로 정권의 掉尾를 장식하는 모습을 보였다. 잘 잘못은 고사하고, 전반적으로는 경제의 성장동력을 회복하지 못한 채 임기를 마쳤다.

이명박 대통령의 선거구호도 경제를 살리겠다는 것이었다. 이 정권도 어려운 경제를 맡았다는 점은 전 정권과 비슷했다. 위에서 말한 두 가지 유산과 아울러 참여정부의 均衡發展이라는 또 한 가지 유산을 물려받았다. 거기에다가, 미국경제에도 도저히 지속불가능한 불균형이 이미 가시화되고 있었다. 세계경제는 바야흐로 一觸卽發의 위기를 앞두고 있었다.

드디어 미국에서 경제위기가 터졌다. 海溢과 같이 밀어닥친 危機를 단기적으로 우선 물리친 것은 전술한 바와 같다. 그러나 문제는 '경제를 살린다' 는 것인데, 금융위기를 계기로 더욱 짙어진 불확실성 속에서 현실성 있는 한국경제의 비전과 전략을 내놓는다는 것은 엄청나게 어려운 일이다. 더욱이 우리 경제의 성장잠재력은 4%대로부터 3%대로 떨어지고 있다는 민간연구소의 연구결과는 작금의 우리 경제를 둘러싼 정황에 비추어 우려를 자아낼 만한 상황이다.

나는 우선 이 정권의 지도자들이 서둘러 확고한 성공 가능성이 없는 정책을 내놓지 말기를 바란다. 여러 가지 여건이 膠着狀態에 빠져 있는 우리 경제를 살리는 방향을 잡는다는 것은 쉬운 일이 아니다. 나는 이 정권이 성공한 정권이 되기 위해서 1979년 영국의 수상이 된 마가리트 대처(Margaret Thatcher)의 원칙을 참고로 하기 바란다. 대처는 영국의 新自由主義를 펼친 지도자였고 한동안 영국경제에 新風을 불어넣은 업적을 남겼다. 나는 신자유주의자는 아니지만, 대처가 항상 염두에 두었다는 몇 가지 사항은 지금 우리 정부의 참고가 되어야 한다고 생각한다. 대처는 야당 당수 때인 1977년에 그의 정책을 천명하는 The Right Approach to the Economy라는 책을 냈다. 이것은 철저한 준비와 黨 기관의 완전한 동의를 얻어서 保守黨 執權 후의 방침을 천명하는 내용을 담은 것으로서, 다음과 같은 기본방향을 담고 있다. 대처는 그의 자서전에서 이렇게 쓰고 있다.

'나에게는 이 기간 동안 再三再四(again and again) 反芻한 세 가지 점이 있었다. 첫째, 우리가 하고자 하는 모든 것은 영국의 경제적 沈下(decline)를 反轉시킬 수 있는 전략과 맞아야 한다. 왜냐하면, 그 沈

下에 終止符를 찍지 못한다면 다른 목적도 달성할 수 없기 때문이다. 그것을 하기 위하여, 둘째, 모든 정책은 세심하게 그 所要費用을 밝혀야 한다. 만에 하나라도 (우리의 어떤 정책이) 公共支出計劃과 합당하지 않는다면, 그것은 수용할 수 없다. 유능한 그림자內閣 財務部팀 (Shadow Treasury Team)에서는 개개의 정책의 소요경비를 하나하나 아주 세밀히 검토하여 전체 지출계획과 어긋남이 없도록 확인했다. 끝으로 우리의 갈 길이 아무리 어렵고 우리의 목표가 아무리 멀더라도 우리는 (국정의) 기본적인 방향전환을 해낼 것이라는 것을 일관성 있게 강조했다. 우리는 새로운 출발을 하자는 것이지 똑같은 일을 더 많이 하자는 것은 아니었다(We stood for a new beginning, not more of the same).[2]

나는 대처주의자는 아니다. 그러나 대처 여사의 세 가지 기본방향은 비단 당시의 영국뿐 아니라 역사적 전환기에 처한 모든 나라의 지도자가 되새길 만한 내용을 담고 있다고 생각한다. 대처 여사는 '위기는 기회'라는 말의 의미를 누구보다도 잘 알았다고 나는 본다. 어떤 기회인가. 기발한 생각이 아니라 당연한 原則이 필요하다는 것을 재삼재사 확인하는 기회이다. 그것은 첫째, 모든 정책을 경제 침체를 방지하여 새로운 성장궤도를 까는 데 두어 어떤 개개의 정책도 이 기본목표를 벗어날 수 없다는 것이다. 이것은 지금의 한국에 그대로 적용되어야 한다. 둘째, 정책 수행에는 돈이 드는 것이므로 재정지출을 아주 철저하게 통제해야 하고, 만일 어떤 정책이 나라의 재정능력을 초과하는 것이라면, 수용할 수 없다. 방만한 재정집행은 곧 실패를 가지고 온다는 보수당의 원칙, 이것도 지금의 한국에 꼭 적용되어야 한다고 본다. 셋째, 어떤 일이 있더라도 새로운 방향을 개척한다는

---

2) Margaret Thatcher, *The Downing Street Years,* Harper Collins, 1993, p.15

결의를 천명한 것도 우리는 마음에 되새겨야 한다. 固定觀念이 되어 옳은 방향을 가로막는 conventional wisdom을 과감히 물리쳐야 한다는 것이다. 대처의 이 세 가지 원칙에는 그의 평소의 엄격한 自己統制와 革新의 의지, 자기를 앞세우는 것이 아니라 나라의 미래를 위하는 성의가 배어 있다. 대처의 성공은 바로 이 세 가지 원칙을 지킴으로써 이루어졌다.

나는 우리 정부가 이와 같은 원칙에 따라 장기적으로 성장잠재력을 기르는 기본을 닦아야 한다고 본다. 그 기본은 무엇인가. 수출도 중요하지만 내수를 진작시키고 중소기업을 진흥시키며 농수산업을 부흥시키는 일이다. 지난날에도 이런 정책을 펴기는 했으나 항상 실패로 끝났다. 그것은 그 방법이 잘못되어 있었기 때문이다. 이런 부문들이 필요로 하는 實物資源(real resources), 이를테면 인력·기술·경영 능력·販路·정부 자신의 발전전략의 오류 등에 대한 충분한 이해 없이 항상 당장에 가시적인 성과를 내도록 자금을 공급하는 데에 치우쳤기 때문이었다.

나는 나아가서 정부가 앞으로 이 경제의 진로에 대한 비전과 전략을 담은 일종의 계획 내지 청사진 ― 이름은 무엇이 되어도 좋다 ― 을 작성하기를 권고하고자 한다. 자유경쟁 시대에 무슨 '計劃'이냐고 할지 모르지만, 나는 이것을 하고 안하고는 정부 정책의 整齊性, 一貫性을 점검하는 데에 엄청난 차이가 있다고 본다. 이것을 가지고 모든 정부부처의 정책이 경제의 잠재력을 키우는 데 집중되도록 하면 좋을 것이다. 나는 대처의 기준을 거울삼아 정부가 추진하는 '4대강 살리기' 사업을 비롯하여 모든 중장기 사업을 다시 점검(stress test)하기를 바란다. 정권의 성공을 위해 거의 필수적인 일이라 생각된다.

기업을 생각해보자. '企業家'는 『周易』에서 말하듯이 '事物을 새

로 열고 일을 이루는(즉, 開物成務[3])하는)' 사람을 말한다. 開物成務하
는 사람은 leader이지 manager는 아니다. 리더는 일을 만들어 내는,
즉 創造하는 사람이다. 그 리더가 나라의 元首라면 나라를 위해 창조
해야 하고, 집의 家長이라면 집을 위해 창조해야 하고, 회사의 社長
이라면 회사를 위해 창조해야 한다. 기업가는 도전하고 창조하는 사
람이다.

挑戰이란 무엇을 말하는가. 난관을 두려워하지 않고 부딪치고 돌파
하는 것을 말한다. 남이 하지 않는 경우에도 자기가 보기에는 할 만
하다고 보는 일을 시작하여 성취하는 것을 말한다. 流行에 따르는 일
은 아무리 큰일이라도 挑戰은 아니다. 유행에 맞서는 일은 아무리 작
은 일이라도 도전에 應하는 應戰이다. 도전은 스스로의 운명을 거는
일이다. 도전과 응전은 케인즈의 이른바 animal spirit를 필요로 한다.
도리에 맞는 계산에 맞는 새로운 着想이 있다면, 두려움 없이 도전해
야 한다. 사실 인생이 그래야 한다. 용기를 가지고 도전에 응해야 한
다.

創造란 무엇인가. 대처가 말한 대로 more of the same이 아니라
something new이다. 그러나 something new는 기발한 것만을 의미하
는 것이 아니다. 기업이 항상 기발한 생각을 찾아야 된다면, 그것은
가능하지도 않고 꼭 좋다고 볼 수도 없다. 창조란 '늘 새로워지고,
매일 새로워지고, 또 나날이 새로워지는[4] 마음으로 새로운 길을 개척
하고, 위험을 관리하고, 경영에 임하는 것을 말한다. 같은 일을 하더
라도 묵은 때를 씻어내고 새로운 정신, 새로운 목표를 가지고 매일
새로운 아침을 맞는 정신을 말한다. 창조는 무엇을 위해 하는가. 보

---

3) 『周易』의 目的은 사람으로 하여금 開物成務하는 데 도움을 주는 것에 있다. 程伊川,
　　「易傳序」, 『周易』 참조.
4) 「苟日新. 日日新. 又日新」 『大學』 제1장.

다 좋은 나라, 보다 좋은 가정, 보다 좋은 회사를 만들기 위해서 한다. 창조는 무작정 새로운 것을 하는 것을 의미하지 않고 세상의 변화를 알아서 스스로를 적응하여 사물을 판단하고 처리함으로써 나라나 가정이나 회사를 좋게 만드는 것이다. 창조는 또 과감하게 도전하는 것, 도전에 과감하게 응하는 것을 말한다. 인생은 곧 挑戰 및 應戰의 연속이다. 도전하지 않는 인생, 도전에 과감하게 맞서지 않는 인생은 보람 없는 인생이다.

創造는 사람에 따라서, 상황에 따라서, 천차만별이다. 카리스마 있는 사람은 카리스마로, 온량한 사람은 조용하게 일처리를 한다. 세상이 좋을 때에는 빚을 지면서, 어려울 때에는 생존을 위해 deleverage 하는 방향으로 창조의 길을 걸을 것이다. 어떤 사람은 인사관리를, 또 어떤 사람은 마케팅을 잘한다. 리더는 모든 사람을 適材適所에 배치하고 지휘한다. 기업가 정신은 原則에 충실함으로써 생겨난다. 과거에는 우리나라 젊은이들은 가진 것은 없었지만 진취적인 정신이 있었다. 그동안 살림살이가 좀 나아지고 편안해지고 나니 국민 정신이 退嬰的으로 된 감이 있다. 자기나라 말도 제대로 못하는 아이가 엄마 따라서 '조기유학' 하러 외국으로 간다. 거기서 영어를 배워서 좋은 데 취직해서 돈 잘 벌도록 한다는 것이다. 이런 시대정신이 기업가 정신을 만들어낼 수는 없다.

創造는 무엇을 만들어내야 하는가. 물건을 만들 수도 있고, 일을 만들어 낼 수도 있다. 그러나 가장 중요한 일은 顧客을 만드는 일이다. 고객이 원하는 일을 함으로써 그의 信賴를 얻는 것이다. 기업가나 정치가, 아니 일반 사람에게 가장 중요한 것이 신뢰이다. 신뢰를 잃은 정치가는 성공할 수 없다. 신뢰는 기업의 생명이다. 영어의 Trust라는 의미를 생각하면, 그것을 알 수 있다. 이번의 금융위기로 미국금융에 대한 신뢰가 땅에 떨어졌다. 중국인들 사이에는 꽌시(關係)라는 것이 매우 중요하다고 들었는데, 그것을 중요시하는 데에는 一理가 있다. 詐欺가 횡행하는 세상에서 우선 일단 顏面이 있으면 마음이 놓이는 것이다.

어떻게 顧客을 만들어내는가. 어떻게 신뢰를 만들어내는가. 말로는 안 된다. 行動으로 만들어내야 한다. 새로운 것을 만들어 내는 것은 혼자서 할 수는 없다. 남의 지혜도 빌리고 협조를 얻어야 하며, 그렇게 하자면 남에게 德을 베풀어야 한다. 德은 곧 得을 의미한다. 덕이 없는 사업은 자기만 위하는 사업이다. 그런 사업의 표본은 17~19세기 서양의 東印度會社이다. 남의 나라를 정복하고 주민을 노예로 삼아서 사고 팔고 재산을 약탈하는 것이 그 회사의 일이었다. 그런 사업정신은 21세기 기업의 패러다임이 될 수는 없다. 지금도 그런 기업가가 있다. GE의 잭 웰치처럼 기업의 목적을 株價의 상승에 두어 그것을 위해서는 大量解雇를 서슴지 않는 掠奪的(predatory)인 경영정신은 21세기에는 성공할 수 없다.

위에서 본 바와 같이 금융위기 이후의 '정상화'된 세상은 사실 살기가 어려운 세상이다. 일자리도 줄고, 노인이 많고, 기업전망도 불확실한 세상일 것이다. 불확실성이 많은 시대에서 기업을 한다는 것은 전쟁을 하는 것이나 다름이 없다. 전쟁을 말하자면 『孫子』가 있다. 손자의 목표는 百戰百勝이 아니다. 싸움을 하지 않고 이기는 것이 그의 목표이다. 미리 이기는 조건을 다 만들어 놓으면 싸우지 않아도 이긴다.

전쟁에 이기는 방법은 무엇인가. '知彼知己'이다. 상대방을 알고 나를 아는 것, 이것이 이기는 기본 조건이다. 상대방은 누구인가. 동업자는 물론 경쟁자이지만, 우리의 주변이 모두 잠재적 고객(potential customers), 즉 상대방이다. 수출업자는 세계의 동향, 특히 우리의 주변 나라의 동향을 알고 어느 정도 미래에 대한 전망을 가져야 한다. 특히 알 수 없는 대상은 자기 자신일 것이다. 자기의 능력을 알면 허욕을 부리지 않고 자연히 전략과 전술이 생긴다.

나는 이번의 위기 이후에는 위기 전과는 다른 세계가 올 것으로 보고 있다. 우리에게는 익숙한 세계는 아니지만, 따지고 보면 이해하기 쉬운 세계가 될 것이다. 우리가 正道를 알고 행할 수 있다면, 그것은 보다 편한 세계일 것이다. 나는 이 점은 낙관하고 있다. 要는 正道를 아는가가 문제이다. 인간은 그리 현명한 동물이 아니기 때문이다.

編輯後記

　우리의 스승이신 趙淳선생께서는 지금 八旬을 넘긴 고령에도 불구하고 왕성한 著述活動을 하면서 선생의 심오한 學問과 思想을 세상에 펼치고 계신다. 이 선생의 學問과 思想體系가 後學들에게 널리 그리고 後代에 오래 동안 傳授되도록 하기 위해 선생의 未出刊 論文들을 정리·편집하여 이와 같이 선생의 文集을 刊行하였다. 우리 編輯委員들은 이 文集이 선생의 學問과 思想世界가 讀者들에게 잘 전달되도록 노력하였으나 제대로 편집되었는지 염려스러움을 禁치 못한다. 여기서 한 가지 밝혀두고자 하는 바는, 선생께서 같은 時期에 서로 다른 媒體나 場所 등에서 발표하신 글들 중에는 그 內容이 重複되는 것이 없을 수 없으나, 이를 무릅쓰고 모든 글을 싣는 것을 원칙으로 하였다. 이 점 讀者들의 諒解를 바란다.

　앞으로 선생께서 米壽紀念文集을 다시 출간하게 된다면 지금의 경험을 살려서 더 좋은 文集이 되도록 편집하기를 다짐해 본다.

　이 文集을 발간하는 데 재정적으로 후원해 주신 여러 寄附者들에게 진심으로 감사드린다. 또한 이 文集을 간행하는 데 本人을 도와 편집작업에 수고해주신 서울大學校의 朴鍾安 敎授, 釜山大學校의 金基承 敎授와 또 어려운 출판작업을 도와주신 比峰出版社의 朴琪鳳 社長께도 深心한 謝意를 표하고자 한다. 아울러 이 文集이 刊行

되는데 있어 모든 財政業務를 맡아주신 崇文高等學校의 徐遵鎬 校長과 이 文集의 配布業務를 담당해주신 KOSA商社의 金相男 代表에게도 감사를 드린다. 마지막으로 이 문집 원고 전부를 打字하고 또 誤打를 수정해 준 朴恩鎮氏에게도 진정으로 감사드린다.

끝으로 趙淳선생의 萬壽無疆과 後學들에 대한 끊임없는 指導鞭撻을 기원하면서, 삼가 이 文集을 趙淳선생께 奉呈하고자 한다.

2010年 5月

趙淳先生八旬紀念文集刊行委員會 委員長

韓國外國語大學校 敎授 金勝鎭

저자약력

趙 淳
號 少泉 若泉 奉天學人

1928년 2월 1일
江原道 江陵市 邱井面 鶴山里 출생

학력
경기고 졸업
서울대 상대 전문부(3년) 졸업(1949)
미국 보오든 대학(Bowdoin College) 졸업(1960)
미국 캘리포니아 주립대학(Berkeley) 대학원 졸업, 경제학 박사(1967)

약력
육군 중위, 대위(1951~1957)
육군사관학교 교수부 교관(1952~1957)
미국 뉴 햄프셔 주립대학교 조교수(1964~1965)
서울대학교 상과대학 교수(1968~1975)
서울대학교 사회과학대학 교수(1975~1988), 초대학장(1975~1979)
한국국제경제학회 초대회장(1979~1981)
부총리겸 경제기획원 장관(1988~1990)
한국은행 총재(1992~1993)
이화여자대학교 석좌교수(1994~1995)
서울특별시 초대 민선 시장(1995~1997)
민주당 총재(1997)
한나라당 초대 총재, 명예 총재(1997~1998)
제15대 국회의원, 강릉 을구(1998~2000)
민주국민당 대표최고위원(1998~1999)
민족문화추진회 회장(2002~2007)
한국학중앙연구원 이사장(2005~2008)
자랑스런 서울대인 선정(2008)

현재
대한민국학술원 회원(1981~현재)
서울대학교 명예교수(2002~현재)
명지대학교 명예교수(2002~현재)

저서
『경제학원론』, 법문사, 1974.
『한국경제의 현실과 진로』, 비봉출판사, 1981.
『J.M. 케인즈』, 유풍출판사, 1982.
『貨幣金融論』, 비봉출판사, 1985.
『續·한국경제의 현실과 진로』, 비봉출판사, 1986.
『아담 스미스 연구』(공저), 민음사, 1989.
『존 스튜어트 밀 연구』(공저), 민음사, 1992.
The Dynamics of Korean Economic Development, Institute for International
    Economics, Washington D.C., USA, 1994.
『趙淳 經濟論評』, 이가책, 1994.
『열린사회, 휴머니스트가 만든다』, 비봉출판사, 1995.
『韓國經濟改造論』(尹健秀, 柳在元 譯), 다산출판사, 1996.
『韓國的 經濟發展』, 中國發展出版社, 中國 北京, 1997.
『창조와 파괴』, 법문사, 1999.

번역서
『J.M. 케인즈』의 『고용, 이자 및 화폐의 일반이론』, 비봉출판사, 초판, 1985.
『J.M. 케인즈』의 『고용, 이자 및 화폐의 일반이론』, 비봉출판사, 개역판, 2007.

刊行委員

洪龍澯(서울大學校 商科大學 總同窓會長)

姜鎬珍(高麗大學校 教授)　　　　金東洙(그라비타스 코리아 代表)

金相男(KOSA商社 代表)　　　　　金勝鎭(韓國外國語大學校 教授)

朴琪鳳(比峰出版社 代表)　　　　 徐遵鎬(崇文高等學校 校長)

鄭雲燦(國務總理)　　　　　　　 左承喜(京畿開發研究院 院長)

李廷雨(慶北大學校 教授)　　　　 李孝秀(嶺南大學校 總長)

權五春(國語古典文化院 理事長)　 李成熙(韓國外國語大學校 招聘教授)

黃在國(江原大學校 名譽教授)

編輯委員

金勝鎭(韓國外國語大學校 教授)　　金基承(釜山大學校 教授)

朴琪鳳(比峰出版社 代表)　　　　　朴鍾安(서울大學校 招聘教授)

寄附者 名單

家族一同 李成熙 朴琪鳳 清泉會 權五春 崔泰源 金東洙
金相男 朴佑奎 徐遵鎬 鄭雲燦 趙明載 左承喜 洪龍澯 姜光夏
姜鎬珍 郭承濚 金大中 金勝鎭 金英埴 金仲秀 盧俊燦 孟廷柱
閔相基 朴世逸 朴鍾安 서울商大經濟學科25回同期會 尹榮變
李啓植 李榮善 李廷雨 李鍾輝 李泰鎔 李孝秀 張丞玗 姜文秀
金大敬 金東秀 金秉鉉 金永燮 朴元巖 宋寅騎 俞正鎬 李景台
李根植 李榮九 李元暎 李之舜 秋俊錫 洪起浩 朴興基 申方浩
李相憲 丁道聲 玄定澤 文宇植 白雄基 尹奉漢 李永檜 安孝承
鄭一溶 李翰裕

조순 문집 (2002~2010)

이 時代의 希望과 現實(Ⅰ)

─ 固定觀念을 버리고 實事求是로 가자 ─

초판인쇄 | 2010년 5월 5일
초판발행 | 2010년 5월 10일

지은이 | 조 순
펴낸이 | 박기봉
펴낸곳 | 비봉출판사
주 소 | 서울 금천구 가산동 550-1. IT캐슬 2동 808호
전 화 | (02)2082-7444~8
팩 스 | (02)2082-7449
E─mail | bbongbooks@hanmail.net / beebooks@hitel.net
등록번호 | 317-2007-57 (1980년 5월 23일)
ISBN | 978-89-376-0371-6 04300
       978-89-376-0370-9 04300 (전5권)

값 25,000원

ⓒ 이 책의 한국어판 판권은 본사에 있습니다.
본사의 허락 없이 이 책의 복사, 일부 무단전제, 전자책 제작 유통 등
저작권 침해 행위는 금지됩니다.